公共服务
多元主体供给：

理论与实践

Theory and Practice

of **Pluralistic**

Public Services Delivery

叶响裙　著

社会科学文献出版社

SOCIAL SCIENCES ACADEMIC PRESS (CHINA)

目　　录

第一章　公共服务供给模式变迁的
理论渊源

公共服务供给模式变迁是行政管理和公共管理的理论总结和实践产物，受到公共服务基础理论的影响，公共物品理论、公共选择理论、新公共管理理论、新公共服务理论以及多中心治理理论都从不同方面影响公共服务供给模式的变迁，对于公共服务供给的制度体系和实现方式提供了理论支持。

第一节　公共物品理论

公共物品理论是政治经济学的一项基本理论，也是正确处理政府与市场关系、研究政府职能转变及公共服务供给模式的基础。

1919 年产生的林达尔均衡是公共物品理论最早的成果之一，林达尔认为公共物品价格并非取决于某些政治选择机制和强制性税收，恰恰相反，每个人都可根据自己的意愿确定价格，并均可按照这种价格购买公共物品。林达尔均衡指个人对公共物品的供给水平以及它们之间的成本分配进行讨价还价，并实现讨价还价的均衡。处于均衡状态时，这种价格使每个人需要的公共物品的量相同，并与应该提供的公共物品的量保持一致。因为每个人购买并消费公用物品的总量，按照这种价格的供给恰好就是每个人支付价格的总和。林达尔均衡使人们的公共物品分摊成本与边际收益成比例。

萨缪尔森对公共物品的研究具有开创性。他于 1954 年、1955 年分别发表的《公共支出的纯粹理论》和《公共支出理论的图式探讨》部分地解决了公共物品理论的一些核心问题，如：如何用分析的方法定义集体消费产品？怎样描述生产公共物品所需资源的最佳配置的特征？他在《公共支出的纯粹理论》一文中将公共物品定义为这样一种产品：每一个人对这种物品的消费并不减少任何他人也对这种产品的消费。这一描述成为经济学关于纯粹的公共物品的经典定义。

萨缪尔森先后提出了一系列两分的相对概念：私人消费物品与集体消费物品、私人消费物品与公共消费物品、纯私人物品与纯公共物品等。在萨缪尔森的两分法中，公共物品相对于私人物品具有显著的非排他性与非竞争性特征。排他性，是指拥有产权者能够完全独自享用该物品，拥有绝对的处置权，并能有效地排除他人对该物品的占有。竞争性，是指某种物品的消费者的增加会引起边际成本的增加。边际成本没有增加包含两方面的含义：一是生产方面不需要追加资源的投入；二是消费方面不会引起质量和数量的减损。萨缪尔森定义的公共物品是指那些同时具有非排他性和非竞争性的物品。

萨缪尔森对于公共物品双重属性的界定被一些学者所质疑。他们认为无处寻找萨缪尔森所定义的公共物品，即便如灯塔一类的公共物品，科斯等人也认为可以通过建立产权以削减它的公共性质。对萨缪尔森理论的批评，使公共物品理论的研究不断深入。布坎南提出了物品分类的可分性标准，将物品分为不可分物品、部分可分物品与完全可分物品三类。巴泽尔提出了准公共物品的概念，认为它是纯公共物品与纯私人物品的混合。这样，物品的分类由公共物品和私人物品两大类扩展为公共物品、混合物品和私人物品三大类。不同类别的物品具有不同的定义、特征、对象、需求曲线和供给原则等。公共物品的社会需求曲线是对个体需求曲线的垂直加总，是效用加总；而联合生产私人物品的社会需求曲线与常见的完备的市场需求曲线无异，是水平加总、产量加总。混合物品则更多地表现为兼有公共物品和私人物品的双重属性，在需求曲线上更多地体现出条件加总特性。学者们进一步将混合物品进行分类，如曼昆将物品四分为私人物品、自然垄断、共有资源和纯公共物品。[①]

---

① 沈满洪、谢慧明：《公共物品问题及其解决思路——公共物品理论文献综述》，《浙江大学学报》（人文社会科学版）2009 年第 6 期。

在学者们以上研究的基础上，奥斯特罗姆从排他性、共同使用标准等五个方面，对公共物品的属性进行了系统的论述。

第一，公共物品具有排他性。

长期以来，排他性都被看做在市场机制条件下提供的物品和服务的一个必要条件。当物品或者服务的潜在用户能够被排除从而满足零售的界限与条件时，就存在排他性。如果双方同意，那么物品或者服务就以一定的价格供给。这就发生了等价交换。买者获得物品，而卖者则获得特定的价值。当物品不具备排他性时，只要有人供给某一物品，任何人都可以从该物品中受益。我们所呼吸的空气是由大自然供给的，因此难以排他。空气污染、噪声污染和水污染是"有害之物"，除非付出一定的代价，否则任何人都不能排除或者避免；反之，当污染水平降低时，也不可能排除某个人，不让其享受这一好处。

第二，公共物品具有使用或者消费的共同性。

当一个人排除另外一个人使用或者消费时，就不存在消费的共同性。在这种情况下，消费完全是可分的。为一个人所消费的一个面包不能为另外一个人消费，一旦消费其原来的总量就减少了。不具有消费的共同性且具有排他性的物品就是纯粹的私益物品。另外，消费的共同性意味着个人使用一个物品并不阻止其他人使用，尽管它被一个人使用了，其他人依然可以使用，且量不少，质也不变。天气预报就是一个共同消费物品的例子。任何消费性的物品其量和质几乎都不是完全不可分的。但是绝大多数共同消费物品只是部分可分的。在一定的供给界限之内，一个人使用一个物品会部分地减少其他人使用该物品。使用每增加一个单位，都会妨碍特定一群使用者中其他人对该物品的使用。比如，使用者增加会使高速公路变得拥挤，从而影响其他人，使其他人不方便。

消费的共同性和排他性只是程度上的差异，并不存在绝对排他或者彻底共用的东西。消费特征的两个极端，即完全可分和完全不可分，在逻辑上把纯粹的私益物品与纯粹的公益物品区分开来。一个用户的使用部分地减少其他人的使用，这就是部分可分性。

消费的排他性和共用性是独立的属性。它们都可以分为两类。共用性可以分为高度可分的分别使用和不可分的共同使用。排他性可以分为可排他的和不可排他的。当没有实际的技术来对一种物品进行打包或者控制潜在的使用者进入时，排他在技术上是不可行的。当排他的成本太高时，排他在经济上是不可行的。所有物品在逻辑上可分为四类，即私益物品、收费物品、公共池塘资源与公益物品。

市场安排可用于提供私益物品或者收费物品，即排他是可行的物品。就收费物品来说，价格是使用费或者进入费，但物品是共同享用的。对于公共池塘资源来说，在不能够阻止许多用户使用的意义上具有非排他性。但是，为任一用户所使用就会妨碍其他用户来使用一定量的该物品。

政府机构提供的范围广泛的服务可能包括所有不同类型的物品和服务。然而，大多数政府服务属于公益物品、收费物品和公共池塘资源。这些变化有利于开发用户收费机制来替代税收，对于在政府服务活动的运作中引入其他类型的市场机制具有显著的意义。

第三，公益物品难以衡量。

既然公益物品难以打包，或者难以称量，它们也就难以衡量。对生产公益物品的绩效进行衡量并不只是简单地计算，绩效衡量取决于用于评估绩效的指标。通过运用多个指标，即使不可能对产出进行直接的衡量，依然可以开发一些弱的衡量标准。相比公益物品，私益物品更易于衡量、说明，并与成本计算程序和管理控制联系起来。

第四，公益物品难以选择。

当一种物品具有共同消费、不能排他的特质时，用户一般不能进行选择，并且在是否消费方面也别无选择。一般情况下，用户能够得到一定质量的物品或者服务，但其个人的偏好不会实质性地影响这类物品或者服务的质量。进而言之，个人可能被迫消费对其具有消极影响的共同物品。比如，街道拥挤使本地居民和购物者深感不便，不管愿意不愿意，他们都必须应付交通问题。然而，制度安排可能会影响个人的选择性。比如，在凭单制中，个人运用税金的一部分从可选择的教育服务商那里获得服务，这使得单个使用者有相当大程度的选择余地。

第五，对于组织方面的挑战。

公益物品是共同消费、难以排他的物品，这类物品对人类组织提出了严峻的挑战。如果一种公益物品为自然所提供，或者为其他人的努力所提供，每一个人就可自由地利用这一物品，因为他不可能被排除在使用者或享受者的范围之外。既然可以免费得到公益物品，追求成本最低化的人就有不付费的意愿，或者不付出相应努力。只要实行自愿选择的规则，某些人就有积极性"不合作"或者充当"搭便车者"，利用任何可以免费得到的东西。如果某些人在追求不合作策略方面获得了成功，其他人就有积极性效仿。这在短期内就可能导致自愿的努力无法提供令人满意的公益物品。追求增进自己利益的人不会充分考虑其他人的利益，共同的物品就必然会蜕化。

市场制度无法提供令人满意的公益物品和服务。排他是不可行的。因此，要提供许多公益物品和服务，有必要求助于某种形式的集体行动，以制裁手段来解决不合作的问题，并强迫每一个人承担自己的那一份义务。在小团体中，个人可以成功地利用每一个人的努力，并使用社会性的强制手段，但是，大团体却较少成功地解决整个社群成员所需公益物品的供给问题。每一个人都是相对匿名的。在总物品中每一个人的份额都很小，每一个人都可以做不合作者并且不易受到惩罚。因此，在征税和防止不合作方面，利用潜在的强制手段更为重要。

对于公共经济的运作来说，采取强制性制裁手段是必要的。这就是人们求助于政府制度的原因。人类社会福利需要许多重要的公益物品，法律和秩序的提供只是其中之一。市场制度不能提供这类物品和服务，因为市场要求排他、交换和自愿交易。

但是，采用强制性的制裁手段并不为公益物品和服务的较优供给提供必要的和充分的条件。进而言之，衡量公益物品和服务的困难意味着政府官员监督公共雇员的绩效也有困难。私人企业的产出能够以量化单位进行衡量。与私人企业的管理相比，政府对公共企业的管理控制效果较差。①这就是说，与市场制度一样，政府提供公共产品与服务一样存在诸多问题。

---

① 〔美〕迈克尔·麦金尼斯主编《多中心体制与地方公共经济》，毛寿龙译，上海三联书店，2000，第98~106页。

第二节　公共选择理论

在市场经济体制条件下，社会资源的配置通过价格机制的作用来实现，但市场调节及价格机制发生作用有一定的前提条件，而且市场本身不是万能的，存在市场失灵。继英国剑桥学派经济学家阿瑟·庇古创立了福利经济学、凯恩斯创立了宏观经济学之后，在经济学界出现了一场揭露市场自发力量局限性的运动，强调自发的市场调节机制必然会导致经济的外部性和较差的经济效果、收入分配不公平和宏观经济失衡等问题。

为了弥补市场的缺陷和纠正市场失灵，现代市场经济国家的政府采取一系列的干预措施干预经济，调节市场机制。对国家干预主义的强调，实际上蕴含了一个假定前提，即政府能够自觉维护公共利益，能解决市场所带来的问题。然而，人们逐步发现，如同市场本身是有缺陷的、市场会失灵一样，政府本身的行为也有其内在局限性，政府的行动同样会失败。

一　基本假设

公共选择学派将经济学上的"经济人"假设引入对政府行为的分析，正如布坎南所说，"公共选择是政治上的观点，它从经济学家的工具和方法大量应用于集体或市场决策而产生"；"它是观察政治制度的不同方法"。按照缪勒的说法，公共选择理论可以定义为非市场决策的研究，或简单地定义为将经济学运用到政治科学。公共选择的主题与政治科学的主题是相同的，涉及国家理论、投票规划、投票者行为、政党政治、官僚机构，等等。然而公共选择所使用的是经济学的方法，它的基本假设就是"经济人"假设，即人是自利的、理性的效用最大化者，当一个人在经济活动中面临若干不同的选择机会时，总是倾向于选择能给自己带来更大经济利益的那种机会。人们在需要做出经济决策和政治决策时的反应，在本质上是一致的，总是趋利避害的。人们在进行政治活动时，也是以个人的成本—收益计算为基础的，没有理由认为个别公民在选票箱前的行为与个别消费者在市场中的行为有本质的区别。在其他条件相同时，他总是愿意投票赞成预计将给他带来更大收益的政治家，而不愿投票赞成有可能给他带来较小利益甚至带来损害的政治家。

公共选择学派认为，政府是由人组成的，政府的行为规则也是由人来制定的，政府的行为也需要人去决策，而这些人都不可避免地带有"经济人"的特征。因此，没有理由把政府看做超凡脱俗的超级机器，也没有理由认为政府总是集体利益的代表和反映。政府同样也会犯错误，也会不顾公众利益，追求由政府成员所组成的集团的自身利益。因此，那种一旦发现市场有缺陷就认为任何国家干预都是合理的观点是片面的。只有当事实证明了市场解决办法确实要付出比政府干预更高的代价时，才应当考虑政府干预。

二　对"政府失灵"的阐释

公共选择理论应用经济学的假定和方法来研究非市场决策或公共决策问题，核心主题是用经济学的方法来说明市场经济条件下政府干预行为的局限性以及政府失败的问题。布坎南在《公共选择理论》一书中说过，公共选择学派想要做的事情是，把40年来人们用来检查市场经济缺陷和不足的方法，完全不变地用来研究国家（政府和公共经济的一切部门）。

公共选择理论认为，"政府失灵"的类型及其原因主要有以下几种。

（一）公共政策失效

按照公共选择学派学者的看法，公共决策失误或政策失效的主要原因在于公共决策过程本身的复杂性和困难以及现有公共决策体制和方式的缺陷。

1. 社会实际并不存在作为政府公共政策追求目标的所谓公共利益

肯尼思·约瑟夫·阿罗在《社会选择与个人价值》一书中所提出的"阿罗不可能性定理"已表明了将个人偏好或利益加总为集体偏好或利益的内在困难。这一定理说的是：试图找出一套规则或程序来从一定的社会状况下的个人选择顺序中推导出符合某些理性条件的社会选择顺序，一般是办不到的。阿罗证明，简单加法不足以在个人偏好中排出一个一致的共同次序，这些个人偏好本身也是根据不同的标准而分类的。布坎南也指出，在公共决策或集体决策中，实际上并不存在根据公共利益进行选择的过程，而只存在各种特殊利益之间的"缔约"过程。

2. 现有的各种公共决策体制及方式（投票规则）的缺陷

以多数原则为基础的民主制是现代国家所采用的一种通用的决策体制，它较之于独裁制或专制体制，是一种巨大的进步和更合理的决策体制。但是，按照布坎南和戈登·图洛克在《一致的计算》中的分析，这种民主体制是很不完善的，甚至可以说是相当不民主的。邓肯·布莱克在《委员会与选择论》中提出的"中间投票人定理"解释了为什么多数选择制最终使人们选择的政策成为符合"中间"选民偏好的政策。因此，正如阿罗所说，迄今为止，"没有一种投票制度能以令人满意的方式沟通个人与集体，因而十全十美的民主政治是不存在的"。

3. 信息的不完全、公共决策议程的偏差、投票人的"近视效应"、沉积成本等对合理决策的制约

决策信息的获取总是困难而且需要成本的，选民和政治家所拥有的信息都是有限的，因而许多公共政策实际是在信息不完全的情况下做出的，这就很容易导致决策失误。此外，政治家和选民的"近视效应"也是导致公共决策失误的一个原因。由于政策效果的复杂性，大多数选民难以预测其对未来的影响，因而着眼于近期的影响，考虑目前利益，而政治家或官员由于受选举周期或任期的影响，他们的时间贴现率要高于社会时间贴现率，其结果通常是在政治家或官员的短期行为和长远利益之间产生明显的脱节。为了显示政绩，谋求连任或晋升，他们就会迎合选民的短见，制定一些从长远看弊大于利的政策。这种现象被费尔斯顿称为"政治过程中固有的近视"。

（二）公共物品供给的低效率

1. 政府部门缺乏竞争

政府在社会中不存在竞争对象，政府为弥补市场经济不足而采取的行动也不能用利润标准来衡量，施加于私人企业身上的利润约束机制对政府活动不起作用。市场竞争迫使私人企业设法降低成本和提高效益，然而，在公共机构中却没有这种优胜劣汰的竞争机制，即使它们低效率运作，仍能持续生存下去。由于政府提供公共物品不会面临降低活动成本的压力，因此有可能过分投资，生产出多于社会需要的公共物品，使社会支付的成本超出了社会本应支付的成本，从而造成大量的浪费。

2. 公共物品估价困难

公共物品自身就具有难以衡量的属性。政府提供公共物品所追求的是社会效益，而非经济效益，社会效益的评估缺乏准确的标准和可靠的方法。同时，要合理确定社会对某一类公共物品需求的数量、提供公共物品的政府机构的规模以及公共物品提供的绩效是困难的，甚至是不可能的。按照沃尔夫的说法，并没有一个公式能够说明政府活动产出的必要和最小的限度，也没有简单而一致的标准可以用来准确衡量"非市场"规模的大小。

3. 对政府行为缺乏有效的监督

政府及其工作人员的行为必须受到立法机关和社会公众的监督。从理论上说，监督要有效，应该具备一些基本条件：监督方与被监督方信息对称、监督方与被监督方能力对称、监督机构相对独立。但是在现实的监督过程中，这些条件很难得到满足。现有的监督机制是不健全的，许多监督形式形同虚设。特别是监督方与被监督方往往信息高度不对称。立法机构和社会公众都缺少足够的必要信息来有效地监督公共机构及其官员的活动，监督者所得到的信息往往由被监督部门提供和发布。作为被监督者的官员比作为监督者的立法者和选民拥有更多的关于公共物品及服务方面的信息，尤其是成本、价格方面的信息。在公共产品生产缺乏竞争的情况下，监督方将没有客观的标准来检验、监督政府部门提供信息的可靠性。政府在缺乏有力监督的前提下，其政策和行为或直接或间接地有利于自身的利益，而不是体现真正的公共利益。

（三）政府具有自我扩张的倾向

政府或国家的扩张是众所周知的事实。公共选择理论对政府扩张的内在根源作了颇为深入的分析。缪勒从下列五个方面进行分析：第一，政府作为公共物品的提供者和外在效应的消除者导致扩张。第二，政府作为收入和财富的再分配者导致扩张。第三，利益集团的存在导致扩张。第四，官僚机构的存在导致扩张。第五，财政幻觉导致扩张。

一些公共选择学派学者着重从官僚机构、利益集团和立法机构的利益取向及相互协作角度来解释政府扩张。他们认为，作为公共决策执行机构的官僚机构及其官僚也是按"经济人"模式行事的，其目标是自身利益的最大化。根据威廉·尼斯坎宁的研究，政府官员追求的个人目标有"薪金、职务津贴、社会名望、权力、人事权、较大的影响力、轻松的工作负担等"。除后两项外，其余目标的实现都与政府官员所在机构的预算规模呈正相关关系。因此，政府官员追求自我利益的必然结果是政府预算规模的最大化。正如帕金森定律所揭示的，无论政府的工作量是增加了还是减少了，或者已根本没有工作可做了，但政府机构的人数总是按同一速度递增。同时，立法官员也不是中立的，他们是在各种利益集团的支持或赞助下当选的，当选后也必须为充当赞助者的特殊利益集团服务。因此，在整个预算过程中，特殊利益集团、官僚和立法者便形成所谓的"铁三角"。这三种人虽然各自追求自身利益的最大化，但有一点是共同的，即力争增加某一方面的预算收入。正是这种"铁三角"的作用，使得政府预算总是呈现不断增长的趋势，而不管公众是否需要更多的公共产品和服务。正如公共选择学派学者尼斯坎宁在《官僚机构和代议制政府》一书中所说，"公共机构的规模往往比作用相当的私营机构大一倍"。

另一些公共选择学派学者则分析公共活动开支的分散性和利益分配的集中性是如何导致政府扩张的。艾伦·梅尔泽在《自由经济的衰败》中作了详细的说明。他认为，在现代国家中，公共活动开支的分散性和利益分配的集中性，是国家机构及其职能膨胀的主要原因之一。这种开支分散与利益集中促进了国家开支的增加，而不是减少这种开支。政治家们知道，通过提出新的开支计划，而不是充当削减公共开支的辩护人，他们就能以较低的代价获得更多的额外选票。由于赋税负担是分散的，每个公民最终只能从国家努力节约的做法中得到点滴好处，而某些人却能从维持或增加国家的开支中得到许多好处。

（四）寻租及腐败

按照公共选择学派学者的看法，寻租是政府干预的产物，在有政府干预的地方就可能产生寻租现象。按照布坎南的定义，租金是支付给资源所有者款项中超过那些资源在任何可替代的用途中所得款项的那一部分，是超过机会成本的收入。寻租则是为这样的干预进行的游说活动，正如缪勒所说，是"用较低的贿赂成本获得较高的收益或超额利润"。在现代寻租理论中，租金指政府干预或行政管制市场而形成的级差收入，即超过机会成本的差价，一切市场经济中的行政管制都会创造出这种差价收入，即租金。寻租活动的特点是利用各种合法或非法的手段以获得拥有租金的特权。

当政府干预市场时，就会经常形成集中的经济利益和扩散的经济费用，政府干预带来了可以"租金"形式出现的经济利益。布坎南在《寻求租金和寻求利润》一文中对此作了分析。他说，只要政府的行动主要限于保护个人权利、人身和财产并履行自愿议价的私人合同，那么市场过程就支配经济行为，并且保证任何经济租金将因竞争性的进入而消失。但是，如果政府行为大大超出了由最低限度或保护性状态所规定的限度，如果政府像它已经大规模地做过的那样，逐渐干预市场的具体某一个环节，那么租金下降或消失的趋势就会被抵消。因此，"寻求租金的活动同政府在经济中的活动范围和领域有关，同国有部门的相对规模有关"。

公共选择学派学者认为，寻租得到的利润并非生产的结果，这一特点称为寻租行为的非生产性。用布坎南的话来说，浪费在寻租活动中的资源本来可以在其他的经济活动中用来生产受重视的货物和服务，而在寻租过程中，这些资源却"没有生产出纯粹价值"，"没有任何社会报酬"，是社会资源的浪费。奥尔森则分析了寻租对经济增长所产生的负面影响。他证明，在稳定的社会里，寻租的"分配联合"把资源转变为卡特尔活动的游说活动，并脱离生产，除对经济效率的这种直接影响之外，靠联合来保护租金的企图降低了社会采用新技术并使资源重新配置以适应变动中情况的能力。其结果是，"分配联合"的积累越多，经济增长速度就越慢。

三　解决"政府失灵"的对策

政府干预在现代经济运转中所起的作用愈大，"政府失灵"对经济生活的危害也就愈大。针对"政府失灵"的各种原因，公共选择理论提出了相应的改革措施。

（一）进行立宪改革，加强对政府行为的约束

公共选择学派告诫我们："当我们发现某一体制存在问题时，不应当寄希望于选举出某些道德高尚的领导人，或者通过提高参与'游戏'者

的政治觉悟来解决问题……唯一的决定因素是规定产生领导人与约束领导人的规则。""规则不合适，好人也干坏事；规则合适，坏人也能干好事。"为此，公共选择学派主张进行宪政层面的改革。布坎南等人从立宪的角度分析政府政策制定的规则和约束经济、政治活动者的规则或限制条件，即他们并不直接提出具体的建议供政策制定者选择，而是要为立宪改革提供一种指导或规范建议，为政策制定者提出一系列所需的规则和程序，从而使政策方案更合理，减少或避免公共决策的失误。①

（二）　改革赋税制度，约束政府权力

政府活动依赖于赋税，政府扩张及浪费的集中表现是政府公共开支呈扩大趋势。改革赋税制度对于约束政府的"自我扩张"具有关键作用。改革税制的基本思路是通过公民寻求施加于政府的制度性约束，把征税数量限制在某个既定的水平上，通过税制选择、平衡预算和税收支出的限制等措施来约束政府的财政过程尤其是公共开支，从根本上限制政府的税收收入，抑制政府的扩张。

（三）　用市场力量改善政府的功能，提高政府效率

可在提供公共物品的政府各部门之间引入竞争机制，从而破除某些政府机构对公共物品的垄断性供给，通过各政府机构的竞争，提高公共物品的生产效率。同时，也可以把一些公共物品的供给交给私人企业来承担。公共选择理论认为，公共物品的特性并未决定其生产必须由政府承担，许多私人机构能更有效地提供公共物品和服务。这样，政府机构作为公共物品生产的组织者和协调者，而非唯一的生产者，不仅可以保证提高公共物品的供给效率，也可促使公共机构在与私人机构的竞争中提高服务质量，提高工作效率。②

公共选择理论过分依赖于"经济人"假设和经济学"交换范式"，把政治过程与经济过程加以机械类比，把商品交换原则无限制地运用于政治领域等，这是该理论的缺陷。然而，公共选择学派学者对西方市场经济条

---

① 陈振明：《非市场缺陷的政治经济学分析——公共选择和政策分析学者的政府失败论》，《中国社会科学》1998 年第 6 期。
② 臧传琴：《从"经济人"假设到"政府失灵"——评公共选择学派的"政府失灵"论》，《江汉论坛》2007 年第 2 期。

件下政府干预行为的局限性以及由此带来的种种弊端进行了相当深刻的分析，揭示了西方政治制度的某些内在缺陷。该理论对公共物品提供低效以及政府扩张和寻租等政府失败现象的分析，尤其对改革和完善公共服务供给方式具有重要的参考价值。

第三节　新公共管理理论

新公共管理理论是当代西方政府改革实践在理论上的总结，反过来成为政府改革实践的指导思想。新公共管理理论作为政府改革的一种国际思潮，于20世纪70年代起源于英国、美国、新西兰和澳大利亚，并迅速扩展到其他西方国家。到了80年代末90年代初，随着西方各国政府改革运动的深入展开，新公共管理作为政府管理的新范式形成和发展起来。正如休斯在《公共行政与管理》一书中所说："自从80年代中期以来，发达国家的公共部门管理已发生了转变，曾经在本世纪的大部分时间中居于支配地位的传统公共行政管理的那种刻板、层级官僚体制形式逐步转变为一种灵活的、以市场为基础的（新）公共管理形式。后者并不是一种改革事务或管理方式的微小变化，而是政府作用以及政府与公民社会关系的一种深刻变化。传统的公共行政在理论与实践上都已受到怀疑。新公共管理的采纳意味着公共部门管理领域中新范式的出现。"①

一　理论基础

新公共管理理论是在对传统的公共行政理论的批判基础上逐步形成和发展起来的。传统的公共行政学诞生于19世纪末20世纪初，在20世纪70年代以前，传统的公共行政学一直是政府研究领域中居于支配地位的主导范式。传统公共行政理论的理论基础是威尔逊、古德诺的政治与行政二分法和以韦伯的科层制理论为基础的官僚组织理论。按照休斯的观点，传统的公共行政学提出了如下四个基本原则：第一，政府组织及其结构应

---

① Owen Hughes, *Public Management and Administration: An Introduction* (2rd ed.), Macmillan Press LTD., St. Martin's Press, 1998, p.1.

根据科层制的原则建立，即政府管理体制以韦伯的科层制理论为基础。第二，由政府机构提供公共物品和服务。第三，政治事务与行政事务分开。政治事务指政策和战略的制定，行政事务指执行政策和行政命令。第四，行政事务作为一种特殊的管理形式，需要职业化的官僚承担，他们终身受雇，并可以一视同仁地为不同的政治领导人服务。①

新公共管理理论的理论基础不同于传统公共行政理论，新公共管理理论的理论基础主要是经济学、公共选择理论、新制度经济学理论和企业管理理论。

首先，新公共管理理论将经济学的基本假定、理论和方法论应用于公共管理的研究之中。从 20 世纪 60 年代开始，经济学在西方政府管理中的影响不断增强。与传统公共行政学模糊的理论基础相比，经济学以"经济人"的假设作为出发点，提供了精确的理论范式和研究方法，新公共管理理论对于结果、效率和绩效测量等的关注主要来自经济学。新制度经济学对新公共管理的影响尤其突出。新制度经济学发源于科斯引入交易成本概念对企业组织和市场边界的研究，从制度成本比较的角度研究制度的选择和设计，提出"在公共部门，如果采用签约的形式来降低行政经费并且造成某种竞争，将有可能使某些交易付出较低的成本"。新制度经济学对传统的公共行政理论进行了深入的批判，提供了政府改革实践的理论基础，也为设计一种以市场为基础的公共决策与公共管理模式提供了方法论。

其次，公共选择理论对新公共管理理论具有深远的影响。公共选择理论将经济学方法运用于政治学的研究，运用个人主义方法论，解释整个传统上属于政治学、行政学研究范畴的问题，对"政府失灵"的现象及其原因进行了系统的分析，认为传统的官僚制组织模式不具有更好的责任机制、激励约束机制和灵活性，需要向灵活的、负责的和成本—收益对称的市场机制转变。

最后，企业管理理论也是新公共管理的理论基础。传统的公共行政理论是与西方工业社会的政府管理相适应的。但随着西方各国由工业社会向

---

① Owen Hughes, *Public Management and Administration: An Introduction* (2rd ed.), Macmillan Press., St. Martin's Press, 1998, p. 1.

后工业社会及信息社会的转变，这种理论及实践模式就显得越来越不适应了。信息化和全球化的进程改变了人类的生存环境，同时也改变了私营部门的组织管理模式。传统的那种权力集中、等级森严、控制严密的官僚体制的组织模式在 20 世纪五六十年代的私人部门管理中首先被打破，私营部门为了适应环境变化的挑战，率先进行管理变革，新的管理理论、技术和模式层出不穷。在私营部门的示范作用下，公共部门开始引进私营部门的管理方法和技术，如绩效评估、目标管理、灵活化的组织、弹性的组织模式和人力资源开发等，形成了重视结果、以顾客为导向的管理理念。

二　主要内容

对于新公共管理范式的内容，西方公共管理学者及实践者们从不同角度进行了说明。胡德从管理过程的角度看待新公共管理，认为新公共管理包括公共政策领域中的专业化管理、绩效明确的标准和测量、格外重视产出和控制、公共部门内由聚合趋向分化、公共部门向更具竞争性的方向发展、对私营部门管理方式的重视和强调资源利用具有更大的强制性和节约性。休斯从一般管理的框架入手概括新公共管理的内容，认为新公共管理的内容包括战略、管理的内部要素和管理的外部构成要素三个部分。OECD 提出，新公共管理一方面是提高公共组织的生产绩效，提高人力资源管理水平；另一方面是充分利用私营部门的管理方法，从而提高公共产品和服务的供给能力。奥斯本和盖布勒在《改革政府：企业精神如何改革公营部门》一书中，概括了新公共管理的政府实践模式，提出了政府改革的十大原则：并不简单是提供公共服务，也向公营、私人和志愿服务各部门提供催化剂，使之行动起来解决自己社区的问题；把控制权从官僚机构转移到社区，从而授权给公民；政府促进服务提供者之间展开竞争；它们行为的动力不是来自规章条文，而是来自自己的目标、自己的使命；它们衡量各部门的实绩，把焦点放在后果而不是投入上；它们把服务的对象重新界定为顾客，让顾客有所选择，选择学校，选择培训计划，选择住房；它们把精力集中于挣钱而不单单是花钱；它们防患于未然，而且不是在问题成堆以后才来提供各种服务；它们下放权力，积极采取参与式的管理；通过市场力量进行变革。彼得斯在《治理的未来：四种正在出现的模式》中将新的公共管理模式（治理模式）分成四种类型，即市场化政府、参与型政府、灵活性政府和解除规制政府，并从结构、管理、政策制定和公共利益四个方面对这几种模式加以分析比较。

根据西方新公共管理研究者的论述，新公共管理理论的基本内容可以做如下概括。

第一，决策与执行适度分离。新公共管理理论最重要的变革在于，决策与执行职能适度分离。新公共管理理论主张政府只起掌舵的作用而不是划桨的作用，即政府职能是制定政策而不是执行政策。"掌舵的人应该看到一切问题和可能性的全貌，并且能对资源的竞争性需求加以平衡。划桨的人聚精会神于一项使命并且把这件事做好。掌舵型组织机构需要发现达到目标的最佳途径。划桨型组织机构倾向于不顾任何代价来保住'他们的'行事之道。"新公共管理理论提出公共服务机构的分散化和小型化，建立执行机构或半自治性的分散机构，让它们负责公共项目的执行和公共服务的提供，政府行政部门负责制定政策、计划和协调工作。将掌舵与划桨分开，实行决策与执行相分离，可以缩小政府的规模，减少开支，提高公共服务供给的效率。

第二，政府应广泛采用授权与分权的方式进行管理。传统的政府组织是典型的等级分明的集权结构，这种结构使政府难以对新情况及时做出反应。新公共管理理论认为，政府应通过授权或分权，将社会服务与管理的权限通过参与或民主的方式下放给社区、家庭和志愿者组织等社会主体。健康而有活力的社会基本单元构成健康而有活力的国家。与集权的机构相比，授权或分权的机构有许多优点：比集权的机构更加灵活，对于新情况和顾客需求的变化能迅速做出回应；比集权的机构更有效率；比集权的机构更具创新精神；比集权的机构产生更多的激励，具有更强的责任感，具有更高的生产效率；等等。正如奥斯本和盖布勒说："当家庭、居民点、学校、志愿组织和企业公司健全时，整个社区也会健康发展，而政府最基本的作用就是引导这些社会机构和组织健康发展。……那些集中精力积极掌舵的政府决定其社区、州和国家的发展前途。它们进行更多的决策。它们使更多的社会和经济机构行动起来。"

第三，政府应在公共管理中引入竞争机制。传统的公共行政理论认为政府能弥补市场缺陷，克服市场失灵，因此公共服务不应由私营企业提供，而应该由政府垄断供给。新公共管理理论主张用市场的力量改造政府，让私营部门与其他社会主体参与公共服务的供给，在公共部门与私人部门之间、公共部门机构之间引入竞争机制，从而提高服务供给的质量和效率。

第四，政府提供公共服务应以顾客为导向。传统的行政管理追求整齐划一的服务，公共物品的生产不是取决于消费者，而是取决于生产者，政府对社会需求不敏感，忽视公共服务的多样化，并造成公共物品生产与供给的低效和浪费。新公共管理理论强调顾客导向，认为政府不是凌驾于社会之上的、封闭的官僚机构，而是负有责任的"企业家"，公民则是其"顾客"或"客户"，政府的社会职责是根据顾客的需求提供服务。新公共管理理论指出，"市场不仅在私营部门存在，也在公共部门内部存在。当市场在公共部门出现时，我们通常称之为系统，如教育系统、职业训练系统和心理卫生系统等。如果我们把市场导向的思想应用到我们的公用系统上去，我们就能取得伟大的成就"。只有以顾客为导向的政府，才能提供多样化的社会需求，并促进政府的服务质量的提高。

第五，政府应广泛采用私营部门管理方式。与传统行政管理排斥私营部门管理方式不同，新公共管理理论认为，公共部门管理与私人部门管理是相似的，主张政府广泛引入私营部门成功的管理原则、方法和技术，用私营部门管理的模式重塑公共部门管理。新公共管理实践中所采用的战略管理、项目管理、绩效评估、人力资源开发和管理等措施均主要来自私营部门的管理实践。借鉴私营部门管理经验，新公共管理尤其注重绩效评估和绩效管理。新公共管理强调个人和机构的绩效，其与传统行政管理的一个重要差别在于关注产出与结果，而非投入和过程。各种公共机构被要求制定出绩效指标，以此作为衡量目标实现情况的标准；职员个人的业绩也根据绩效指标进行全面的评估，并作为个人晋升、享受工资福利待遇等的主要依据。

综上所述，新公共管理理论的核心理念主要是：以效益为导向，建立企业家政府，把市场机制引入公共服务；政府的作用就是使市场机制的作用得以充分发挥，进而促进自由选择和提高效率；公民就是顾客；公共行政官员被视为旨在以低成本、低消耗和高效率来促进市场活动完成的市场参与者。新公共管理范式改变了传统公共行政学的研究范围、方法、理论基础和实践模式，反映了当代西方公共管理实践的发展趋势与公共部门管理研究的新成就。但是，新公共管理理论也存在不少局限，如新公共管理理论过分依赖经济学的理论与方法，忽视了政治过程与市场过程、公共部门与私人部门之间的本质差别，同时，对于公共利益与公共责任、良好的治理及其标准等问题的研究还比较薄弱，需要进一步深入探讨。

第四节　新公共服务理论

新公共管理理论在盛行于西方国家的同时，也遭受了不少批评。在这些批评中，新公共服务理论逐渐显示出其独特之处。罗伯特·B. 登哈特和珍妮特·V. 登哈特（又译丹哈特）于 21 世纪初提出了一个全新的管理模式和管理理念——新公共服务理论。登哈特夫妇指出，"所谓新公共服务，指的是关于公共行政在以公民为中心的治理系统中所扮演的角色的一套理念"。与以往传统公共行政理论将政府置于中心位置而致力于改革和完善政府本身不同，新公共服务理论将公民置于整个治理体系的中心，强调公共管理的本质是服务，政府或公务员的首要任务是帮助公民明确表达并实现其公共利益，而不是试图去控制或驾驭社会，即"服务而非掌舵"。新公共服务理论推崇公共服务精神，旨在提升公共服务的尊严与价值，重视公民社会与公民身份，重视政府与社区、公民之间的对话沟通与合作共治。[①]

一　理论基础

罗伯特·B. 登哈特和珍妮特·V. 登哈特指出，新公共服务理论的起源如同新公共管理理论和传统公共行政理论一样，也包含许多不同的构成要素，许多学者和实践家都有所贡献，包括公共行政领域内德怀特·沃尔多的著作和政治理论方面的谢登·沃林的著作。他们更加关注新公共服务

---

① 〔美〕罗伯特·B. 丹哈特、珍妮特·V. 丹哈特：《新公共服务：服务而非掌舵》，《中国行政管理》2002 年第 10 期。
〔美〕珍妮特·V. 登哈特、罗伯特·B. 登哈特：《新公共服务：服务，而不是掌舵》，中国人民大学出版社，2004。

的当代先驱理论：民主社会的公民权理论、社区和市民社会理论、组织人本主义和组织对话理论。

（一）民主社会的公民权理论

当代政治理论和社会理论都尤为关注公民权和民主，提倡公民的积极参与。桑德尔认为国家与公民之间应建立这样的关系模式：政府的存在就是要确保一定的程序（如投票程序）和公民权利，从而使公民能够根据自身利益做出选择。很显然，这种视角与公共选择理论和新公共管理理论比较一致。但桑德尔就民主社会的公民权提出了不同的视角。在这种视角下，公民个人会更积极地参与政府治理。由于公民对公共事务有了更广阔的视野，形成了归属感和集体意识，在危急时刻自觉将自己的命运与社会命运相结合，因此公民就会超越个人私利而更加关注公共利益。与这种观点相一致，金和斯迪沃斯主张，行政官员应当把公民当做公民来看待，而不只是把他们看做投票人、委托人或顾客；他们应当分享权威并减少对公民的控制，应当相信合作的效力。此外，与管理主义者要求更高的效率相比，金和斯迪沃斯认为，公共管理者应当具有更强的责任心，更有效地回应公民需求，提高公民的信任度。这种观点直接为新公共服务提供了理论基础。

（二）社区和市民社会理论

社区和市民社会理论认为，社区在民主政治建设中发挥着重要的作用，人们要在社区的利害关系体系中实现自己的利益，而且也只有在这里，公民才能以讨论和对话的形式参与进来。美国社会日趋多元化，社区被认为是整合和融会各种思想的主要途径。民主社会政府的作用，特别是地方政府的作用，事实上就在于帮助创立和支持社区，增强公民与社区的联系。这一努力部分地取决于建设一些健康的、有活力的中介机构。这些机构既要关注公民的愿望和利益，也要为公民更好地参与更大的政治体系提供经验。正如普特纳姆所主张，美国的民主传统建立在公民参与的基础上，是各种活跃的团体、协会以及政府机构共同作用的结果。这些小型团体是公民为了实现他们的利益和得到社会的关注而组织起来的，它们聚合起来就构成了市民社会。

罗伯特·B.登哈特援引美国前健康、教育和福利部的部长约翰·加德纳的话指出："一个好的社群中的每个成员，都富有人情地对待他人，尊重人和人之间的差异并重视彼此之间的真诚、正直。一个好的社群会培育合作和相互依赖的氛围。所有的成员都有这样的共识，即他们彼此都相互需要。社群中有一种归属感和认同感，以及一种相互负责的精神。"因此，在社区乃至更大范围的公民社会内，如果能够真正建立起平等、关怀、信任和协作基础上的公民互动网络，无疑将会大大增加包括社会信任等在内的社会资本容量。

（三）组织人本主义和组织对话理论

建立在科层制视野下的传统组织理论，强调权威、控制、系统化的规则体系和严格的程序，推崇基于理性考量的组织管理的非人格化特征，试图以此来追求和保证组织效率。与传统组织理论不同，组织人本主义则倡导更具人本主义的组织发展观，强调组织发展应建立在组织成员个人的成长、发展和创造性的培养上，建立在对组织成员的信任、尊重、减少控制以及对共同目标的认同感的培养上。

近年来，许多公共行政理论学者都认为，用传统层级制的方法研究社会组织与用实证主义的方法研究社会科学都存在缺陷。因此，他们共同批判官僚制和实证主义的基础，并寻求其他途径。这些新路径包括解释理论、批判理论和后现代主义理论等。总体来看，这些研究途径都力图去塑造公共组织，使公共组织更少地受权威控制，而更多地关注其内部雇员和外部人员（特别是委托人和公民）的需求和利益。公共行政研究的这些趋势对于诠释性、批判性地分析官僚制和社会非常重要，这些趋势已经逐渐扩展到采用后现代理论（特别是组织对话理论）的视角来理解公共组织。

组织对话理论属于后现代公共行政的范畴，它主张，在一个日益复杂多样而又联系紧密的后现代社会中，随着公共问题复杂性的增加以及彼此间依赖性的增强，治理也必须以所有各方（包括公民和行政官员）真诚、开放的对话为基础。他们一致认为，恢复公共官僚机构的活力、重建公共行政领域的合法性观念，都需要促进公众对话，并且有必要在实践和理论上赋予公共行政以新的意义以便建立新的公共服务体系。[①]

---

① 〔美〕罗伯特·B. 登哈特：《公共组织理论》（第三版），中国人民大学出版社，2003，第549～559页。

二　主要内容

按照罗伯特·B.登哈特和珍妮特·V.登哈特的观点，研究公民权、社区和市民社会的理论家、组织人本主义理论家以及后现代主义的公共行政理论家们的观点虽然还存在许多分歧，但也存在许多共同方面，构成新公共服务理论的基本思想。他们将新公共管理的基本主张做了如下概括。

（一）服务而非掌舵

公务员越来越重要的作用就在于帮助公民表达和实现他们的共同利益，而非试图在新的方向上控制或驾驭社会。在过去，政府在所谓的"掌控社会"的过程中发挥了重要作用，但现代生活的复杂性有时使得这样的作用不仅不合时宜，而且不太可能。当前政策和规划的确定，是许多不同的集团和组织互动的结果，是许多不同观点和利益的混合物。在很多情形下，把公共政策当做政府决策过程的结果已不再具有任何意义了。政府事实上就是个参与者，尽管在大多数情况下是非常重要的参与者，但是政府不再处于控制地位。

在这种新的现实条件下，政府的首要作用不仅仅是通过管制和命令来指挥公众的行动，也不是简单地建立一套惩戒规则和激励措施引导人们的行动。相反，政府的作用从控制转变为议程设定，把合适的参与者集中到谈判桌前进行磋商和谈判，或者作为中间人促成公共问题的解决。在此过程中，政府与私人的或非营利的团体和组织协同行动，以寻求社区所面临问题的解决方案。官员和公共管理者在回应公民的要求时，不应该只说行或不行，而应该说：让我们共同寻找解决问题的途径，然后一起去实现它。在公民积极参与的社会中，官员不再只扮演服务供给者的角色，他们将越来越多地扮演调解者、协调者甚至裁决者的角色，并具备调停、磋商和解决冲突的新技能。

（二）公共利益是目标而非副产品

公共行政官员必须致力于建立社会共享的公共利益观念，这个目标不是要在个人利益的驱使下找到快速解决问题的方案，而是要创造共同利益并共同承担责任。建立社会远景目标不只是由政治领袖或公共行政官员承担的事务。在确立社会远景目标的过程中，广泛的公众对话和协商是非常重要的。政府的作用将更多地体现在创建人们彼此之间进行真诚对话的环境方面。

除此之外，政府还有责任确保经由这些协商程序而产生的解决方案完全符合公正和公平的规范。政府不仅要积极行动以寻求公共问题的解决方案，而且有责任确保这些解决方案在实质和程序上都与公共利益保持一致。这就是说，政府的作用是确保公共利益居于主导地位，确保解决方案本身和提出解决方案的过程符合公正、公平与平等等民主价值准则。

总之，政府要促使公民能够通过对话清楚地表达共同的价值观念，形成共同的公共利益观念，并且要鼓励公民采取一致的行动。这样，他们就可以理解各自的利益，树立更长远的社区和社会利益观念。

（三）战略地思考，民主地行动

符合公共需要的政策和计划，通过集体协作的过程，能够最有效、最负责任地得到贯彻执行。为了实现集体的远景目标，就要拟订具体的行动方案，明确职责。行动方案并不是只交给政府工作人员去实施，而是要在方案实施的过程中集中各方力量。通过参与和推动公民教育计划、培养更多的公民领袖，政府就可以激发公民的自豪感和社会责任感，从而促使各方都共同致力于创造参与、合作、达成一致的机会。

如何才能做到这一点呢？首先，政治领袖扮演着重要角色。他们要明确阐述远景目标，鼓励公民增强责任心，进而支持团体和个人参与制定社会契约。政府不能创造社会，但政府（特别是政治领袖）能够促进有效的、负责任的公民行动。人们必须逐渐意识到，政府是开放的、容易接近的，能够敏感地对社会需求做出回应。人们更必须逐渐意识到，政府的存在就是为了满足他们的需要。而人们的这些意识，都需要政府的实际表现来加以强化。因此，政府要确保自己是开放的、容易接近的，并且能够对社会需求做出敏感的回应；政府要确保自身的运作旨在服务于公民、促进公民权的实现。

（四）服务于公民而不是顾客

公共利益源于对共同价值准则的对话协商，而不是个体私利的简单相加。因此，公务员不仅要回应"顾客"的需求，而且要关注政府与公民之间、公民与公民之间的信任与合作关系。

新公共服务理论认为，政府与公民之间的关系不同于工商企业与其顾客之间的关系。在公共部门中，即使是确定谁是顾客都很困难，因为政府的服务对象远不止直接的顾客。政府也服务于这样一些人：等待服务的人，没有积极地寻求服务但可能需要服务的人，服务受益者的后辈，直接受益者的亲友等，甚至也有一些不想成为顾客的顾客，比如那些因超速行驶收到罚单的人。另外，在表达自己的利益需求时，政府的一些顾客比另一些顾客拥有更多的资源和更强的技能，但他们显然不应该因此就得到更好的对待。公平和平等是政府供给服务的重要原则。公平和平等方面的考虑在许多情况下都比直接顾客的愿望更为重要。

尽管持续提高公共部门服务供给的质量具有明显的重要性，但新公共服务理论仍旧认为，政府不应当首先或专门地回应"顾客"自私的短期利益；相反，担当公民角色的人们必须表明他们关心更广泛的社会，表明他们致力于那些超越短期利益的事务，表明他们为发生在邻里和社区的事情承担个人责任的意愿。毕竟，这些都从属于有效的、负责任的公民权的本质要素。在此前提下，政府必须回应公民的需求和利益。政府必须回应从广泛意义上界定的公民，而不只是法律意义上的公民。那些并非法律意义上的公民个体，不仅常常获得政府提供的服务，而且也可以受到鼓励去融入所在社区。无论如何，新公共服务理论试图鼓励更多的人履行他们作为公民应该承担的责任，并促使政府对公民的呼声做出快速敏捷的反应。

（五）责任并不是单一的

公务员不应当仅仅关注市场，他们也应该关注宪法和法令、社会价值观、政治行为准则、职业标准和公民利益。责任问题极其复杂，但传统公共行政理论和新公共管理理论都倾向于高度简化责任问题。按照传统公共行政理论的经典解释，公共行政官员只是直接地对政治官员负责。政治家制定政策，让官僚们执行政策。正如威尔逊写的那样，政策将会不再有官僚作风的污点。政策将不再是终身任职的官员所制定，并且对公民负责的政治家将会直接和不可避免地直接向公众表达观点。新公共管理理论则赋予行政官员较大的空间，让他们按企业家的方式行事，在效率、成本有效性和回应性等方面被要求诉诸市场力量。在新公共服务理论看来，这些模式没有反映出当今公共服务的需求和现实状况；相反，行政官员受到并且应当受到一系列复杂的制度和标准的影响，并且应该对它们负责。具体来说，这些制度和标准包括公共利益、宪法和法律、职业标准、社会价值观念和标准、民主准则以及公民权益等。此外，影响公务员并要求他们为之负责的那些制度和标准之间也在进行复杂的互动。

新公共服务理论意识到这些责任的现实性和复杂性，意识到在规范相互冲突和重叠的情况下，公共行政官员陷入了复杂的价值冲突之中。但它阐述了公共行政官员在这种情形下应当怎样服务于公民和公共利益。最重要的是，新公共服务理论要求行政官员不要独自做出这些决定。如果通过对话过程、经纪业务、向公民授权和具有广泛基础的公民参与，问题就一定能够得以解决。

（六）重视人而不只是生产率

公共组织及其所参与的网络，如果能在尊重所有人的基础上通过合作和共同领导的过程来运作，它们最终就更有可能获得成功。在管理和组织方法方面，新公共服务理论强调"依靠人来管理"的重要性。生产率提高、流程再造和绩效测量等体系都被视为创新管理制度的重要工具。但新公共服务理论认为，如果不能同时充分地关注组织个体成员的价值观和利益，那么控制人们行为的理性意图最终将会失败。况且，即使这些管理和组织方法能够取得成效，它们也不会培养出负责任的、活跃的和热心公益的雇员或公民。

如果期望公务员尊重公民，那么那些管理公共机构的人也应该尊重公务员。新公共服务理论意识到，公共行政官员的工作具有极大的挑战性和复杂性。他们不能仅仅被视为渴求工作稳定的雇员，也不能仅仅被看做市场的参与者；相反，公务员的动机不只是工资和稳定性的问题，他们希望能够改善其他人的生活。

在巩固雇员和公民的公共服务价值观并使其在此基础上采取行动方面，共同领导的观念是至关重要的。在新公共服务理论看来，共同领导、合作和授权成为组织内外的共同规范。共同领导关注组织和社区想要推进的那些目标、价值观和理想，它们必须具备相互尊重、相互适应和相互支持的特征。正如伯恩斯所言，通过与人们共同工作而实施的领导改变着参与者，使他们的关注点转向更高层次的价值观。

（七）超越企业家身份，重视公民权和公共服务

新公共管理理论鼓励公共行政官员像工商业企业家一样去思考和行事，这导致了相当狭隘地看待所追求的目标。新公共服务理论明确提出，公共行政官员并不是其机构和项目的业务所有者。公共行政官员应该意识到，公共项目和公共资源并不属于他们自己；相反，作为公共资源的管家、公共组织的管理人、公民权和民主对话的促进者、社区参与的催化剂、街道层次的领导者，公共行政官员承担着服务公民的职责。这种视角与只注重利润和效率的企业所有者的视角完全不同。新公共服务理论进而认为，公共行政官员不仅必须共享权力、通过民众开展工作、作为中间人促成解决问题的方案，而且必须把他们在治理过程中的角色定位重新概括为负责任的参与者而非企业家。

公共行政官员角色上的这种改变，对公务员面对种种挑战和承担责任具有深刻的意义。第一，公共行政官员必须了解和管理的不仅仅是项目的要求和资源。公民的现实生活不能轻易地根据项目的部门和办公室来划分。公民所面临的问题通常是多样化的、易变的，它们并不会简单地归入某个特定办公室或某个人的狭隘工作范围之内。要服务于公民，公共行政官员不仅必须了解和经营本机构的资源，也必须寻求其他支持和帮助来源并与其建立联系，使公民和社区参与到该过程中来。

第二，当公共行政官员采取冒险行为时，他们应该明白自己并不是拥有实业的企业家，因为企业家能够做出这样的冒险决定，并且知道失败的后果将主要由自己来承担。公共部门的风险有所不同。新公共服务理论认为，风险和机遇共存于民主社会的公民权和共享责任这一更广泛的框架之中。因为成败的后果都不局限于单个的私营企业，所以公共行政官员并不能独自决定怎样做才是对社会最好的。但这并不意味着将丧失所有的短期机遇。如果对话和公民参与持续进行下去，就可以及时地发现机遇和潜在的风险。需要考虑的重要因素是，公共行政官员在面对机遇时，采取直接的冒险行为所产生的收益是否超过了信任、合作和分担责任所需要的成本。

综上所述，新公共服务理论的核心观点是追求公共利益，奉行服务理

念，凸显公民权利、公民意识和公民价值，强调民主对话、沟通与协商基础上的政府与社区、民众的信任和合作共治；政府的作用不是控制或激励，而是服务；民主的观念与崇尚公民权和公共利益的观念，不仅应贯穿于公共行政的运作中，而且应在行政组织内部牢固加以确立。

公共行政理论是在既定的历史条件下不断发展的。传统公共行政理论、新公共管理理论和新公共服务理论都是适应了各自所处的社会发展环境而逐步形成的，因此，它们都具有重要的实践意义和深远影响。正如赫伯特·考夫曼所说，尽管行政制度的安排和操作在不同时期是为了追求不同的价值观，但是每一时期都有一种占主流和统治地位的思想理论，其他的思想流派也没有被完全忽视。

虽然新公共服务理论是在对新公共管理理论进行反思和批判的基础上提出和建立的，但是，这并不意味着它是对新公共管理理论的全盘否定。新公共服务理论是对当今公共行政理论和实践特别是对新公共管理理论的一种非常有意义的补充和完善。只有辩证地看待和运用新公共管理理论和新公共服务理论，努力吸取其精华，在继承中创新和发展，才能不断取得政府管理的新成果。

第五节　多中心治理理论

多中心治理理论是以埃莉诺·奥斯特罗姆和文森特·奥斯特罗姆夫妇为核心的一批学者创立的。他们认为，集权制和分权制都有无法克服的缺陷，集权制增加管理过程的信息成本和策略成本，并容易滋生寻租与腐败；分权制则难以避免制度缺失和规避责任。在公共事务的治理中，不论是集权还是分权，都没有跳出非此即彼的单一思维模式。奥氏夫妇通过对城市的警察、教育、交通等公共事务运作进行大量的实证考察，提出了多中心治理理论，建立了多中心的制度安排。

一　自主治理理论

多中心治理以自主治理为基础。奥氏夫妇认为，多中心体制设计的关键因素是自发性。自发意味着多中心体制内的组织模式在个人有动机创造或者建立适当的有序关系模式的意义上将自我产生或者组织起来。如果多中心体制在发展有序关系方面是"自发的"，那么，自我组织的倾向在若干不同的行为层次上就必然发生。

早在古希腊时期，亚里士多德就曾指出，凡是属于最多数人的公共事务常常是最少受人照顾的事务，人们关心自己的所有而忽视公共事务。20世纪80年代，针对公共池塘资源治理问题，奥斯特罗姆从研究5000多个小规模公共池塘资源案例出发，应用制度分析与经验分析的方法，研究如何消除个人理性致使集体的非理性而导致的公地悲剧，证明了政府的国有化与市场的私有化之外还存在第三条道路，即公共池塘资源的共享者们可通过自组织有效地自主治理。公共池塘资源治理就是解决集体行动困境之道，实现理性个人进行互惠的交换与合作、进行合理的博弈以促进公用地繁荣。

奥斯特罗姆探讨了自主治理的三个难题：制度供给、可信承诺和相互监督。

第一个难题是制度供给，即由谁来设计自主组织的制度，或者说什么人有足够的动力和动机建立组织。奥斯特罗姆认为，在公共池塘资源系统中，只要人们经常不断沟通、相互交往，那么他们就有可能知道谁是值得信任的。当人们在这样的环境中居住了相当长的时间，有了共同的行为准则和互惠的处事模式后，他们就拥有了为解决公共池塘资源使用困境而建立制度安排的社会资本。通过建立信任和社群观念，人们在拥有这些社会资本的基础上就能解决新制度供给的问题。当然，一个新制度的形成并不会一蹴而就，而且制度本身也处于不断变化之中。自主组织和自主治理的制度供给是一个渐进、连续和自主转化的过程。

第二个难题是可信承诺。在制度供给得到圆满解决后，如何规避公共池塘资源使用者"搭便车"、逃避责任和各种机会主义诱惑？这就涉及可信承诺的问题。奥斯特罗姆摒弃了外部强制作为解决承诺问题的方法，让公共池塘资源使用者通过自我激励去监督人们的活动，实施制裁以保持对规则的遵守。为此，奥斯特罗姆列出了五项准则使得可信承诺得以真正有效地实现。

第三个难题是相互监督。监督至关重要，没有监督就不可能有可信承诺，但第三方的监督并非唯一途径。奥斯特罗姆认为，只要人们对遵守规则做出了权变的策略承诺，就会产生监督他人的动机，以使自己确信大多数人都是遵守规则的。自主治理的成功案例表明，许多自治组织设计的治理规则既增强了组织成员进行相互监督的积极性，又降低了监督成本。因此，不必付出太多其他额外的成本。有效的治理规则，使自主组织内部的相互监督得到增强，而相互监督的增强又提高了人们对规则承诺的可信度，两者相互补充、相互促进。

奥斯特罗姆在分析世界各地成功案例的基础上，提出了成功治理公共池塘资源问题的若干原则。（1）清晰界定边界，规则应明确规定谁拥有什么权利。（2）建立适当的冲突解决机制。（3）个体按照收益比率分担相应的维护资源的责任。（4）监督和制裁应该是由资源占用者本人或者是对占用者负责任的人来进行的，并不是所有的进行监督和惩罚的个体都是为了外在的奖励，内在的互惠动机同样发挥着重要的作用。（5）制裁应是累进的、分级的，对首次违反者处以较轻的惩罚，对再次违反者惩罚则相对较重。（6）决策过程的民主化使治理更容易成功。（7）用户自我组织的权利应该得到外界权力机关的明确承认。在《公共事务的治理之道》以及随后的一些出版物中，奥斯特罗姆证明和讨论了为什么这些原则有助于实现合意的结果。虽然这些设计原则并没有为复杂的政策问题提供一个简单的解决之道，但是，在采取了这些原则的情况下，集体行动和监督问题往往更容易得到解决。

二　多中心治理理论的核心思想

理解多中心的含义是理解多中心治理理论的基础。多中心涉及广泛的公共领域，例如市场体制的多中心、司法决策的多中心、政治领导选择和政治联盟组织的多中心、公共服务经济的多中心等。在公共治理中，多中心主要是指多个权力中心和组织体制治理公共事务、提供公共服务。

"多中心"一词首先是由迈克尔·波兰尼在一系列文章中所使用的，这些文章最后以《自由的逻辑》为书名集结出版。波兰尼区别了组织社会任务的两种方法或者两种秩序。一是设计或者指挥的秩序，它为终极的权威所协调，该权威通过一体化的命令结构实施控制。这样的秩序可以概括为一元的或者单中心的秩序。波兰尼把另外一个类型的组织社会任务的秩序确定为"自发的"或者多中心的秩序。自发的或者多中心的秩序是这样一种秩序：其中许多因素相互独立，但能够相互调适，以在一般的规则体系中归置其相互关系。在一组规则之内，个人决策者可自由地追求自己的利益，但其利益受实施这些决策的规则固有的约束。①

奥氏夫妇认为，在传统公共行政理论看来，提高效率需要强化层级节制、权责界限清晰，同一件事情必须交给一个部门完成。这种传统的治理方式可以看成单中心治理。在单中心的指挥秩序中，下级听从上级的命令，这种秩序在理论上有严重的局限，除非其终极的权威为无所不知的观察家所行使，而所有下级都完全听从指挥。如果所有个人都只有有限的知识和有限的能力，中央决策者就会负担过重，下级就会歪曲他们所传递的信息，以取悦他们的上级。信息丧失和信息沟通的扭曲会导致失控，绩效与期望出现差距。因此，与多中心秩序类似的组织模式的发展源于指挥秩序的系统失败。在这种情况下，多中心更多的是源于政治腐败的逻辑，而不是源于有意识地依据独立、自主决定或者自主治理原则设计多中心秩序。

单中心政治体制重要的定义性特质是决定、实施和变更法律关系的政府专有权归属于某一机关或者决策机构，该机关或机构在特定社会里终极性地垄断着强制权力的合法行使。在单中心政治体制中，拥有"终极权威"的人和服从该权威的人之间决策权能的分配是极其不平等的。

与单中心政治体制相对应，多中心政治体制重要的定义性特质是许多官员和决策机构分享着有限的且相对自主的专有权，来决定、实施和变更法律关系。多中心政治体制的特点是存在许多决策中心，它们在形式上是相互独立的。在多中心政治体制中，没有一个机关或者决策机构对强有力的合法使用拥有终极的垄断权。"治人者"与"治于人者"在权威上的不平等是有意受到约束和限制的，这样"治人者"也能够接受法律的"统治"，并被要求服务于"治于人者"。

---

① 〔美〕迈克尔·麦金尼斯主编《多中心体制与地方公共经济》，毛寿龙译，上海三联书店，2000，第75～76页。

　　所谓多中心治理，就是行为主体既独立自由地追求自己的利益，又相互协调合作。所有的公共机构具有有限但独立的官方地位，没有任何个人或群体作为最终的或全能的权威凌驾于法律之上。这样它就打破了单中心政治体制中只有一个最高权威的权力格局，形成了一个由多个权力中心组成的治理网络。与单中心治理相比，多中心治理反对集权和垄断，提倡"由社会中多元的独立行为主体基于一定的集体行动规则，通过相互博弈、相互调适、共同参与合作等互动关系，形成多样化的公共事务管理制度或组织模式"。① 多中心政治体制能够得以组织，就是利用了交叠管辖和权威分散的优势。这种多中心决策要以宪法和法律为前提，并受到社群团体、利益集团、经济部门多中心决策体系的交互影响，最后经过协商达到统一。

　　多中心治理理论的核心在于因地制宜，主张采用分级、分层、分段的多样性制度安排，主张政府、市场和社区间的协调与合作。该理论指出，"通过社群组织自发秩序形成的多中心自主治理结构、以多中心为基础的新的多层级政府安排，具有权力分散和交叠管辖的特征，多中心公共论坛以及多样化的制度与公共政策安排，可以在最大程度上遏制集体行动中的机会主义，实现公共利益的持续发展"。② 也就是说，在公共领域存在另一只看不见的手，即在市场秩序与国家主权秩序之外的多中心秩序。

---

① 〔美〕文森特·奥斯特罗姆：《多中心》，载〔美〕迈克尔·麦金尼斯主编《多中心体制与地方公共经济》，毛寿龙译，上海三联书店，2000，第65页。

② Elinor Ostrom, Larry Schroeder & Susan Wynne, *Institutional Incentives and Sustainable Development: Infrastructure Policies in Perspective*, Boulder, CO: Westview Press, 1993.

第二章　公共服务的主要供给模式

公共服务供给模式，就是通过集体性的制度安排，对公共服务的供给者、服务的数量与质量、生产与融资方式、管制方式等做出决策、安排并进行监管。对于公共服务供给模式及具体提供方式的认知与选择，一直有一个不断深化的过程。长期以来，古典经济学在强调市场作为基础性、优先性的资源配置手段的前提下，提出公共物品应该由政府提供。20 世纪50 年代，萨缪尔森发表《公共支出的纯理论》，随后对公共物品内在属性的探讨越来越深入，针对不同类型和特大的公共物品，逐渐形成了多种提供公共物品的理论和实现方式。政府、企业和非营利的社会组织是现代社会最基本的组织类型，在公共服务供给和资源配置方面发挥着重要的作用。基于供给主体及其运行机理的不同，公共物品供给模式可划分为三种基本类型，即政府供给、市场供给、志愿供给。这三种基本供给模式的有机结合，就形成了公共服务多元主体供给模式。

第一节　政府主导的公共服务供给模式

古典经济学认为，承担那些对社会每个人都有利的事务的责任主体是政府，因为政府不仅可以保护人们履行他们所缔结的协议，而且还可以促使人们订立协议，并强制人们促进某种公共利益。古典经济学的这种主张源于其对人性的假定，认为人是实现自身效益最大化的理性经济人。早在200 多年前，休谟就探讨了公共草地积水的例子，论证了在公共利益面前个人的局限性以及政府的优越性，从而为政府的存在提供了一定的理论基础。尽管亚当·斯密提出了自由主义经济理论，但他仍然认为，那些对社会有益的公共设施，诸如国防、司法、基础教育等需要由政府提供。他认为公共物品在完全没有政府的情况下难以较好地提供，但政府的权力要受到限制。

萨缪尔森对公共物品的供给给出了一般均衡分析的解释，指出在满足一些条件的情况下，由政府提供公共物品可以达到资源配置的帕累托最优状态。满足政府提供公共物品的效力条件，被称为萨缪尔森条件。萨缪尔森条件说明，当每一个消费者对于公共物品的边际贡献之和等于生产公共物品的边际成本，并且政府能够按照每个消费者的偏好与意愿来征税，使税收总和等于公共物品的边际成本时，政府就能生产一定数量的公共物品，这个数量既可以满足社会发展、人们生活所需，也使得社会资源在私人物品和公共物品之间的配置达到帕累托最优状态。

第二次世界大战以后，凯恩斯主义成为主流的经济学理论，国家对于经济发展与社会进步的重要性得到了前所未有的强调。经济学家们强调，市场机制是配置资源的主要手段，通过完全的市场竞争实现充分就业和资源的合理流动，借助价格机制的作用，把经济人的理性利己行为转变为利他行为，最终实现经济的均衡运行和资源的最优配置。但市场存在"市场失灵"的缺陷。单纯的市场调节不能保持宏观经济稳定和经济总量平衡，无法解决"外部效应"问题，难以实现公共物品的有效供给。为了解决"市场失灵"问题，经济学家们提出，由于政府有强迫人们缴纳税收的权力，因此可通过政府干预，克服"市场失灵"的问题，保证公共物品和公共服务的有效供给。[1] 凯恩斯经济思想对于政府角色的重新界定，使政府承担了更多的公共管理和公共服务职能，各国政府普遍采取福利国家体制，政府积极扩大公共开支，在更大范围与更高水平上提供公共服务。

一　主要特点

政府供给模式以政府作为公共服务的供给主体，以强制求公益，是较

---

[1]　孙辉：《城市公共物品供给中的政府与第三部门合作关系——以上海市社区矫正为例》，同济大学出版社，2010。

为传统的一种公共服务供给机制。政府供给模式的制度基础是公共服务的特性以及政府的角色定位。一般表现为公共服务提供与生产的不可分离，政府在公共服务供给中全权负责，同时承担资金供应者、生产安排者和具体的服务生产者等多种角色。与其他供给模式比较，政府供给模式具有如下特点。

（一）政府供给具有权威性

政治学家林德布洛姆在其名著《政治与市场：世界的政治—经济制度》一书中，认为市场制度建立在交换关系之上，而政府制度建立在权威关系之上。政府供给的权威性，突出体现为政府供给一般具有法律保障，即通过制定法律制度来规范公共服务的国有化运作。如英国1944年出台《巴特勒教育法》，建立了面向所有年轻人的中等学校教育体制。1946年颁布《国民保险法》，明确成立国民保险部，实现了各项社会保险的全国统一管理。1946年实施《国民健康服务法》，建立了由中央政府统一领导、地方基层参与执行的医疗管理体制，并明确所有国民免费享有医疗卫生服务权利。1948年推行《国民救助法》，为那些需要救助却因不具备资格而不能获得保险资助的人们建立了一个安全网。[①] 一系列法律的出台，增强了政府供给公共服务的权威性与强制性。

（二）政府供给具有计划性

政府定期制订和下达各项公共服务计划，通过等级制的行政管理体系，自上而下对公共服务的生产和配给进行指导、控制，调控公共服务发展的方向和速度。由于政府供给具有计划性，因此也容易产生集权化趋势，即公共服务的权力不但从私人领域向政府部门集中，而且在政府系统内部也从地方政府向中央政府集中。例如，英国"从战后第一届工党执政开始，原属于地方政府服务范围的水、煤气、电、公共交通、医疗服务、公共卫生等公共服务的权力往中央转移，地方当局严格按照中央政府设计的标准行事，并获得中央政府补贴"。[②] 集权意味着中央政府在公共服务中具有绝对控制的地位和作用，通过这种中央控制的方式，可以达到

---

① 张菊梅：《二战后英国公共服务供给模式变革及对中国的启示》，《学术论坛》2012年第2期。

② 孙浩：《英国的政党政治与福利制度》，商务印书馆，2008，第37页。

全国统一供应的状态。

（三） 政府供给的公共服务具有普遍性

政府直接提供的公共服务，往往具有普遍性，即所有民众都被纳入公共服务对象范围，不具有排斥性和歧视性。公共卫生与基本医疗、基础教育、福利救济等被看做政府有义务供给和保障的公共服务。政府供给公共服务，是一定时期公共服务供给的主导模式。第二次世界大战结束时，整个欧洲成为一片废墟，百废待兴。政府的作用前所未有地凸显，凯恩斯主义成为西方各国主导的执政理念，政府职能极度扩张。欧美各国的公共服务普遍采用自上而下的国有化供给模式，强调公平、责任与中央控制。从实践成效来看，公共服务国有化政策不但有效防止了经济萧条，而且通过强化国家在公共服务上的责任使大多数人受益，所以，在战后受到了欧美国家民众的普遍支持。中国在计划经济时代，政府及事业单位是公共服务供给的主体，政府供给是公共服务供给的基本模式。

二 适用条件

任何供给模式都有其适用条件。政府供给模式的适用条件如下。

第一，政府所提供的公共服务具有非竞争性和非排他性，即政府主要提供的是纯公共物品，如国防。

第二，在出现"市场失灵"和"慈善失灵"的公共物品供给领域，政府供给是必要的，如对营利性企业和非营利性社会组织的公共政策规制。

第三，对于所有社会成员都需要的基本公共服务，如社会公平、社会秩序、基础教育、基本公共卫生等，政府有义务予以提供。

三 局限性

（一） 政府供给公共服务效率低下

在《新帕尔格雷夫经济学大辞典》中，"政府失灵"被定义为"由政府组织的内在缺陷及政府供给与需要的特点所决定的政府活动的高成本、低效率和分配不公平"。"政府失灵"集中表现为行政效率低下，其原因主要在于以下几方面。

第一，高度垄断。政府部门不像企业那样存在市场竞争。"政府在从事经济活动时，它似乎对成为垄断者怀有强烈的偏好，即使这种垄断并无必要。"从表面上看，单一主体而非多元主体同时供给公共服务因避免重复而节约了费用，但其负面影响是明显的，政府机构会因缺乏竞争压力而忽视效率，或漠视公共服务供给的质量。① 正如斯蒂格利茨所指出，公共部门里竞争的缺乏会削弱人们的积极性。政府的垄断性使其失去了竞争所形成的外部压力，同时失去了改善管理、提高效率的内在动力。

第二，无产权约束。对于产权明晰的企业而言，成本与收入是紧密联系在一起的，企业要根据可能的收入决定成本的投入。而政府部门花费的是纳税人的钱，政府管理成本与收入是分离的，缺乏降低成本的内在压力。由此可导致两方面的问题：一是当政府产出是给定的时，政府可能使用较多的资源，造成资源浪费；二是政府不顾社会需求不断扩大供给，导致政府产出超出或不符合社会需求，浪费社会资源。

第三，对政府行为难以评估。对于企业，利润是关键的评估指标。但政府行政部门往往具有多元化的目标，公共服务的投入与产出之间并不存在清晰的关系，且产出具有非营利性，因此很难对政府行政部门的"生产活动"进行有效的成本分析，对政府的产出也难以进行量化的评估。评估的困难影响了政府部门建立有效的激励约束机制。

（二）政府难以准确了解公众的真实偏好②

如果说私人物品应该由市场提供，公共物品必须由政府提供，那么至少要有一个前提条件来保证政府在提供公共物品方面是有效的，正如萨缪尔森条件提出的，要实现政府提供公共物品的最优化，政府就要准确了解公众的真实偏好，但这一条件在实际中很难得到满足。

第一，"搭便车"的消费心理导致公众隐瞒自己的公共需求。维克塞尔认为，如果没有政治决策程序的介入，个人将不愿意说出自己对于公共物品的真实评价，这必然导致公共物品供给不足。为了解决这个问题，经

---

① 仲兵、周义程：《双失灵：公共服务供给主体选择的困境解析》，《江海学刊》2009年第5期。

② 孙辉：《城市公共物品供给中的政府与第三部门合作关系——以上海市社区矫正为例》，同济大学出版社，2010。

济学家致力于利用激励相容机制的设计来了解公众对于公共物品的偏好，如蒂布特的"用脚投票"偏好显示法，维克里德的第二价格偏好显示机制，克拉克—格鲁夫的收费投票制以及汤普森的偏好机制等。然而这些机制在运行过程中，都会由于种种原因而缺少可操作性。

第二，政府无法准确地收集公众对于公共物品的偏好及其分布。一些经济学研究者分析了不完全信息条件下的公共物品供给问题，指出现实中完全信息是一种理想状况，不完全信息则是一种常态。正因如此，政府无法得到一个公平的林达尔公共物品价格分担体系。另外，无扭曲的一次性总付税在现有条件下无法实施，所以政府通过收税为提供公共物品融资一定会带来纳税人行为的扭曲，这种扭曲造成的损失破坏了实现帕累托最优的条件。

第三，个人的效用评价不能自动、合理地整合为集体评价。虽然勒格森、萨缪尔森、勒纳等经济学家认为个人效用具有可比性，可以得出个人效用函数的排序，并据此推导出一个社会的福利函数，但是阿罗不可能性定理指出，如果存在一个社会福利函数，那么它应该"是指这样一个过程或规则，对各社会状态的每一个个人序关系集合，就有一个相应的备选社会状态的社会序关系。而要得出这种社会排序，必须满足五个条件。然而同时满足这五个条件的社会福利函数是不存在的"。[①]

（三）政府利益与公共利益存在偏离

政府供给公共服务的困境同时体现在政府利益对公共利益的偏离上。在西方20世纪20年代以来的不少主流经济学家那里，隐含着一种基本的研究假设，即经济领域中的消费者和生产者都是追求个人利益的利己主义者，而政治领域中的政府则是无私追求公共利益的慈善的专制者。这种研究假设的必然推论就是，政府除了公共利益之外不存在任何自身的利益追求，其天然地能保证公共服务被有效率和高质量地供给。然而，政治发展的事实证明，政府并非一个天然地追求公共利益的组织，而是存在政府利益。政府面临的政治环境使政府利益的实现从可能转化为现实。[②]

---

① 〔美〕肯尼思·约瑟夫·阿罗：《社会选择：个性与多准则》，钱晓敏等译，首都经济贸易大学出版社，2000，第37页。

② 仲兵、周义程：《双失灵：公共服务供给主体选择的困境解析》，《江海学刊》2009年第5期。

面对复杂的社会现实，政府经常面临短期利益与长期利益、局部利益与整体利益的抉择。著名经济学家萨缪尔森认为，政府领导的任期制所形成的选举压力使他们普遍成为"目光短浅"的政治家，他们出于自身利益的考虑，往往只关注任期内的事，而不顾长期发展问题，导致社会长远利益受损。同样，地方政府官员作为某一地区的领导人，考虑的往往只是本地区的利益，而对本地区之外的问题往往置之度外。这就导致了地方政府的某些政策在本地区可能取得效益，但对其他地区可能带来负面影响，从而损害社会整体利益。

此外，政府部门中的腐败行为更是严重损害公共利益。公职人员的行政管制权力能对公共稀缺资源进行权威性分配，因此，行政权力极易诱发腐败现象。国际经验和中国现实均证明，腐败行为严重破坏社会资源的优化配置，导致国家财产流失，极其不利于社会经济健康持续发展。

（四）难以满足多元化的社会需求

在新古典经济学的视域中，人具有"客观理性"或"绝对理性"，并能够实现利益最大化。对于行政人员而言，他们亦能通过这种"完善的理性"来实现公共利益的最大化。但是，实践证明，政府行政人员绝不可能掌握进行公共服务供给决策所需的全部信息，更没有时间和精力设计出供最后抉择所用的全部备选方案，他们只能获得有限的信息和在少数备选方案中选出比较满意的方案。不仅如此，政府行政人员所掌握的有限信息还存在失真性和滞后性。这样，政府不得不依凭不完全、不准确的信息来供给公共服务，必然难以充分、准确和及时地满足公民对公共服务的合理期待。甚至在很多情况下，政府容易想当然地确定不同类型公共服务供给的数量、优先次序和具体时间安排，而很少考虑公众对公共服务的偏好。

美国经济学家伯顿·韦斯伯指出，人们对公共物品具有不同的偏好，而政府对公共物品的提供只倾向于反映"中位选民"的偏好，这就会使有些人的需求得不到满足。由于政府服务讲求普遍性，而人民因收入、宗教、民族、背景、教育等的差异性，往往产生多元化的需求，因此在既定的公共财政水平下，政府供给必然难以满足多元化的社会需求。[①]

---

① 席恒：《公共物品供给机制研究》，西北大学博士学位论文，2003。

第二节　市场供给模式

由于政府垄断供给公共服务的局限性越来越明显，20 世纪 60 年代以来，一直有学者论证公共物品市场供给的必要性和可行性。德姆塞茨指出，当排除非购买者的能力相对足够的时候，私人供给也可以有效地生产公共物品。科斯在《经济学上的灯塔》一文中，以翔实的史料研究了英国早期的灯塔制度。他论证了灯塔私人收费的可能性，说明了一些公共物品由私人提供不仅是可能的，而且是更有效的。科斯是现代经济学界有力地反驳公共物品只能由政府垄断供给的传统经济学观点的第一人，他明确澄清了公共物品供给可以甚至应该引入市场机制的观点。此后，斯宾塞、米歇尔、欧文等一些学者的研究也表明，对诸如教育、医疗、广播电视等准公共物品，通过市场安排往往能取得更高的供给效率。

20 世纪 70 年代后，欧美国家普遍面临福利危机，财政收支失衡，难以继续负担沉重的福利支出。福利国家体制面临经济上、政治上、管理上的巨大压力，受到各方面的批判与质疑，要求改革的呼声日益高涨。在这种社会发展形势下，经济学理论转向新自由主义，公共服务向市场导向的供给模式转变，政府职能急剧收缩，被严格限定于维持自由交易的社会经济秩序。与此同时，政府的公共开支也锐减，公共服务更多地转由非政府的民间机构提供。

一　主要特点

一般来说，市场供给是以自愿求私益，不同的市场主体以自愿交易的方式实现各自利益的最大化。市场供给的动力，来自市场主体追求经济利益的动机。市场供给模式对效率和利益的高度关注，使它具有政府供给模式所无法替代的优势。在公共服务的供给中，市场供给模式具有以下特点。

（一）竞争导向

20 世纪 80 年代后，"85% 的英国特殊社会保障预算按照合同约定投入到私营和非官方部门中去"。① 甚至监狱服务也通过服务外包引进了企业来实行管理。此外，政府将社会保障、医疗、教育等服务领域向市场开放，一方面减少了政府公共开支，减轻了政府的财政压力；另一方面，通过引入私营部门参与公共服务提供，增强了成本控制意识，增强了顾客导向，提升了公共服务供给的效率。

（二）绩效导向

政府注重公共服务的绩效和对绩效的评估。对公共服务机构的奖惩或资源配置都与绩效挂钩。以医疗服务为例，政府在选择资助对象时，不再优先考虑公立医院，而是看参与竞争的各类医院的"为病人提供的治疗数量""病床数""医疗专家数"等量化指标，根据医疗机构的绩效来决定是否给予资助。

（三）鼓励差别化

差别化即政府通过引入市场机制，增加公共服务的差别化条款，提供多层次的公共服务，以满足不同社会公众对公共服务的差异化需求。例如，"教育服务从大一统的综合体系中分离出来，根据家长、学生以及学校的差异性，确定不同的学校等级和收费标准；对医疗服务进行等级划分，将购买不同级别的医保的民众进行差别化对待；对失业人士领取失业津贴权利进行差别化对待，将有存款的失业者排斥在津贴范围之外"。②

从公共服务引入市场机制的效果看，审慎的民营化能有效提高公共服务的竞争性和效率，提供成本收益比更高的公共服务。在德国，清洁服务的私营化比公营部门在费用上低 30% ~ 40%。在法国，私营部门修建收费道路的成本比公营部门少 20%。在美国，私营部门供水的运行费比公营部门低 15% ~ 60%，在防火方面，私营部门与公营部门相比节约的人均费用为 30% ~ 40%。目前，资产出售和服务外包已成为美国州和地方政府公共服务民营化使用最多的方式。1990 ~ 2000年联邦政府与私人公司、研究机构等非政府主体签订了大约 2000 万个

---

① 〔美〕诺曼·弗林：《公共部门管理》，中国青年出版社，2004，第 72 页。
② 张菊梅：《二战后英国公共服务供给模式变革及对中国的启示》，《学术论坛》2012 年第 2 期。

合同，涉及从道路修建到监狱管理、从图书馆运营到治安消防等多个领域。[①]

二　适用条件

市场供给模式的适用条件表现为以下几方面。

第一，从公共服务的性质看，市场供给的公共服务一般是具有一定排他性或竞争性的准公共物品。对于具有私人物品性质的准公共物品，经济利益驱动下的市场机制供给便具有发挥作用的条件。此外，准公共物品的规模和范围一般较小，涉及的消费者数量有限，这容易使消费者根据一致性同意原则订立契约，自主地通过市场方式来提供。由于消费者数量有限，因此达成契约的交易成本较小，从而有利于公共物品的供给。

第二，公共服务市场供给的必要性来自消费者对公共服务的超额需求，"有需求才会有市场"。部分消费者对公共服务的需求，超出了社会平均水平，具有一定的超前性或超额性。由于政府所供给的公共服务具有普遍性，只能满足社会全体成员或大多数成员的最基本的公共需求，因此部分消费者的超额需求难以通过政府提供公共服务来满足。在这种情况下，他们就会通过"直接付费"方式，即市场交易方式来满足，从而为营利性组织通过市场供给这类公共服务提供了可能性。当这类公共服务的边际收益大于边际成本时，企业在利益驱动下，就会通过市场机制，即市场中的价格机制和竞争机制来供给某些公共服务。

第三，市场机制供给公共服务必须符合政府制定的相关规则。公共服务涉及社会全体成员或大多数成员公共利益，由代表民意的政府出面规范市场机制的运行是政府的责任，也是市场机制健全运行的基本要求。政府规制作为政府干预的方式之一，源于市场的不完善性。市场作为一种资源配置方式，有其自身的缺陷，如外部性、信息不对称、垄断等等，因此需要政府发挥作用对市场的上述缺陷加以弥补，这是政府规制存在的合理性

---

① 　陈娟：《双向互动：非公企业在公共服务供给中的角色定位与路径选择——基于浙江实践的分析》，《广东行政学院学报》2012 年第 2 期。

依据。接受政府规制和公共监督是营利性机构通过市场供给公共服务的必要条件。

三 局限性

市场供给模式具有以下局限性。

第一，具有非排他性的公共服务无法避免"逃票乘车"行为，导致私营部门不愿供给。一般而言，按照谁受益谁负担原则，公共服务的供给成本理应由受益者共同承担，但是，对于那些具有非排他性特征的公共服务而言，根本无法排除不负担成本的人对其进行消费，由此引发了"逃票乘车"问题。当试图让别人承担公共服务成本而自己免费享用的人增加到一定数量时，私营部门供给公共服务就无法赢利甚至要赔本，因此私营部门就不愿供给该类公共服务。拉本德拉·贾的研究表明，林达尔、维克塞尔、格罗夫斯、洛布、利亚德·克拉克以及维克里等人虽分别尝试着提出解决"逃票乘车"问题的方法，但都没有给出令人信服的答案。

第二，具有排他性的公共服务由私营部门供给将导致资源配置的低效率。对于具有排他性特征的公共服务而言，由私营部门供给虽然存在理论上的可行性，但在实践中则会导致资源配置的低效率。这种低效率体现在，由于可收费产品的消费具有排他性，如由私人来提供，公共服务将取决于其边际收益与边际成本的均衡点，而不管其他人对这种服务的需求如何。这样一来，对社会来说，这种公共服务的供给量就会太少。可见，具有排他性特征的公共服务如果完全由私营部门遵循市场原则来提供，那么相对于消费者的需求来说，市场上的这类公共服务就会出现供给不足。私营部门供给的低效率还体现在，通过价格来控制该类公共服务的使用是不理想的。如果完全由私营部门来供给该类公共服务，那么私营部门为了收回成本和赢得利润，就要向公共服务的消费者收取费用。由于消费者对该类公共服务的需求受到其收入水平的制约，因此这种收费必然会导致一部分公众尤其是缺乏购买力的人放弃对该服务的购买或寻求替代服务，此时就可能会出现公共服务闲置现象，由此引发消费者的福利损失。

第三，公共服务市场供给会造成公共服务质量低劣等问题。在英国18世纪后期的运河建设中，以私人资金为主兴建的运河网有明显的缺点，私人从自身利益出发，没有通盘计划，没有统一的勘测，设计时各行其是，造成全国各地所修的运河宽度、深度不一，水闸、桥梁、收费标准各异，各水道联运的船只仅仅能按最狭窄、最浅的河道建造，运河未能充分利用。在铁路建设中，私人公司在利润的驱动下，哪里运营效益好就在哪里修路，任意决定线路和起止点，铁路建设无统一规划，结果有的线路设置不当，最为突出的是轨距宽窄不一，在150个城市中有66种不同规格的轨距。各铁路公司收费标准不一，彼此竞争，道路不衔接，车辆始发和到达的时间也没有统一规定，管理上相当混乱，在经济上造成了损失。[①] 20世纪70年代末以后，西方国家推行公共服务市场化改革，国家对公共服务的调控能力大大降低，公共服务权力被分散到为数众多、各不相同的私营部门，公共服务呈现"碎片化"的状态，公共服务质量参差不齐。

第三节　志愿供给模式

"政府失灵"和"市场失灵"的存在，为一种新的机制——以自愿求公益的志愿机制的出现创造了现实的需求。志愿机制的出现，在一定程度上是为了弥补"政府失灵"和"市场失灵"所造成的缺陷。这正是世界"第三部门"——非政府、非营利的志愿性社会组织大力发展的原因。

一　主要特点

志愿供给模式具有以下主要特点。

第一，体现了人类在利他精神指引下自我完善的愿望。世界各国都存在志愿服务机制，其思想根源在西方社会是基督教的博爱思想和人道主义的价值观，在东方不同国家则有不同的思想根源，中国传统儒家的仁爱思想和佛教倡导的普爱思想有重要的影响。现代意义上的志愿性社会组织最突出的特点是，在法律的约束下开展公益性活动，不以营利为组织目标，

---

①　仲兵、周义程：《双失灵：公共服务供给主体选择的困境解析》，《江海学刊》2009年第5期。

组织运作所得收益不能用于管理者与成员的收入分配，而只能用于组织的发展与公益事业的投入，因此这类机构没有动力采取追逐利润的投机行为，而主要是致力于促进社会公益事业的发展，在实现个人价值追求的同时，促进社会和谐与进步。志愿事业是一种点化人类的媒介，它的共通性在于促进社会变迁，造就脱胎换骨的人类。

第二，通过自主治理解决社会问题。志愿性社会组织之所以产生，就是为了解决社会问题。凡是不能通过政府或市场解决的社会问题，都是志愿机制尝试解决的。志愿机制的社会基础是现代社会中公民社会的发展。现代社会公民参与公共管理的机会与途径大大增加，公民参与意识与参与能力不断增强，人们相信通过自主治理能够有效地解决问题。人们设立各种志愿事业组织，不是出于对约定俗成的社会规范的顺从，而是试图通过志愿活动解决现实问题，实现公民权利，增进社会利益。

第三，满足多元化的社会需求。要满足社会成员多元化的公共服务需求，在公益物品的提供与生产方面，需要做各种创新实验。而社会组织具备利他精神、多元价值观和自主治理等特性，恰好是最适合做社会创新实验的，因而社会组织便成为创新公共服务方式方法的实验场。非营利组织具有实验功能，它们可以凭志愿者的理想主义去做拥有强制功能的国家不宜去做而追求自利的企业又不愿去做的事。事实上，社会组织涉及面很广，包括文化娱乐组织、教育科研组织、医疗卫生组织、社会服务组织、环境保护组织、协会学会组织等多种类型。可见，对于政府失灵与市场失灵的困境，社会组织通过志愿机制供给公共服务，能满足社会成员多元化的需求，从而发挥政府与企业难以替代的作用，这也是世界各国"第三部门"——非政府、非营利的志愿社会组织大力发展的原因所在。

二　模式的运作

志愿供给模式的运行，简要分析，包括目标设定、途径选择、资源保障等几个方面。

志愿组织之所以存在，是为了实现特定的组织目标。志愿组织的目标设定，与公共需求和公共利益的实现，以及"政府失灵"和"市场失灵"

所导致的政府和市场无法满足这些公共需求、公共利益等有关。也就是说，志愿供给模式存在的前提是公共需求和公共利益，为了实现公共利益、满足公共需求，社会组织将这些公共需求转化为事业目标，从而确定了志愿机制的运行方向。

方向确定以后，还要选择有效的途径，或者实现目标的手段。社会组织一般不进行物质生产，没有自营资金用于事业目标的实现。社会组织一般也不能制定强制性的政策、法规，无法运用公共权力实现事业目标。在这种情况下，社会组织就必须依赖政府的委托和政策优惠、企业组织及个人的资金资助来实现其志愿事业目标。因此，在志愿事业机制运行中，政府资金支持和企业资金资助是必要的。美国学者莱斯特·萨拉蒙等所著《全球公民社会——非营利组织部门的视界》一书中，以国家为单位对非营利组织发展进行案例分析，得出这样的结论：公共部门的支持是非营利组织成长的关键因素，政府的资助是非营利组织财政收入的主要来源。[①]政府资金支持与企业资金资助的实现，还与志愿事业组织成员的努力密切相关。这些组织成员往往具有极强的"游说"能力，通过对政府和企业的"游说"能够获得组织运行的必要资源。

志愿供给模式中的资源转换是由社会组织的实际运行和管理来实现的。社会组织通过对输入资源的有效配置，即通过计划、协调、组织、领导和控制等管理手段和方法，有效地实现志愿事业目标。志愿机制中的输出是为社会提供公共物品或公共服务，从而实现社会公共福利的最大化。

三　局限性

"志愿失灵"作为一种新的志愿部门理论，概括了志愿供给公共服务四个方面的不足。

第一，慈善资源不足。

志愿机制最突出的问题是社会组织运作所需要的开支与其所能募集到的资金之间存在巨大的缺口。作为公共服务的提供者，志愿机制的一个主

---

① 齐海丽：《非营利组织供给公共服务研究综述》，《学会》2011年第8期。

要缺陷在于缺少充足的、可靠的资源来满足现代社会强劲增长的公共服务需求。这部分反映了集体物品生产中固有的"搭便车"问题。由于需要照顾的人无论是否支付过照顾成本，都可以从社会中受益，对每个人就会存在一种激励，让其他人承担绝大多数成本。因此，只要是单独依赖于志愿奉献的制度，可利用的资源就会少于社会认为的最优状态。只有当贡献是非志愿的，例如通过税收，这些资源才会是稳定而充足的。然而，长期以来，人们对于志愿事业组织存在一个顾虑，即志愿事业组织如果要得到政府的支持，就要遵从政府的意愿，这样就会使志愿事业组织所提供的公益服务失去其非政府性、民间性的立场，从而难以实现自主治理，有可能一定程度上背离组织的最初目标。

　　然而，除了"搭便车"问题以外，慈善不足也源于经济波动。经济波动与日益复杂的经济生活相伴而生，这意味着，有善心的人们会发现，他们对迫切需要帮助的人爱莫能助，就像产生灾难性后果的大萧条时期那样。与此相似，在问题最严重的地方，往往没有可利用的资源，志愿机制会经常在覆盖面上留下严重的缺口。简而言之，尽管志愿机制具有减少交易成本、增强社会责任感和合法性这样一些优势，但它也有着严重的缺陷，即不能产生可靠的资源来对社区需求做出足够的回应。随着社会的快速发展与社会需求的强劲增长，那些被认为必需的"慈善工作"的范围已经大大拓展了，慈善资源不足的问题也因此而备受关注。

　　第二，慈善的特殊主义。

　　特殊主要是指这样一种趋势：志愿组织及其捐助人集中关注人口中的特殊亚群体。通过志愿组织，一些民族的、宗教的、邻里的或其他的亚群体为了共同的目标联合起来。这种特殊主义成为非营利部门存在的理论依据。但是，基于特殊主义的志愿组织存在明显的不足。一些社区中的亚群体可能并不在志愿组织的服务范围之内；那些控制志愿组织资源的人，很可能不会平等地支持社区中的所有群体。结果，现有志愿组织所代表的亚群体的覆盖面就会有严重的缺口。例如，纽约市非营利部门的观察者注意到，在20世纪60年代初，最大一部分儿童福利服务是通过天主教和犹太教机构提供的。由于绝大多数贫穷黑人是在第二次世界大战之后移民到该城市的，因此他们没有被纳入已经建立的志愿组织的服务范围。其他的诸如同性恋、残疾人等群体也很难得到志愿组织的援助。

特殊主义以及由此相伴而生的偏爱，不仅会导致覆盖面上的严重缺口，而且会带来服务的重复和浪费。志愿组织和慈善活动，并不仅仅是由社会需求方面的考虑所推动的，也受到社区或个人自豪感的激发。每个群体都想拥有自己的机构，结果，机构的数量超出了规模经济运行的范围，降低了制度的整体效率，增加了成本。美国社会福利政策的早期研究者非常关注这种现象，他们把机构的重复以及由此带来的资源浪费视为私人志愿机构最大的缺陷之一。志愿组织会把社区中的重要问题遗留下来，而很浪费地使用可利用的资源。

第三，慈善的家长作风。

志愿机构对社区问题做出回应时，不可避免地把界定社区需求的权力授予了那些控制着最重要资源的人。如果私人慈善是志愿部门的唯一支持，那些控制慈善资源的人就能决定该部门做什么、为谁服务。因此，这个部门的特性不是由整个社区的偏好而是由社区中的富人来塑造的。结果，一些富人喜爱的服务，比如艺术，可能会得到推动，而其他一些穷人想要的服务却被抑制了。此外，由于这些私人捐款是享受税收减免的，它们不仅仅具有对私人消费进行分配的效果，还可以分配以前的财政收入，尽管它们不会给任何公共决策过程带来好处。

这种状况不但不民主，而且会给穷人带来一种依赖感，因为穷人没有对慈善组织代表其所消耗的资源说不的机会。援助是被当做慈善提供的，而不是权利。慈善组织内部不同程度地存在家长作风、官僚化与行政化作风，以捐助者以及组织管理者的意志来替代服务对象的意志，这会制约慈善组织作用的发挥。

第四，慈善的业余主义。

志愿机制的一个突出问题是，它用业余的方法来处理人类的问题。在很长一段时间里，西方国家将贫困问题归因于穷人的道德败坏。因此，照顾穷人、精神病患者以及未婚妈妈的责任，被委托给了好心的业余人士，他们的主要职责是道德劝诫和宗教指导，而不是医疗补助或工作训练。但是，随着社会学和心理学理论的提出，志愿机制把重点转向更加专业的处理方式，包括受过训练的社会工作者和顾问。有的机构强调志愿者的努力依赖于捐款，但不能提供足够的工资，不能吸引到专业人员。

公益事业的发展必然产生对资源配置的竞争，这种竞争不但来自其他志愿组织，也来自企业和政府。因此，现代公益事业急需现代化的管理理念和专业化、职业化的管理人才。但目前的志愿组织普遍缺少这种素质和资源，大多数志愿组织具有"业余性"，这种业余性会阻碍组织的发展与组织目标的实现。

此外，在有些情形下，志愿组织的非营利性和商业化经营的倾向会产生现实冲突。尽管志愿组织供给公共服务具备政府供给与市场供给所不可替代的优势，但是相比政府组织与企业，志愿组织从整体上看，发展历程还不长。当前志愿组织自身存在的诸多问题，限制了其提供公共服务的作用。

综上所述，政府供给是以强制求公益，通过公共权力的运作和政府组织之间纵向的"命令—服从"关系追求公共利益。市场供给是以自愿求私益，通过平等的市场活动主体之间的自由交易、公平竞争追求私人利益。志愿供给是以自愿求公益，通过具有利他精神的个体组建自主治理的社会组织，在共同信念指引下从事非营利性的活动，追求公共利益的实现。政府供给、市场供给和志愿供给作为公共服务供给的不同制度安排，有各自运行特征与有效发生作用的条件，也有各自的局限。实际上，单纯依赖哪一种供给方式，都会导致公共服务供给不足或产生其他方面的问题。

第四节　公共服务多元主体供给模式

如前所述，政府供给、市场供给和志愿供给作为公共服务供给的基本模式，有各自运行特征与有效发生作用的条件，也有各自的局限。任何一种单一的供给模式和制度安排都无法实现公共服务的充分和有效供给，构建政府、市场和社会组织多元主体供给公共服务的模式和制度体系，既有理论上的依据，也是实践发展的必然趋势。

一　公共物品提供与生产相区分的理论

公共服务供给模式的变迁发展，受到公共物品理论、公共选择理论、新公共管理理论、新公共服务理论以及多中心治理理论等多种理论的影响。公共服务多元主体供给模式是由多种公共服务供给模式和供给方式组合而成的体系，有着深厚的理论渊源及依据。公共物品提供与生产相区分的理论对于公共服务多元主体供给模式的产生与实现路径具有直接的影响。

公共服务多元主体供给之所以能够实现，从理论上分析，是因为公共服务的生产与供应（这里的"供应"应作狭义上的理解，实际含义是"安排"）两个环节可以适度分离。传统的公共行政理论视公共服务和产品为一体，它们完全由政府承担。1959年，著名经济学家理查德·A. 马斯格雷夫对公共服务的供应与生产首次作了区分。1961年，奥斯特罗姆夫妇、查尔斯·蒂博特和罗伯特·沃伦等对这种概念上的区分作了进一步的延伸和发挥，他们指出，公共服务的生产与供应应当区分开，前者既可以由私人承担，也可以由公共部门承担。服务的供应是指一系列集体选择行为的总称，它就下列事项做出决定：需要提供什么样的产品和服务、产品和服务的数量和质量标准、资金投入数量及其筹措方式、如何约束和规范公共服务消费中的个人行为、如何安排公共产品和服务的生产。服务的生产则是指如何将一系列的输入资源转化为产品和服务的技术过程。① 服务的供应通常是政府的职责，而服务的生产既可以由公共部门承担，也可以由私人承担。

公共物品提供与生产相区分的理论，为公共服务合作供给的制度安排提供了理论基础。公共服务的提供者，不一定要直接生产该项服务。"一个地方性的提供单位能够组织自己的生产单位，比如建立一个地方政府机构，但它也能够从额外的生产者那里购买服务，或者加入其他提供单位所组织的共同服务的安排中去。"也就是说，公共服务的

---

① 〔美〕迈克尔·麦金尼斯主编《多中心体制与地方公共经济》，毛寿龙译，上海三联书店，2000，第423页。

供应者不等于生产者，供应者和生产者可以是同一个机构，也可以是不同的机构。① 被誉为"民营化之父"的 E. S. 萨瓦斯也曾将公共服务供给分为安排、付费和生产等若干环节，并认为政府与私营部门或社会组织之间应分工协作。

供应和生产的划分有助于我们更好地厘清政府的重要职能：汇集和表达公民的不同利益诉求，确定所需要提供的服务和产品的类别、数量及其标准，安排相应的财政投入，组织和监督生产，从而满足公民诉求，对公民负责。做好了这几方面，即使一个政府不承担任何生产性职能，它也称得上是一个负责的政府。因此，供应和生产的区分，使得政府有了多种提供公共服务的制度安排和工具选择。除了自己直接生产外，可将一部分生产性职能通过合同承包的方式或其他方式分离出去，交给其他私人机构和公共单位承担。这样，不仅可以引进市场机制和竞争机制，而且还可以大大减轻政府负担，简化政府内部管理成本，提高政府行政效能。

新公共管理理论同样提出，政府的作用是掌舵而非划桨，主张建立决策制定与决策执行分离的体制，主张通过民营化、市场化等形式把公共服务的提供交由市场和社会力量承担，政府主要负责制定政策、建立激励机制、监督合同的执行，引导市场和社会力量提供公共服务，达到实现公共利益的目标。政府寻求公共服务提供途径，如签约服务外包，发动民间力量参与到公共服务事业中，提高服务供给的效率；以服务对象的满意为宗旨，提高公共服务的质量。这场以追求"3E"（Economy，Efficiency，Effectiveness），即经济、效率和效益为目标的改革运动，被认为是公共服务的市场化。但公共服务的市场化不等于政府责任的市场化。公共服务多元主体供给，不能简单理解为政府减少公共开支和减轻政府责任，而主要是政府提供公共服务模式上的改变。曾经主张弱化政府职能的世界银行和国际货币基金组织在《1997 年世界发展报告》中也强调了政府在公共服务供给中的作用，而不是一味地主张削减政府的责任。

---

① 金世斌：《公共服务供给机制创新：北欧的改革实践与启示》，《南京社会科学》2012 年第 7 期。

二　公共服务多元主体供给模式的含义、特点与优势

（一）基本含义

所谓公共服务多元主体供给，是指作为公共部门的政府以及作为非公共部门的企业、社会组织等主体分别参与到公共服务安排、生产和付费的环节，共同为消费者提供公共服务的制度安排与服务提供方式。这种多元主体供给模式的核心是政府在保证或强化自身公共服务职能和责任的前提下，引入竞争机制、价格机制、供求机制等市场运行机制，将此前由政府包揽的公共服务生产等职能转移给企业与社会组织承担。政府与社会组织、企业通过共同行使权利、共同承担责任、联合投入资源、共同承担风险并分享利益等方式，生产和提供公共服务。

公共服务多元主体供给具有两方面的含义。一方面，公共服务供给不能单纯依赖哪一种模式，而要发挥三种基本供给模式的优势。另一方面在当前更为重要，即强调三种基本供给模式相互补充、密切配合，形成一种合作供给的制度安排。建立完善公共服务多元主体供给模式，是当前各国改革与完善公共服务体系的基本方向。

（二）特性

公共服务多元主体供给模式，把握了政府、市场与志愿供给的实质特性，突破了长期以来公共服务供给中政府与市场、社会组织间的对立状态和单一选择思维。

事实上，当前西方国家推进公共服务供给模式的改革与创新，围绕的核心问题就是探索政府与企业、社会组织多种供给主体之间如何形成规范有效的伙伴关系，充分发挥各种供给方式的优势，克服各自的缺陷，从而提升公共服务供给的整体绩效，提高整个社会的福利水平。

公共服务多元主体供给模式具有以下特征：一是价值多元性。公共服务供给中坚持效率、公平、正义等多元价值的统一。价值的多元性决定了在政府与市场关系处理中不能偏废其一。二是主体多样性。公共部门、企业、社会组织和个人共同参与和承担公共服务，而不是单独依赖政府或私营机构。三是权责共担性。在强调保障公共服务权利的同时，也要强调承担责任，"不承担责任就没有权利"。

（三）优势

作为一个针对公共服务供给理论和现实困境提出的全新供给模式，多元主体合作供给具有明显的优势。

首先，实行公共服务多元主体供给，为政府从计划经济体制下"大包大揽"的全能型政府向"有所为，有所不为"的有限职能和有限责任政府的转变提供了实际可行途径。政府为了向公民提供更多、更优质的公共服务，通过职能分解、转移、委托和授权，将具体生产过程让渡给社会组织，便于厘清政府与市场、社会的边界，有利于推动政府职能的转变。

其次，打破了政府对公共服务的垄断，引入了市场机制。市场机制的竞争性、激励性和刚性约束，使得公共服务的承接者和提供者具有较强的创新动力，能够最大限度发掘其经营管理的潜能，使公共资源得到优化配置，公共服务的质量、效率和水平得到大幅提高。

最后，能有效整合资源，更好地回应社会需求。政府及其举办的机构所提供的公共服务，定位于大多数社会成员的基本需求，讲求普遍性。社会组织根植于社会，贴近基层社区，相关制度和运行机制相对灵活，可以根据环境和客户需要迅速做出反应和调整。政府在某些公共服务领域并不具备技术上的优势，需要利用社会组织与企业的专业技能和人力资源。实行公共服务多元主体供给，可以使政府资源与社会组织、企业资源有机整合，积极创新各种公共服务供给的方式方法，为公众提供多样化、个性化的公共服务。

第五节　公共服务多元主体供给的组织与实现方式

一　组织结构

奥斯特罗姆夫妇对于公共服务多元主体供给的组织结构进行了深入系统的论述。他们指出，公共物品所具有的非排他性、共同消费、不可分性、难以直接衡量以及人们选择程度有限等属性，对于公共服务供给的组织提出了实质性的问题。鉴于公共物品和准公共物品在人们的生活中必不可少，而且形式多样，因此，有必要深入思考什么样的组织模式可以用于解决这些难题，并产生令人满意的结果。[①]

奥氏夫妇把服务提供的参与者分为三类：一是服务的生产者；二是服务的消费者；三是连接生产者和消费者的提供者或者集体消费单位。他们认为，集体性的消费单位的组织必须避免不合作的问题，必须做出相关的安排，来向受益者征收份钱、税或者费。严格的自愿努力不会提供令人满意的公益物品和服务。征税、收份钱或者强制性地向用户收费，对于避免不合作现象并为共同使用的物品或者服务提供资金是必要的。集体性的消费单位具有以下特征：第一，一般来说，它是一个表达和综合公众需求的政府。第二，拥有强制性的权力来获得资金以支付公共服务费用，并管理消费模式。第三，向生产公益物品的生产者付费。第四，收集用户意见，并监督生产单位的绩效。

一个生产单位能够综合生产的技术性要素，生产物品和服务，满足集体消费单位的要求。一个适当的生产单位的组织要求管理者能够承担企业家的责任，把生产要素综合起来，组织团队和监督生产团队的绩效，使其提供适当水平的物品或者服务。生产单位具有以下特征：第一，可能是一个政府单位、私人的营利性企业、非营利性的机构或者志愿协会。第二，综合生产要素并为特定的集体消费单位生产物品。第三，从集体消费单位获得资金以生产公益物品。第四，向集体消费单位提供有关成本以及生产可能性的信息。

萨瓦斯在对公共服务民营化的探讨中，也运用了提供者、消费者和安排者的术语。他指出，公共服务中有三个基本的参与者：消费者、生产者、安排者或提供者。消费者直接获得或接受服务，可以是个人、群体、政府机构、企业、社会组织。服务的生产者直接组织生产或者直接向消费者提供服务，可以是政府机构、志愿组织、私人企业、非营利机构。服务的安排者或者服务提供者指派生产者给消费者，指派消费者给生产者，或选择服务的生产者。安排者通常是政府，但志愿组织或消费者自己也可能

---

① 〔美〕迈克尔·麦金尼斯主编《多中心体制与地方公共经济》，毛寿龙译，上海三联书店，2000，第 106 页。

是安排者。

如前所述，服务提供或安排与服务生产之间具有明显的区别，而且这种区别至关重要。它是公共服务引入市场机制的核心，是政府角色界定的基础。对许多公共服务来说，政府本质上是一个安排者或提供者，决定应该提供什么、为谁提供、提供到什么程度或水平、怎样付费等。

二　具体方式

公共服务多元主体供给，作为一种同时发挥市场、政府和社会组织优势的公共服务供给的制度安排，既不同于政府部门的垄断供给，不同于单纯私人志愿供给，也区别于彻底的民营化或市场化。它在具体实践中表现为多种形式。

奥斯特罗姆夫妇认为，一个政府作为集体消费单位通过如下途径得到所需的公益物品。

第一，经营自己的生产单位。一个集体消费单位可以通过其自己的生产单位提供公益物品或者服务。在这种情况下，集体消费单位和生产单位服务于同一批人。然而，两个单位的构造在实际上可以是分离的。例如，一个城市自己拥有消防或者警察机构，来提供消防与公共安全服务。

第二，与私人公司签约。在这种情况下，公共官员把有关公益物品或者服务的质量的决策具体化，向潜在的承包商发包，提供有关契约安排的界限、条件以及评估绩效的标准。集体消费单位也有必要使用自己的管理者。管理者起购买代理人的作用，从潜在的承包商那里得到有关成本和生产可能性的信息，与承包商协商与签约，从用户那里收集对于服务的意见，监督承包商提供服务的绩效。集体消费单位起服务"提供者"或者"安排者"的作用；私人承包商则起"生产者"或者"供给者"的作用。美国许多市政服务，包括街道清扫、固体废物收集和处理、消防和警察保护、工程服务、规划服务、公共工程建设以及许多其他公共服务，都是由私人承包商供给的。

第三，确立服务的标准，让每一个消费者选择私商，并购买服务。政府建立服务的标准，它们应用于社群的所有居民，并让家庭来决定有关私商应该为该家庭提供什么服务。政府可以把特许权授予多个承包商。这样提供的服务是高度个人化的，只有有限的共用或者共同消费性。一个城市的固体废物收集、出租车常常是这样提供服务的。

第四，向家庭签发凭单，允许家庭从任何授权供给者购买服务。政府通过收税的方式，保证每一个人都相应地负担一部分服务成本，然后为每个家庭提供一张凭单，这样它就能够在不同的生产者之间选择，并选择不同组别的服务。比如，就教育服务来说，给有接受教育服务资格的每一个孩子或者每个人发一张凭单，由家长而不是由学校当局来选择学校的类型和课程。如果支出决定由家庭而不是由教育权威机构来做出，这些收益会一样大或者更大，那么这时凭单制度就是正当的。凭单已经用于住房、健康服务以及食品供给方面。

第五，与另外一个政府单位签约。集体消费单位与由不同政府单位组织的生产单位签约。许多城市作为集体性的消费单位与其他城市或者其他政府单位签约，来提供警察服务、消防服务、储水和输送服务、污水处理服务、图书馆服务以及其他广泛的公共服务等。

第六，某些服务由政府自己生产，其他服务则从其他管辖单位或者私人企业那里购买。政府自己的生产单位可能依靠其他生产者来为它提供生产要素，起购买代理人的作用，以获得补充性服务的提供并对其进行监督，或者获得其他生产者的协作，与多个生产单位一起努力，提供某一组别的服务。例如，一个城市有自己的巡逻警察力量，但从县行政司法长官那里购买实验室服务，与若干邻近的社群一起共同承担共用的调遣服务，向私人急救公司付费获得紧急医疗运输服务。[①]

萨瓦斯也对公共服务供给的多种具体形式进行了专门的探讨，他概括了9种供给形式，见表2-1。

政府服务：服务是由政府部门雇员提供的，政府同时承担服务提供者和服务生产者的角色。

政府出售：人们可以从政府机构购买公共服务，政府和企业进行竞争。政府是生产者，作为消费者的个人或组织是安排者。

---

① 〔美〕迈克尔·麦金尼斯主编《多中心体制与地方公共经济》，毛寿龙译，上海三联书店，2000，第108~113页。

表 2-1 公共服务的供给形式

服务安排	安排者	生产者	谁支付成本
政府服务	政府	政府	政府
政府出售	消费者	政府	消费者
政府间协议	政府(1)	政府(2)	政府(1)
合同承包	政府	私营部门、社会组织	政府
特许经营	政府和消费者	私营部门	政府和消费者
补助	政府和消费者	私营部门、社会组织	政府和消费者
凭单	消费者	私营部门、社会组织	政府和消费者
自由市场	消费者	私营部门	消费者
志愿服务	志愿消费者团体	志愿消费者团体	不适用

政府间协议：一个政府可以雇用或付费给其他政府以提供公共服务。在此制度安排中，一个政府是服务生产者，另一个政府则是安排者。

合同承包：政府和私营企业、非营利组织签订关于公共服务的合同。在此安排中，私营企业是生产者，政府是安排者，它付费给生产者。该方式是公共服务市场化最经常提到的形式。政府的理想角色是：（1）公共物品和服务需求的确认者；（2）精明的购买者；（3）对所购物品和服务的有经验的检查者和评估者；（4）公平赋税的有效征收者；（5）谨慎的支出者，适时适量对承包商进行支付。

特许经营：特许经营是服务提供的另一种制度安排。排他性的特许是指政府将垄断性特权给予某一私营企业，让它在特定领域里提供特定服务，通常是在政府的价格管制下进行。非排他性的或混合式的特许也是存在的，如出租车行业。像合同承包一样，在特许经营方式下，政府成为安排者，私人组织成为生产者。两者的区别在于对生产者支付方式不同：合同承包安排下政府向生产者支付费用，而特许经营安排下主要是消费者向生产者支付费用。特许经营方式特别适合于可收费物品的提供，如电力、天然气、自来水、污水处理、废物转化为能源的装置、电信服务、港口、飞机场、道路、桥梁以及公共汽车等。

补助：补助是政府给予生产者的一种补贴。补助的形式可能是资金、免税或其他税收优惠、低息贷款、贷款担保等。补助降低了可收费公共服务的市场价格，使消费者能够以相同资金购买更多的公共服务。在补助安排下，生产者是企业或非营利机构，政府和消费者是共同的安排者，政府和消费者都向生产者支付费用。

凭单：凭单是围绕特定公共服务而对特定消费者群体实施的补贴。与补助不同，凭单是补贴消费者，使其在市场上自由选择受补贴的物品。在凭单方式下，消费者是安排者，选择服务的生产者。

自由市场：这是服务安排的普遍形式。由消费者安排服务和选择生产者，生产者是企业。尽管要确定服务并制定安全和其他标准，但政府在交易中的介入程度并不深。市场安排被广泛运用于提供一些公共服务，如水、电力、健康医疗、教育、运输、退休金等。

志愿服务：通过志愿劳动，慈善组织提供了很多人需要的服务。其他志愿团体也提供许多社区服务。在这种制度安排中，志愿团体是服务安排者，可以运用它们的雇员直接生产服务，也可以通过付费给企业去做。志愿团体的组建有一些必要条件：（1）对该服务的需求明确且持久。（2）有足够多的人乐于花费时间和金钱去满足这种需要。（3）团体所拥有的技术和资源允许提供这一服务。（4）能够给团体成员精神上的满足和激励。这种团体可以按地理区域建立，也可以超越地理区域建立。志愿组织的最大优点之一是创新，即创造性地迅速确认并满足地方需求。

以上讨论的 9 种制度安排都是单一形式，它们可以单独或联合运用以提供服务。

第三章　中国公共服务发展概况与改革动因

　　随着社会经济的快速发展，人们的公共服务需求在短时期内快速增长，因此对公共服务供给提出了越来越高的要求。单纯依靠政府供给，显然难以适应形势发展的需要。当今世界各国都在探索公共服务供给机制的改革途径。中国自计划经济时期以来，形成了政府对公共服务大包大揽的格局，造成公共服务供给的诸多问题。改革与创新公共服务供给模式，是推动政府职能转变的迫切需要，是建设服务型政府的重要途径。

　　公共服务是以政府等公共部门为主提供的、满足社会公共需求、供全体公众共同消费与平等享用的公共产品和服务。世界各国对公共服务及其范围的界定不完全一致，但一般来说，公共服务的范围包括基础教育、基本医疗卫生、就业服务、社会保障、基础科技和公共文化、公共安全、环境保护、基础设施等多个方面。公共服务一般具有以下三个基本特征。一是普惠性。每个国民都拥有享受公共服务的权利，公共服务应面向全社会。对所有国民提供普遍的公共服务，是各国公共服务体系建设奉行的一条基本原则。二是公平性。公共服务的提供一般都建立在社会正义和平等的价值基础上，其内在要求是让所有服务对象都公平便捷地享受公共服务。三是动态性。公共服务随着经济社会发展水平的变化而具有阶段性特征，呈现不断扩展和提高的趋势。

第一节　中国公共服务发展历程

一　计划经济时期的社会福利制度

新中国成立后，我国建立起高度集权的计划经济体制。政府成为整个社会资源配置的主体，国家计划是资源配置的核心手段，各种经济活动都被严格地纳入计划的渠道。这一时期公共服务体系具有以下主要特征。

（一）政府是公共服务唯一的供给主体

与高度集中的计划经济体制相适应，政府垄断了整个社会资源，在公共服务领域大包大揽。为社会提供全部公共服务成为政府天经地义的职能，公共服务的供给主体只能是各级政府，其他社会主体没有发展的空间和资源。国家一般通过政府部门自身、国有企业或事业单位直接生产的方式来提供公共服务。在这个阶段，公共服务的筹资渠道比较单一，基本为国家财政和集体经济，包括中央到地方各级政府财政、国有和集体工矿企业、农村的人民公社等。国家财政和集体经济承担了提供公共服务的绝大部分经费。由于政府完全支配了公共服务的供给，"统一制定"服务的标准，"统一调拨"服务所需的产品等，因此，上级政府的指令成为提供公共服务的主要依据。[①]

（二）城乡二元分割的福利体系

在城乡分割的户籍制度的基础上，国家在城乡建立并实施了截然不同的福利体系。我国借鉴苏联的国家保障理念与运行模式，在推进工业化进程的同时，在城镇的机关、企事业单位中逐步建立劳动保险与各项福利制度。[②] 以劳动保险制度为例，1951年，当时的政务院颁布了《中华人民

---

① 岳经纶：《建构"社会中国"：中国社会政策的发展与挑战》，《探索与争鸣》2010年第10期。

② 社会保险是社会保障的一种形式，强调在一定制度覆盖范围内统筹共济，其运作基于大数原则，制度覆盖的人数越多，则共同抗击风险的能力越强。保险资金的收支应在制度内实现自我平衡。社会保障的含义比社会保险广，除了包括社会保险之外，还包括针对低收入及困难群体的社会救助、针对全体国民的非缴费性普惠性制度安排。

共和国劳动保险条例》，该条例仅对企业职工的养老保险问题做出了规定，并未涵盖机关和事业单位工作人员。1955 年，国务院出台《国家机关工作人员退休处理暂行办法》等规定，确立了国家机关和事业单位工作人员的退休制度。这一时期，虽然机关事业单位与企业从业人员养老保障适用不同制度，但待遇标准大体相似。1958 年国务院发布了《关于工人、职员退休处理的暂行规定》，降低了退休工龄年限要求，提高了待遇标准，为机关事业单位与企业职工提供了稳定的养老保障。此外，公共卫生机构免费向城镇居民提供预防性措施和烈性传染病的防治服务，城镇中小学的教育经费主要来源于国家投入。农村长期实行人民公社制度，生产资料由人民公社、生产大队、生产队三级所有。农村居民社会福利水平普遍较低。公共服务资金主要来源于集体经济自我积累和国家的专门补助，其中主要依靠集体经济，国家补助起到辅助作用。农村居民以队为基础进行集体劳动，按照人口和劳动工分统一分配粮食和资金，建立积累公积金、公益金。在集体经济的基础上，农村建立了包括合作医疗制度、五保户制度等在内的集体福利制度，农民享有一定的集体保障。

（三）城镇居民福利"单位化"

城镇居民社会福利主要由单位提供，具有"单位体制"的典型特征。以终身就业制为基础，绝大部分城镇居民被安排到全民所有制和集体所有制单位中就业，享有单位直接提供的各种福利和服务，包括养老、医疗服务、子女教育、住房以及各种生活福利和困难救济。单位是我国城镇居民一种独特的组织形式。单位的表层含义是指城镇人口的就业组织，但在计划经济时期，单位具有超越专业分工的性质，具有多种政治、经济与社会功能，是我国一种基本的社会组织形式。沃尔德最早以单位作为分析中国社会的基本单元，他认为单位是一个由高度制度化的庇护者—受庇护者的庇护关系所构成的基本社会单元，这种庇护关系网发挥着特定的整合作用，从而确定了一种具有中国特色的单位亚文化。[①] 一方面，国家以每个

---

① Andrew G. Walder, *Communist Neo-Traditionalism: Work and Authority in Chinese Industry*, Berkeley, CA: University of California Press, 1988.

具体单位为中介将个人组织起来，国家的政策、计划和行政命令通过单位得以执行。另一方面，每个就业者都归属于某一个单位，单位在代表国家对个人提供政治、经济、社会等多方面的保障时，也限制了个人随意调换就业场所的自由。机关事业单位和企业作为整个行政管理体系的基层组织，成为基本的单位形式。

由于单位承载了涉及国家与社会成员之间权利义务关系的一系列制度性安排，因此它就由个人就业场所转变为一种制度化的组织形式。在我国社会结构高度组织化的过程中，形成了具有鲜明特色的单位体制。所谓单位体制，就是指整个社会的运转不得不依靠单位组织形式的结构安排。① 单位体制的产生与当时国家整体发展战略是一致的，是我国以强制积累方式推进社会主义工业化在组织上的反映。为了在落后的社会经济条件下加快社会主义建设，我国以自上而下的行政管理方式来组织人民，从而加快推进工业化进程。由单位代表国家对职工负有养老保障等无限义务，是单位同时具有政治的、社会的以及自身专业分工多种功能的一个重要方面。② 单位体制下形成的保障就是单位保障。③ 计划经济时期企事业单位社会福利制度的单位化，受到特有的政治、经济、社会条件的制约，是国家计划经济时期一系列政治经济制度运行的结果，其与单位体制的基本制度安排是高度整合的。

二 改革开放以后公共服务体系的调整和变革

改革开放之初，面对社会事业严重破坏、公共服务严重短缺的社会现实，国家开始恢复和建立相关制度，整顿和重建公共服务体系。中共十一届三中全会以来，在党中央、国务院高度重视和大力推动下，我国公共服务不断改革发展，公共服务体系经历了初步调整、急剧变革、重构三个阶段。

（一）20 世纪 80 年代到 90 年代初期：公共服务体系初步调整

改革开放以后，随着社会主义市场经济体制的建立与逐步完善，我国

---

① 路风：《中国单位体制的起源和形成》，《中国社会科学季刊》1989 年第 5 期。
② 路风：《单位：一种特殊的社会组织形式》，《中国社会科学》1989 年第 1 期。
③ 谭深：《城市"单位保障"的形成及特点》，《社会学研究》1991 年第 5 期。

开始对原有的社会福利制度进行变革调整。20 世纪 80 年代中期，随着经济领域改革的推进，带有计划经济色彩的政府包揽、分级承担的公共服务体制已难以适应经济社会发展需要。在这种情况下，自 1985 年开始先后颁发了《中共中央关于教育体制改革的决定》（1985 年）、《卫生部关于卫生工作改革若干政策问题的报告》（1985 年）、《国家体委关于体育体制改革的决定（草案）》（1986 年）、《中共中央、国务院关于认真执行改革劳动制度几个规定的通知》（1986 年）、《国务院关于企业职工养老保险制度改革的决定》（1991 年）等重要文件，就教育、卫生、体育、社会保障等公共服务领域的体制改革进行了部署，我国公共服务改革进入启动阶段。

这一阶段公共服务改革的重点在于：第一，下放权力，推动公共服务责任下移，探索实行地方负责、分级管理，同时尝试打破公共服务供给的政府包揽，支持社会资金参与公共服务的生产和供给，以适应社会多层次公共服务需求；第二，放松管制，扩大事业单位管理自主权，推进事业单位承包制、责任制，同时引入竞争机制，按照市场需求有控制地扩大公共服务种类，并允许事业单位采取灵活多样的方式开展与公共事业相关的多种经营。

社会保障制度的改革是这一时期的改革重点。十二届三中全会做出经济体制改革的决定，核心是增强企业活力。国有企业改革实施后，养老保障制度改革作为国企改革配套措施提了出来。1986 年，国家启动了国有企业用工制度的改革，国务院颁布了有关实施劳动合同制的 4 个暂行条例，国有企业的"铁饭碗"被打破，计划经济时期长期实行的终身就业制得以终结。为配合劳动合同制的实施，我国尝试对劳动就业及相关的保险制度进行改革，推动原有的以单位为依托的福利体制向社会化的保障模式过渡，推动城镇居民由"单位人"向"社会人"过渡。与此同时，扶贫工作是这一时期我国农村社会保障政策的重要内容。1986 年，我国在全国范围内开展了有计划、有组织的大规模开发式扶贫计划，到 1992 年底，全国农村贫困人口减少至 8000 万。

（二）20 世纪 90 年代初期到 2002 年：公共服务体系急剧变革

这一阶段是我国公共服务体系的急剧变革时期。十四届三中全会通过

《关于建立社会主义市场经济体制若干问题的决定》，确立了建立社会主义市场经济体制的改革目标。随着经济体制改革的全面展开，公共服务改革也进入快速推进阶段。

在这一时期，我国公共服务体系变革的重点内容是社会保障制度的建立和完善。党的十四届三中全会通过的《关于建立社会主义市场经济体制若干问题的决定》提出，"建立多层次的社会保障体系"，"城镇职工养老和医疗保险金由单位和个人共同负担，实行社会统筹和个人账户相结合"，以改革原有的依附于就业单位的劳动福利制度。1997年国务院下发了《国务院关于建立统一的企业职工基本养老保险制度的决定》，正式确立了统账结合的城镇职工基本养老保险制度。1998年建立了城镇职工基本医疗保险制度，1999年制定了城市最低生活保障制度。这些制度的制定、实施，对于解决下岗、失业、养老等社会问题，保障人民生活、维护社会稳定发挥了积极作用，成为我国社会变革中重要的制度创新工具。

在这一时期，教育、医疗卫生等领域也进行了急剧的变革。在教育领域，先后发布了《中国教育改革和发展纲要》（1993年）、《面向21世纪教育振兴行动计划》（1999年）、《中共中央、国务院关于深化教育改革全面推进素质教育的决定》（1999年）等，就办学体制、管理体制、投资体制、招生就业体制、学校内部管理体制等方面的改革进行了全面部署。在医疗卫生领域，先后发布了《卫生部关于深化卫生改革的几点意见》（1992年）、《关于职工医疗制度改革的试点意见》（1994年）、《中共中央、国务院关于卫生改革与发展的决定》（1997年）、《国务院关于建立城镇职工基本医疗保险制度的决定》（1998年）等，对卫生管理体制改革、医疗保险制度改革等进行了重点部署。

这一时期的一系列教育和医疗卫生制度的改革产生了深远的影响，如大学教育废除了助学金制度，高等学校开始收费。自1995年起，高校收费大幅攀升，大学学费一般在5000元到1万元，比1989年增加了25～50倍，远高于城镇居民人均年收入增长幅度。据世界银行对全世界33个主要国家的统计，家庭缴纳的学费占公立高等学校经费的比例平均是13%～15%，而我国家庭负担的大学经费在40%左右，政府负担60%。另据有关方面调查数据，公立医院的经常性收入中，政府投入占 7%～15%。医疗总费用中，政府负担不到 20%，而欧共体为 80%～90%，美国为 45%，泰国为 56%。

住房改革也是这一时期我国公共服务体系变革的重要内容。国务院于1998 年 7 月发布《关于进一步深化城镇住房制度改革加快住房建设的通知》，全面实行以市场化供应为主的住房货币化改革，建立和完善以经济适用住房为主的多层次城镇住房供应体系。

中共中央办公厅、国务院办公厅于 1996 年印发了《中央机构编制委员会关于事业单位机构改革若干问题的意见》，确定了事业单位机构改革的基本思路，即确立科学化的总体布局，坚持社会化的发展方向，推行多样化的分类管理，实行制度化的总量控制。

这一阶段公共服务体系改革的特点是：第一，公共服务领域改革的基本理念是"效率优先、兼顾公平"，国家从社会福利和公共服务领域中有计划地全面退出，教育、医疗、住房等领域出现了明显的"市场化"趋势，公共服务体系的发展明显滞后于社会经济的发展与公众的需要，教育、医疗、住房等领域逐渐暴露出服务供给不足的问题。第二，为解决公共服务短缺的突出问题，推进公共服务供给的市场化和社会化，尝试建立政府、企业、社会、个人的分担机制，以适应市场经济快速发展的需要，满足日益增长的社会公共服务需求。第三，推进事业单位的社会化，对现有事业单位进行转制改组，增强事业单位的活力和服务能力，促进事业单位面向社会开展服务。

（三）2002 年以来公共服务体系的重构

进入 21 世纪后，前一阶段公共服务体系改革的偏差及其导致的严重社会后果开始受到关注，教育、医疗、住房等社会民生问题日益得到高度重视，公共服务对于社会全面发展的重要作用得到前所未有的凸显。随着科学发展观和构建社会主义和谐社会目标的提出，我国进入经济建设与社会建设并重的新时代，公共服务成了各级政府工作的重要组成部分，一系列新制度陆续出台，我国进入公共服务体系的重建期。

2002 年底召开的中共十六大试图重新解释"效率优先、兼顾公平"的含义，使用了"初次分配效率优先，再次分配注重公平"的提法。中共十六大报告首次界定了政府的"经济调节、市场监管、社会管理、公共服务"四项基本职能，并突出强调要强化社会管理和公共服务职能。2003 年 10 月召开的中共十六届三中全会首次提出了"科学发展观"这一新理念。2004 年 9 月，中共十六届四中全会提出建构"和谐社会"的新理念。2006 年 10 月，中共十六届六中全会通过的《关于构建社会主义和谐社会若干重大问题的决定》，提出要着力发展社会事业，完善社会管理，推动社会建设与经济建设、政治建设、文化建设协调发展。2007 年 10 月，中共十七大报告突出强调要着力协调经济社会发展、保障和改善民生、促进社会公平正义，提出"加快推进以改善民生为重点的社会建设"，"必须在经济发展的基础上，更加注重社会建设，着力保障和改善民生，推进社会体制改革，扩大公共服务，完善社会管理，促进社会公平正义，努力使全体人民学有所教、劳有所得、病有所医、老有所养、住有所居，推动建设和谐社会"。2011 年，国家"十二五"规划提出"改善民生，建立健全基本公共服务体系"。2012 年中共十八大报告进一步明确服务型政府的基本内涵：要按照建立中国特色行政体制目标，深入推进政企分开、政资分开、政事分开、政社分开，建设职能科学、结构优化、廉洁高效、人民满意的服务型政府。提出要深化行政审批制度改革，继续简政放权，推动政府职能向创造良好发展环境、提供优质公共服务、维护社会公平正义转变，并进一步对"在改善民生和创新管理中加强社会建设"进行了专题论述。2012 年 7 月，《国家基本公共服务体系"十二五"规划》正式发布。

在这一阶段，中央和各级政府高度关注民生，关注公共服务体系的改革和发展，对公共服务的投入不断增加，基本公共服务覆盖面快速扩大，公共服务供给的能力和水平不断提高。在中央高度重视下，我国公共服务改革迈入全面深化的新阶段。

这一时期改革的重点在于：第一，着重解决城乡公共服务供给失衡问题，加强农村公共服务体系建设，推动公共服务从效率走向公平。第二，着重解决公共服务供给市场化进程中出现的政府缺位问题，明确和强化政府在基本公共服务供给中的责任。第三，积极探索公共服务供给方式的创新，注重调动社会组织和私营企业参与公共服务的积极性。

第二节 中国主要公共服务领域的成效与问题

一 教育机会不断扩大，但是教育公平与教育质量问题突出

（一）成效

教育直接关系人的全面发展。改革开放 30 多年来，在经济社会发展的同时，我国教育也取得跨越式发展。整体而言，当前我国拥有世界最大的受教育人口群，教育普及程度已接近中等收入国家平均水平，人民群众享有越来越多的受教育机会。

1. 基础教育入学率稳步提高

到 20 世纪末，我国完成了基本普及九年义务教育、基本扫除青壮年文盲的历史性任务。此后，政府加大财政投入，在农村全面推进免费义务教育以及对义务教育阶段的学生实行"两免一补"和地方分项目、按比例分担的农村义务教育经费保障的长效机制。2006 年，全国人大通过《义务教育法（修订案）》，规定义务教育不收杂费，明确了各级政府的责任，并将义务教育经费纳入公共财政保障范围，积极推进义务教育基本公共服务的均等化，促进了基础教育的快速发展。至 2008 年，全国城乡普遍实行免费义务教育。2010 年，党中央、国务院颁布了《国家中长期教育改革和发展规划纲要（2010—2020 年)》，召开了新世纪第一次全国教育工作会议，会议指出，截至 2010 年底，义务教育方面全国 2856 个县（市、区）全部实现"两基"，全国"两基"人口覆盖率达到 100%。小学学龄儿童净入学率达到 99.70%，初中阶段毛入学率达 100%。

2. 以就业为导向的职业教育迅速发展

职业教育近来受到关注，发展速度加快。教育部的统计数据表明，2005、2006 年，中等职业教育连续两年分别扩招 100 万人，2007 年再扩大招生 50 万人，当年招生规模达到 801 万人。2009 年中等职业教育招生人数 874 万人，在校生 2179 万人。

3. 高等教育就学机会大幅增加

2002 年我国高等教育毛入学率达到 15%，进入国际公认的大众化发

展阶段。2007年，全国普通高等教育本专科招生566万人，高等教育在学人数2700万人。2008年，全国各类高等教育在学人数超过2900万人，毛入学率达到23％。2009年，全国普通高等教育本专科招生规模达到639万人。国家坚持招生计划增量部分向中西部地区倾斜，促进了高等教育机会的公平分配。此外，我国还大力发展网络远程、成人函授、自学考试等教育形式，创造多样化的受教育机会，积极推进继续教育和终身学习。

（二）问题

随着我国教育事业的迅速发展，教育公平和教育质量的问题也日益突出，尤其是教育公平问题更为急迫。教育公平问题主要体现在城乡教育、区域教育、教育类别间的不协调与较大差距。教育质量问题主要体现在教育理念、教育模式、教育方法、教育内容等方面改革的滞后，不能满足国家、社会和家庭的期待与需求。

1. 教育资源分配不均衡

我国教育资源的分配呈现明显的城乡差别与区域差别，教育资源的分配向城市及东部地区倾斜。城乡与区域之间的教育差距直观地体现在办学经费、师资、设备、校舍等多方面。与之密切相关的是，流动儿童教育问题凸显城乡与地区之间教育的差距。虽然国家已经确立了解决流动儿童接受义务教育问题"以流入地为主，以公办学校为主"的原则，但实际上相当多的流动儿童难以进入公办学校。2003年之后，中央政府开始关注教育不公平问题，制定了新的政策措施促进城乡和地区间的教育公平，更多的教育资源被投入农村教育。同时，为了解决农民工子女上学难问题，国务院要求流入地政府负责解决进城务工农民子女的义务教育问题，并且要求流入地政府财政部门对接收农民工子女较多的学校给予补助，对以接收农民工子女为主的民办学校提供财政扶持。

2. 不同教育类别之间存在明显差距

不同教育类别之间存在的差距，主要体现在重点与非重点学校、基础教育与高等教育、普通高校和职业院校等之间的差距。之所以义务教育阶段"择校热"持续不降，正是因为重点和非重点学校所占有的资源是不一样的，给学生和家长的心理预期也不一样。有差异就有选择，"择校热"反过来又强化重点学校的强势地位。此外，相对广泛、庞大的基础教育以及趋于实用的职业院校而言，高校能更容易和更多地从外部获取资源，而义务教育的前端学前教育更易被忽视，由此导致不同层面的教育发展处在一种不平衡中。

二　医疗卫生服务不断改善，但是供需矛盾依然突出

（一）成效

在基本医疗保障与卫生服务方面，2003 年暴发的"非典"疫情凸显了我国医疗卫生服务体系的脆弱性。回归医疗卫生事业的公益性，建立健全基本医疗保障与卫生服务体系，解决"看病难、看病贵"等问题，由此被提上了议事日程。2003 年，国务院决定试点建立"新型农村合作医疗"制度。"新农合"以"大病统筹"为主，实行个人缴费、集体扶持和政府资助相结合的筹资机制。2005 年，我国基本建成覆盖省、市、县三级的疾病预防控制体系。2007 年，我国开始试点建立"城镇居民基本医疗保险"，逐步将全国城镇非从业人员纳入基本医疗保险。2008 年，新型农村合作医疗制度在全国全面推行，农村三级卫生服务网络和城市社区医疗卫生服务体系得到进一步健全。2009 年，国务院相继公布了《关于深化医药卫生体制改革的意见》和《医药卫生体制改革近期重点实施方案（2009—2011 年）》，新医改方案的一个最显著的特点就是突出了政府在医疗卫生领域的责任，强调了基本医疗卫生的公益性。

一般而言，人均预期寿命、孕产妇死亡率、婴幼儿死亡率是衡量一个国家人口健康状况的三个重要指标。人均预期寿命的提高、孕产妇死亡率与婴幼儿死亡率的降低，能有效反映出一个国家或地区医疗卫生条件的改善。卫生部统计数据显示，目前我国人均预期寿命已达到 73 岁，比 1978 年提高了近 3 岁。2009 年，全国孕产妇住院分娩率为 96.3%，孕产妇死亡率为 34/10 万，5 岁以下儿童死亡率为 17.2‰，婴儿死亡率为 13.8‰，均已达到发展中国家先进水平。

医疗卫生事业的发展与人民群众生活质量的提升息息相关。改革开放以来，我国医疗卫生服务体系建设不断强化。卫生机构数由 1978 年的约 17.0 万个增加到 2009 年的 91.7 万个，床位数由 1978 年的 204.2 万张增

加到 2009 年的 441.7 万张，每千人口拥有卫生技术人员数相应由 1980 年的 2.9 人增至 2009 年的 4.2 人。由此来看，我国医疗卫生体系已经处在发展中国家中等偏上水平，服务规模持续扩大，服务能力日益提升。

（二）问题

在我国医疗卫生条件不断改善的同时，医疗卫生事业的发展依然滞后于经济和其他社会事业发展，医疗卫生服务体系的服务提供与人民日益增长的健康需求不适应的矛盾还相当突出。

1. 公立医院运行机制改革不到位

部分医院日益弱化自身的公益性而过度追逐盈利，再加上药品和医疗器械生产流通秩序混乱等原因，从而使得"看病难、看病贵"等问题凸显，引发群众的不满意。

2. 医疗卫生事业发展不均衡

医疗资源过分集中在大城市、大医院。医疗卫生领域的高新技术、先进设备和优秀人才基本集中在大城市、大医院，致使基层社区和农村没有能力承担基本的医疗功能，进而影响到群众对当地医疗机构的信任，由此又加剧了大城市、大医院的压力，强化了其优势地位。

3. 新型农村合作医疗制度实施中存在问题

我国新型农村合作医疗制度的覆盖率已经高达 95% 以上，但由于多种原因，这一制度还远未从根本上有效提高农民卫生医疗保健水平，解决农民看病难、看病贵的问题。一是由于医疗资源分布不均，镇村两级医疗水平低，一些地方实行"首诊制度"，限制了农民选择医院的权利；二是基金收缴和管理制度不健全，报销手续繁杂、比例偏低，起付线定得太高、封顶线定得太低，而且看病时有很多项目不能报销，受益面和受益水平受到影响；三是定点合作医疗机构的药品价格高于药店市场价，在医院买药不划算，影响了合作医疗的效用；四是合作医疗管理机构办公经费不到位，也影响工作的顺利开展。

4. 突发公共卫生事件使社会医疗体系受到严重威胁

近年来，公共卫生事业取得长足发展，常见传染病得到了较好控制，总体上处于低发水平。但是，近年来，一些已基本控制的传染病有重新抬头的趋势，尤其在广大农村地区，还面临常见传染病的威胁。全球新发

30 余种传染病已有半数在我国发现，职业中毒事件时有发生，频频发生的火灾、水灾、地震等自然灾害加大了疫情发生的风险。当前，重大疾病预防控制、应对突发公共卫生事件的任务依然艰巨而复杂。

三 社会保障改革全面推进，但是其防范风险的能力还有待加强

（一）成效

社会保障在维护社会成员集体安全、促进社会团结方面发挥着重要作用。30 年来，我国社会保障逐步由国家统管向国家、单位、个人三方负担转变，由企业自保向社会互济转变，由现收现付向部分积累转变，由政策调整向法律规范转变，在很大程度上改变了计划经济体制下的由国家保障、城市单位保障、农村集体保障三大板块组成的保障制度，初步构建了适应社会主义市场经济要求的社会保障体系框架。

1. 体系框架基本形成

我国社会保障从国有企业扩展到各类企业和用人单位，从单位职工扩展到灵活就业人员和城乡居民，从城镇扩展到农村，填补了多项社会保障制度建设的空白，初步形成了以社会保险、社会救助、社会福利为基础，以基本养老、基本医疗、最低生活保障制度为重点的社会保障体系框架。

2. 社会救助体系基本建立

城乡绝大多数困难群众基本生活可以得到较好保障。自 20 世纪 90 年代末开始，社会救助政策开始得到重视，最低生活保障制度成为我国最重要的社会救助政策。1999 年建立了城市最低生活保障制度，2009 年底，全国共有 1141.1 万户 2345.6 万城市低保对象。全年各级财政共支出低保资金 482.1 亿元，比上年增长 22.5%，基本实现了动态管理下的应保尽保。2007 年，国务院颁发《关于在全国建立农村最低生活保障制度的通知》，要求年内在全国建立农村最低生活保障制度，农村最低生活保障制度逐步全面推开。截至 2009 年底，全国已有 2291.7 万户 4760 万人得到了农村低保，比上年同期增加 454.5 万人，增长了 10.6%。全年共发放农村低保资金 363.0 亿元，比上年增长 58.7%。2009 年全国农村低保平均标准 100.84 元/人·月，比上年同期增长了 22.5%。全国农村低保月人均保障水平 68 元，比上年提高 34.9%。此外，在最低生活保障基础上

开展的各种专项救助日益增多且日益规范，例如医疗救助、住房救助、就业援助、教育救助、司法救助等。

3. 社会保险持续快速发展

社会保险制度覆盖范围不断扩大，在一些重点领域和薄弱环节取得积极进展。2008年，扩大农民工、非公有制经济组织就业人员、城镇灵活就业人员参加社会保险范围；加快省级统筹步伐，制定全国统一的社会保险关系转续办法。2009年9月国务院颁布了《国务院关于开展新型农村社会养老保险试点的指导意见》，决定在全国选择10%的县（市、区）试点新的农民社会养老计划。"新农保"实行个人缴费、集体补助、政府补贴相结合的筹资机制，实行社会统筹与个人账户相结合的养老金模式。相比于"老农保"，"新农保"明确了各级政府的筹资责任，是社会养老保障制度建设的一个重要进展。2010年10月28日，全国人大常委会审议并通过了《社会保险法》，明确了中国社会保险制度的基本框架，对社会保险的覆盖范围、社会保险费征收、社会保险待遇的享受、社会保险基金的管理和运营、社会保险经办机构的职责、社会保险监督以及法律责任等方面作了具体规定。《社会保险法》的出台有助于增强社会保障制度的权威性和稳定性，推动社会保险事业的城乡统筹发展。

我国社会保险制度覆盖人群不断扩大。据人力资源和社会保障部统计，相比10年前，当前我国城镇基本养老保险、医疗保险、失业保险、工伤保险、生育保险的参保人数均显著增加。到2014年2月，参加城镇职工基本养老保险人数达3.23亿，参加城乡居民基本养老保险人数达4.96亿。特别是医疗保险，由于实行了新农合和城镇居民基本医疗保险制度，覆盖人数从十六大之前的1亿多人迅速扩大到目前的13多亿人，10年增长10多倍。

在社会保险覆盖人群扩大的同时，保障水平也大幅提高。在养老保险方面，2005～2014年1月，国家连续10年较大幅度调整企业退休人员基本养老金水平。2014年调整后企业参保退休人员月人均基本养老金超过2000元，与2005年调整前月人均700元的水平相比，月人均增加约1300元。同时，医疗保险、失业保险、工伤保险、生育保险以及城乡低保、农村五保、优抚对象抚恤和生活补助标准均进一步提高。

4. 社会福利事业发展格局初步形成

以居家为基础、社区为依托、机构为补充的社会福利事业发展格局初步形成。通过提高孤老供养标准、加强老年福利服务设施建设、推进养老服务社会化、开展居家养老服务等，改善了老年人福利服务待遇；通过完善救助、社区康复、福利企业集中安置残疾职工等多种方式，较好地保障了残疾人合法权益；通过与有关部门联合制定政策，实现了孤儿救助从养教到关注其全面健康发展的制度性转变。据民政部统计，截至 2009 年底，全国各类收养性社会福利单位 40250 个，比上年增加 573 个；收养 236.2 万人，比上年增长 6.4%。

5. 保障性住房建设不断加强

此外，在保障性住房方面，中央政府在不断出台房价调控政策的同时，进一步加强了面向低收入群体的保障性住房供给。2007 年，《国务院关于解决城市低收入家庭住房困难的若干意见》出台，首次将解决城市低收入家庭的住房问题纳入政府公共服务范围，提出了建立健全以廉租房和经济适用房为主体的保障性住房体系的目标。2009 年，国务院进一步提出要"加快保障性住房建设"，并发布了有关这一目标的时间表和具体目标。2010 年 4 月 17 日，国务院发出《关于坚决遏制部分城市房价过快上涨的通知》，首次将保障性住房建设工作纳入政府考核问责机制的范围，明确要求各地区、各有关部门切实履行稳定房价和住房保障职责，并提出了 2010 年保障性住房建设的工作任务。

（二）问题

目前我国社会保障体系还远远没有完善，与我国社会经济发展过程中客观呈现的社会风险相比，目前的社会保障体系在保障居民生活安全、防范社会风险方面的能力还不是很强。

1. 社会保障发展不均衡

我国社会保障各项目发展不均衡，特别是我国城乡差距、地区差距过大，使得社会保障在城乡之间和地区之间也表现出差异。社会保障体系一体化程度不高，不利于保险的异地接续，不利于促进基本公共服务的均等化。社会福利供给多元化尚需加快进程。

2. 社会保障基金管理与运营存在风险

社会保障工作任务艰巨、头绪繁多，尤其是社会保障基金管理与运营过程中潜藏着巨大的道德风险、财务风险、技术风险和体制风险。审计署2012年对全国社会保障资金审计结果表明，"十一五"以来，中国社会保障事业健康快速发展。但审计中也发现不少问题：部分地区扩大范围支出或违规运营社会保障资金，部分地方在制度执行和业务管理方面还不够严格，部分人群相关保障政策尚未完全落实到位，部分行业和单位社会保险基金仍封闭运行，部分省份企业职工基本养老保险尚未完全实现省级统筹。审计署有关负责人指出，审计中发现的问题，很多是社会保障快速发展与相关部门管理和服务能力不足之间的矛盾带来的，另有一些与个别人员道德失范相关。基金是社会保障制度运行的物质基础，既要防止挤占、挪用等显性损失，又要防止贬值等隐性损失，这就需要制定和实施基金管理监督的法律法规，一方面建立健全征缴稽核制度、信息披露制度和要情报告制度，加强队伍建设，加大内部监督力度；另一方面要完善社会保障监督委员会的工作制度和机制，加强专门监督和社会监督。

3. 社会保障经办管理水平有待提高

目前社会保障经办管理水平整体上看较低，一些制度难以有效落实。随着大量灵活就业人员、农民工和城乡居民纳入社会保障范围，经办管理工作的范围、内容、对象、项目和方式都发生了很大变化，迫切需要制定社会保险经办机构服务标准和规范服务设施建设，严格工作规程，推进经办管理服务的规范化、信息化、专业化建设，进一步充实专业服务工作队伍，改善经办条件，加强社会保障机构的能力建设，以提升管理服务水平。

第三节　中国公共服务供给模式改革动因

中国自计划经济时期以来，形成了政府对公共服务大包大揽的格局。改革开放至今，通过实行一系列政治经济体制变革，初步建立起社会主义市场经济体制。随着经济领域市场化改革的推进，改革与创新公共服务供给模式提到了重要的议事日程。改革中国公共服务供给模式有多方面的动因，原有公共服务供给模式的缺陷、社会转型提出的新挑战、政府管理改革的迫切要求、西方发达国家改革的启示等不同方面，都表明了改革的必要性。

一　原有公共服务供给模式缺陷明显

中国公共服务供给机制改革的首要动因在于原有公共服务供给模式存在一些明显的缺陷，主要表现在以下方面。

（一）公共服务供给总量不足

公共服务供给不足是相对于需求而言的。在中国由初步小康向全面小康过渡阶段，人们对公共服务的需求水平越来越高，公共需求增长的速度也很快。据估算，近10年城镇居民公共需求年均增幅相当于过去5年公共需求的总体增幅。[①] 广大农民在义务教育、医疗卫生、社会保障等方面潜在的公共需求开始转化为现实需求，尤其是上亿农民工日益强烈的公共需求，需要采取措施妥善解决。公共服务需求的快速增长给公共服务供给带来了巨大压力。近年来，尽管中国政府加大了对公共服务的投入，但仍然存在公共服务供给总量不足的问题。

中国公共服务大部分由政府来提供，公共服务供给资金主要来源于政府的预算支出，市场投资较少。但中国目前总体上是一种经济建设型财政体制，财政支出主要还是集中在经济建设方面，公共服务方面的支出占财政总支出的比重偏小。政府单一供给模式以及财政投入不足，严重影响了公共服务的数量和质量。[②] 以2010年为例，国内生产总值397983亿元，人均国民收入达到4000美元，已进入中上收入国家行列。但该年教育支出12450亿元，占GDP的3.1%；医疗卫生支出4745亿元，占GDP的1.19%；社会保障支出9081亿元，占GDP的2.28%。[③] 教育、医疗卫生、社会保障等公共服务开支仅相当于GDP的6%，而发达国家该比重高达20%~30%。再如，从2007~2011年地方财政支出的结构来看，用于教

---

① 郑慧：《加拿大公共服务改革研究》，社会科学文献出版社，2011，第229页。
② 丁远：《论地方政府公共服务供给能力的制度完善》，《成都行政学院学报》2011年第6期。
③ 国家统计局：《2010年国民经济和社会发展统计公报》，http：//www. stats. gov. cn/tjgb/ndtjgb/qgndtjgb/t20110228_ 402705692. htm，2011年10月10日访问。

育、医疗卫生、社会保障和就业、住房保障建设和文化方面的公共服务总支出占地方政府年度财政支出比重在36%～39%，始终未能超过40%。而在发达国家，地方财政支出的70%用于公共服务。2008年美国地方教育的支出比例为67.9%，而我国仅为17.3%。就社会保障的支出而言，2011年我国财政安排社会保障和就业项目支出共11109.4亿元，其中由地方政府支出10606.92亿元，各级地方政府支出占全部政府支出的95.48%。然而，2011年我国社会保障和就业项目的财政支出仅占当年度财政支出的10.17%。而从成熟市场经济国家的经验来看，社会保障支出占财政支出的比重至少都在30%，有的高达50%。①

　　长期以来，中国政府追求经济发展绩效，经济发展和基础设施的投入占财政较大比例，对社会发展和公共服务方面的投入不足，政府公共服务开支偏低，必然导致公共服务供给总量严重不足。

（二）公共服务供给效率低下

　　长期以来，资源配置权高度集中于政府，政府通过国家的强制力量来汲取和整合资源，包揽国家和社会公共事务，负责公共服务的生产和提供。政府及国有企事业单位成为公共服务的唯一供给主体。政府供给公共服务具有垄断性。一方面，铁路、邮政、电信等行业具有行业垄断性，规模经济客观要求一定程度的垄断。环卫、城市公交、公共文化设施等行业虽然外部经济和社会效益很大，但其内部不经济性难以吸引私人资本，于是成为政府的"责任"，由政府独家提供服务。另一方面，计划经济时期沿袭下来的思想观念与既有的利益格局固化了政府的垄断行为。严格的政府管制和行政审批制度几乎覆盖了全国性与地方性各种公共服务的生产、分配与消费环节，民间资本很难进入公共服务生产领域，公共服务生产集中于各级各类国有企事业单位。实践证明，垄断必然伴随低效，必然导致公共服务的质量低下、公共部门服务意识淡薄。"电老虎""水霸王""铁老大""电信爷"、公共设施"跑、冒、漏、滴"，以及"门难进，脸难看"等一度成为中国公共服务领域的真实写照。

　　长期以来，中国的一些地方政府只注重投入，而不太注重结果，服务

---

① 蒋牧宸：《基本公共服务供给机制探析》，《江西社会科学》2013年第12期。

成本意识较差，这也是公共服务供给效率低的重要原因。在很多情况下，结果越坏，得到的投入反而会越多，如当学校、福利机构和治安部门工作不力，儿童表现欠佳、福利费用膨胀、犯罪率上升时，它们通常会得到更多的资助。成本高而效率低是政府供给机制难以适应公共需求变化的一个突出问题。

（二）公共服务供给结构失衡

从整体上看，中国公共服务供给存在结构性失衡。

第一，区域间发展失衡。由于我国的特殊国情，东、中、西部地区发展不平衡，东部地区公共服务水平整体高于中西部地区，其中中部地区不少公共服务指标处于最低水平。以教育为例，从教育资源、财政投入、设施条件等主要指标看，东、中、西部地区差异明显。《中国统计年鉴2012》和《中国教育经费统计年鉴2012》相关数据显示，2011年，在普通小学生师比方面，东部地区平均值为16.14，中、西部地区分别只有17.46和17.14；在普通小学生均公共财政预算教育经费方面，东部地区最高，平均为9099.30元，西部地区次之，平均为5953.39元，中部地区最低，平均只有4696.91元，仅为东部地区的51.62%，差距巨大。

第二，城乡间发展失衡。城乡分离的二元结构使城乡无论在人均收入还是在公共服务水平方面都存在巨大差距，农村公共服务严重短缺。以卫生服务为例，《中国卫生统计年鉴2012》显示，2011年，每千人口卫生技术人员数和医疗卫生机构床位数，城市分别为7.90和6.24，农村仅为3.19和2.80，还不到城市的一半。而从卫生服务的可及性、可得性以及质量来看，农村与城市的差距更大，许多农村甚至没有卫生室，不少镇村医生无执业证书，医疗设备简陋。

第三，各类公共服务间发展失衡。目前我国维护性公共服务和经济性公共服务方面的供给发展较快，而社会性的公共服务供给严重滞后于前两类公共服务供给的发展。有限的公共资源分配不均衡，许多现代社会所需要的公共服务未能得到有效供给。由于地方财税体制的不完备和公众参与的缺失，一些地方政府不了解或不顾及公众实际需求，大举兴建超出本地财政能力的政绩工程，盲目投资市政建设等项目，财政支出超出政府财政能力，而对于公众急需的公共教育、医疗、社会保障、公共安全、环境保护、对特定人群的服务等供给严重不足。

（四）公共服务供给机制存在缺陷

第一，决策机制不足。了解居民对公共服务的实际需求，是有效供给公共服务的关键命题。蒂布特"用脚投票"模型试图构建一个半市场的"投票"机制，在确保地方政府回应居民需求的同时，迫使地方居民表现出他们的真实需求，从而避免滥用有限的公共资源。而我国政府决策机制相对封闭，作为公共服务供给中事实上的"垄断"主体，各级政府仍通过"自上而下"的行政决策机制来提供公共服务。决策机制的不足使公众缺少表达需求偏好的适当途径和机会，公共政策的制定缺乏公众参与，连接和协调公共服务供给需求的有效制度安排远未建立起来，地方政府较多地根据高层政府及领导个人的偏好或要求来决定公共服务供给的数量和质量。决策机制不足，公共服务需求表达渠道不畅，最终导致公共服务供给效率和质量难以持续稳步提高。

第二，公共服务供给主体单一。改革开放以来，随着私人部门和社会组织参与公共服务的供给，政府独家垄断公共服务供给的格局被打破，"国有、国办、国管、国养"的传统供给制度受到冲击，但公共部门、社会组织、私营部门等多元主体供给公共服务的模式还处在发展初期，社会组织的志愿供给机制和私人部门的市场供给机制都有待完善，其作用的领域和范围极为有限。目前的公共资源配置和公共服务供给基本上还是由政府承担，尤其在广大的农村，政府始终是农村公共服务供给的主体，承担着农村公共服务供给的责任，而农村社会组织发展严重滞后，在公共服务供给中难以发挥作用。

第三，监督机制不完善。目前我国现有的公共服务监督以内部监督为主，注重自上而下的监督，这种监督具有明显的被动性或事后性特征，难以发挥应有的作用，尤其是对政府和部门主要负责人，自下而上的监督机制往往形同虚设。人大、政协、司法机关只能依据自身职责和法定程序履行监督职能，无法面面俱到。媒体、社会公众等外部监督力量在公共服务监督中遭受重重压力和阻力，作用也很有限。从理论上讲，监督主体的多元化和职责分工不明确很可能会使公共服务监督陷入奥尔森所讲的"集体行动的逻辑"，产生不同主体之间相互扯皮、相互推诿的尴尬状况。

二 社会转型提出新的挑战

改革开放以后，中国社会进入社会转型期。一方面，转型速度快，在短短二三十年时间，经历西方资本主义二三百年的发展历程。另一方面，转型形势复杂，从农业社会向工业社会转型中遇到信息化，从计划经济向市场经济转型中遇到全球化。对于公共服务供给而言，社会转型主要提出了以下新的挑战。

（一）人口老龄化的挑战

按照人口学基本原理，如果60岁以上人口占总人口10%，或者65岁以上老人占总人口7%以上，一个社会就进入了老龄化社会。中国早在1999年就已进入老龄化社会。人口老龄化具有以下特点：第一，老龄人口基数大。根据2010年全国人口普查统计数据，中国大陆现有人口13.4亿，其中60岁以上人口占总人口比例为13.3%，65岁以上人口占总人口比例为8.9%。[①] 第二，老龄人口增长速度快。中国作为一个发展中国家，人口老龄化程度和速度紧随日本和欧洲发达国家。预计到2050年，60岁及以上老年人口将超过4亿，占总人口30%以上。第三，高龄化明显。预计到2050年，80岁及以上的高龄老人达到9500万。[②] 第四，区域差异大。从统计上看城市户籍人口老龄化程度高，而流出人口多的农村地区常住人口中人口老龄化也很严重。

人口老龄化是社会经济进步的结果。但与此同时，人口老龄化对社会保障、医疗卫生等公共服务体系的平稳可持续发展提出了严峻挑战。中国是一个"未富先老"的发展中国家，人均国民收入远远低于发达国家，在社会保障、医疗卫生还没有达到发达国家水平之时就进入了老龄化社会，老龄化问题具有规模大、负担重、高峰期持续时间长的特点，这必然给现行公共服务供给体系造成巨大压力。未来人口老龄化问题将是深刻影响中国社会经济可持续发展的重大问题，只有切实改善公共服务供给，才能有效化解老龄化问题蕴藏的社会危机。

---

① 国家统计局：《2010年第六次全国人口普查主要数据公报》（第1号），2011年4月28日。
② 穆光宗、张团：《中国人口老龄化的发展趋势及其战略应对》，《华中师范大学学报》（人文社会科学版）2011年第5期。

（二） 家庭保障功能弱化的挑战

中国通过实施严格的计划生育政策，家庭户人口持续减少。2010年平均每个家庭户的人口为3.10人，比2000年第五次全国人口普查的3.44人减少0.34人。[①] 目前3人户和2人户是中国家庭户的主要类型。与之相应，已基本形成了"四二一"或"四二二"的家庭结构。也就是说，一对夫妻要赡养4个老人、抚养1个或2个小孩，家庭传统的保障功能已经普遍弱化。

家庭保障功能弱化尤其体现在独生子女家庭和"空巢家庭"中。首先，独生子女家庭面临"失独"风险。据估算，中国至少有100万个家庭失去独生子女，成为"失独家庭"，每年新增失独家庭7.6万个。[②] 其次，"空巢家庭"比例快速大幅增加。2000年，65岁以上老年人口生活在"空巢家庭"的占22.8%。[③] 2009年，城乡老年人家庭中"空巢家庭"均超过50%，部分城市大于70%。[④] 最后，"留守家庭"成为中国农村独特现象。2010年，中国留守儿童约有5700万，占农村儿童的1/4，30%的留守儿童父母外出3年以上。留守妇女约有4700万，留守老人有2000万以上。

家庭保障功能普遍弱化，迫切要求改革完善公共服务供给体制机制，以缓解家庭保障功能弱化给社会带来的不利影响。

（三） 新型工业化、城镇化的挑战

十八大报告提出，中国要走中国特色新型工业化和城镇化道路，要加快完善城乡发展一体化体制机制，推进公共服务的一体化。加快城镇化建设对中国公共服务供给体系提出了挑战。

当前中国城镇化水平正在快速推进。与2000年普查数据相比，10年间城镇人口比重上升了13.46个百分点。新型城镇化的核心是人的城镇

---

① 国家统计局：《2010年第六次全国人口普查主要数据公报》（第1号），2011年4月28日。

② 张参军：《失独家庭：疼痛谁人帮抚平》，《中国社会保障》2012年第12期。

③ 姚引妹：《经济较发达地区农村空巢老人的养老问题——以浙江农村为例》，《人口研究》2006年第6期。

④ 《中国城乡空巢家庭超50% 城乡家庭养老条件明显缺失》，新华网，http://news.xinhuanet.com/society/2010-11/07/c_12747052.htm，2010年11月7日访问。

化。长期以来，中国的公共服务体系存在城乡分割的问题，阻碍了城镇化的进程，不利于城乡居民基本社会权利的实现，不利于基本公共服务均等化的推进。要顺应新型工业化、城镇化的内在要求，推进公共服务的一体化，就要改革完善已有的供给机制，向所有社会群体提供公平优质的公共服务。

（四）公共服务多元化的挑战

改革开放以来，我国的政治、经济和社会发生了深刻变革，伴随社会急剧转型，社会利益日益分化，产生了多元化的利益主体。城乡居民不仅对公共服务的需求数量越来越多，质量要求越来越高，需求范围越来越广，而且呈现多元化和个性化的特点。公共服务需求的多元化，对政府传统的公共服务供给模式提出了挑战，政府独家供给公共服务的状况难以适应形势发展的需要。事实上，自20世纪80年代以来，社会组织广泛参与公共服务的供给，其所提供的包括交通、通信、水电气等方面的公共服务因高效率、高质量以及对公众需求高度敏感而得到社会广泛认同。社会组织由于其非政府、非营利性和志愿性的特征，在满足社会公共服务多元需求方面具有独特的优势，也发挥了越来越重要的作用。实践证明，要提供社会公众满意的公共服务，政府就要积极探索公共服务供给模式改革的途径，加强与社会组织及私营部门等各种社会力量的合作，共同实现公共服务的有效供给。

三 政府管理改革提出迫切要求

政府是提供基本公共服务的责任主体，为公众提供满意的公共服务，是政府的基本职责。20世纪80年代中期，我国自上而下启动社会事业、公共服务领域的改革。最初政府基本上是将公共服务领域改革作为经济体制改革的配套措施，改革的取向是"效率优先、兼顾公平"。在社会保障领域，为配合国有企业的改革，企业退休制度的改革提到政府议事日程。随后在医疗卫生与教育领域，启动了以"市场化"为导向的体制改革。

20世纪90年代中期以后，特别是进入21世纪以来，以"非典"事件为契机，社会领域的深层次问题显性化。面对转型期深刻变革的社会形势以及公众日益高涨的社会需求，政府深刻意识到迫切需要切实转变政府职能，强化社会管理和公共服务，加快推进社会建设，完善公共服务体系，提供让人民满意的公共服务。

2006 年 10 月，中共十六届六中全会通过的《关于构建社会主义和谐社会若干重大问题的决定》明确要求"建设服务型政府，强化社会管理和公共服务职能"，服务型政府被第一次写入党的文件。2007 年 10 月中共十七大报告提出"加快行政管理体制改革，建设服务型政府"。2012 年中共十八大报告进一步明确服务型政府的基本内涵。服务型政府的基本功能就是为全社会提供基本的、有保障的公共服务，以不断满足城乡居民日益增长的公共需求，并在此基础上形成政府治理的制度安排。

服务型政府是落实科学发展观的根本途径，也是政府改革的重要目标。近 10 年来，通过确立服务型政府基本理念、构建基本公共服务体系和改革公共财政体制、创新公共服务供给机制等，我国服务型政府建设取得了重要进展。2003 年后国家财政用于教育、医疗、卫生、社会保障和就业等方面支出快速增长，公共财政支出结构调整显著。由此，各项公共服务发展迅速，已初步形成覆盖城乡的社会保障体系，全面实现城乡免费义务教育，基层医疗卫生服务能力得到强化，基本公共服务体系雏形基本形成。作为政府公共服务和社会管理等职能主要履行者的地方政府，除了完成基本公共服务供给的任务外，也开始针对地方公众的实际需求，不断加大地方公共服务供给数量，着力创新公共服务供给方式，从而大大推进了服务型政府建设进程。

然而，政府间职责分工不合理，公共服务体系整体规划缺失，以及公共服务供给机制不完善，使得发展型政府难以超越，政府转型远未完成。切实转变政府职能，建设服务型政府，为公共服务供给模式改革创造了良好的政治环境，增加了改革创新的动力，同时也提出了更高的要求。在服务型政府建设过程中，公共服务供给模式与方式创新是政府管理改革创新的重要方面。《国民经济和社会发展第十二个五年规划纲要》明确要求创新公共服务供给方式，对基本公共服务和非基本公共服务领域的政府责任和提供方式都有了新的规定。中共十八大报告提出，要

"改进政府提供公共服务方式"。这进一步确认了创新公共服务供给模式对于建设服务型政府的促进作用。与改革开放前国家提供福利服务的方式不同，政府不再是公共服务供给中的唯一主体。政府除了要承担基本公共服务供给责任外，还要特别注重创新公共服务供给方式，充分调动市场、社会力量共同参与公共服务生产，通过与市场、社会主体的紧密合作，提高公共服务供给的能力和水平，更好地满足社会的公共服务需求。

公共服务多元主体供给是当今各国公共服务供给模式改革的重要取向。改革开放之后，中国在基础性公共服务领域进行合作供给的改革尝试，尽管在实践中暴露出诸多问题，但公共服务供给多元化是大势所趋，探索公共服务供给模式改革与创新，也应该坚持这一基本方向。近年来，作为公共服务合作供给的重要方式，中国各级政府向社会组织购买公共服务的探索逐渐活跃，被普遍认为是推动政府职能转变和服务型政府建设的重要途径。在各地改革实践的基础上，中央政府于2013年专门出台《关于政府向社会力量购买服务的指导意见》，力促政府与社会组织等社会主体形成改善公共服务的合力。

四　西方发达国家改革产生示范效应

公共服务供给模式改革，是在20世纪70年代中后期从西方国家开始兴起的，英国、美国是最早开始改革的国家。改革源于应对当时欧美国家普遍面临的社会危机。第二次世界大战以后，西方国家加强对经济和社会领域的干预，社会保障和社会服务的范围不断扩大，公共福利开支大幅上升。在"福利国家"制度下，社会成员所需要的基本公共服务通常由政府举办的机构来承担。到了20世纪70年代中后期，各国政府在社会服务方面的开支日益庞大，提供社会服务的政府机构也因为效率低下、服务质量差而招致公众不满。

20世纪70年代中后期，经济全球化和区域一体化的趋势加速，社会发生急剧变迁，各种社会矛盾、冲突不断暴露出来。首先是财政危机。西方国家发生的经济危机，使整个社会经济处于滞胀状态，政府出现庞大的财政赤字，面临着巨大的财政压力。改革之前，英国通货膨胀率高达

20％。美国在里根时期，年度财政赤字上涨了 3 倍，联邦债务的增加比里根政府以前美国历史的总和还多。其次是管理危机。一方面，政府和公共部门管理一度出现了失调、失控现象。政府和公共部门工作人员士气低落，行政效率低下，服务意识不足，官僚主义作风盛行。另一方面，公众对政府的要求越来越高，传统的政府管理方式方法受到严重挑战。最后是信任危机。由于政府的财政危机和管理危机的出现，政府的形象受到损害，公众普遍产生了对政府的不信任感。1979 年英国公民对政府满意的仅为 35％，不满意的达 54％。公民信任危机使传统的政府管理进一步受到挑战。

在面临着三大危机的同时，公民公共服务需求不断增加，各国政府在社会服务方面的开支日益庞大，提供社会服务的政府机构也因为效率低下、服务质量差而招致公众不满，欧美国家不得不积极寻求公共服务改革与创新之道。一方面，20 世纪 90 年代末，随着全球化、信息化和民主化进程加快，各国面临的发展环境日趋复杂，公众对公共服务需求和政府执政期望日渐上升，经济和社会领域的变化对各国公共服务系统提出了前所未有的挑战。另一方面，20 世纪 70 年代兴起的公共服务私有化导致的公共责任缺失、公共服务质量下降、公平受损等弊端，备受公众谴责和质疑。在这一背景下，各国加快推进市场化改革，鼓励多种社会力量参与公共服务，发挥它们各自的优势，减轻政府负担，提高公共服务供给的数量与质量。由于改革措施得力，公共服务改革在比较短的时间内，取得了比较明显的效果。

目前我国许多地方积极探索的政府购买公共服务，作为公共服务供给模式改革创新的重要形式，起源于西方国家，是社会福利制度改革的产物。在经历了福利危机之后，英国率先进行了大规模的福利制度改革，采取了新的"社区照顾"模式，即在基层社区建立各种私营的社会服务机构，然后政府经过竞投标的方式，"购买"它们的服务来照顾老年人、残疾人等。① 政府购买服务的推广普及与 20 世纪 90 年代布莱尔政府推行的"第三条道路"密切相关。"第三条道路""强调政府不再是唯

---

① 唐钧：《政府购买服务：购买的究竟是什么？》，《中国社会保障》2012 年第 3 期。

一的福利提供者，希望通过把商业组织与非营利的志愿性团体引入福利的供给中"，[①] 从"国家福利"向"多元福利"转变。该理论指出："要区别哪些领域适合政府做，哪些领域适合私人部门做，以及哪些领域两者合作才能提高绩效；应通过公共部门与私人部门合作，汲取各自的优势和长处，共同提供公共服务。"[②] 随后，政府向私营社会服务机构购买服务的做法推而广之，政府把所承担的公共服务外包给社会服务机构成为普遍化、常态化的制度安排。

公共服务供给模式改革在英国许多公共服务领域获得成功。以医疗卫生为例，20 世纪 90 年代末以来，"英国政府通过重组中央与地方、公立医院与私立医院使用医疗设施的权利，调节所承担的医疗服务责任，更新评价医疗服务的指标体系，建立兼顾公平与效率的指标体系"，使得英国新型医疗卫生服务体系更好地满足了英国民众的多样化的医疗服务需求。其他如公共交通、基础教育、市政设施等领域的公私合作改革也取得了不同程度的成功。[③]

随着社会福利制度改革的推进，英国的改革经验很快传向美国、加拿大及欧洲其他国家，与此同时，欧盟、联合国、经济合作与发展组织以及世界银行等国际组织也在全球范围内积极推广公私合作供给公共物品和服务的理念和经验，这一浪潮随之扩展到中国等发展中国家。[④]

中国在社会事业、公共服务领域的改革，始于 20 世纪 80 年代中期。随着社会主义市场经济体制改革不断取得成效，市场化理念日益深入人心。而与此同时，西方国家的新公共管理等理论不断传入中国，西方发达国家公共服务市场化的改革实践，为中国提供了经验和借鉴。随着市场经济体制改革的推进，中国开始探索公共服务供给机制的改革与创新。

①　易国松：《社会福利社会化的理论与实践》，中国社会科学出版社，2006，第 9 页。

②　〔英〕托尼·布莱尔：《新英国——我对一个年轻国家的展望》，世界知识出版社，1998，第 110 页。

③　张菊梅：《二战后英国公共服务供给模式变革及对中国的启示》，《学术论坛》2012 年第 2 期。

④　王浦劬、〔美〕莱斯特·M. 萨拉蒙等：《政府向社会组织购买公共服务研究》，北京大学出版社，2010，第 4 页。

如前所述，政府供给模式、市场供给模式和志愿供给模式作为公共服务供给的不同制度安排，有各自运行特征与有效发生作用的条件，也有各自的局限，任何一种单一的制度安排都无法实现公共服务的充分和有效供给。结合前文对三种基本供给模式的阐述，以及对中国公共服务现状、存在问题及供给模式改革动因的分析，要提供良好的公共服务，既不能走计划经济时期国家对公共服务大包大揽的老路，也不能将公共服务供给完全推给市场，而应该结合三种基本供给模式的优势，建立完善公共服务多元主体供给模式。

第四章　西方国家公共服务改革

随着经济全球化和政治民主化的发展，公共服务成为现代政府职能的重要组成部分。能否满足公众日益增长的公共服务需求，提供优质、高效的公共服务，成为衡量一个国家治理能力的重要标准。改革开放以来，适应国内社会经济与政治形势的巨大变化，中国公共服务供给模式发生深刻变革。在此过程中，西方国家公共服务改革的实践对我国产生了明显的影响。在中国公共服务供给模式的改革过程中，了解西方国家的改革实践，总结其有益经验和教训是非常有必要的。

第一节　英国公共服务改革

第二次世界大战以后，英国公共服务供给模式经历了多次变革。尤其是 20 世纪 80 年代以来，英国政府率先发动的公共服务改革产生了示范效应，引领着西方发达国家公共服务变革的方向，进而形成了一场世界范围内的公共服务改革浪潮。

一　公共服务国有化供给模式（1945 年到 20 世纪 70 年代末）

英国现代地方自治政府产生于 19 世纪。19 世纪初，英国的中央与地方政府关系表现为一种"二元政体"的格局：一方面，在"议会主权"的原则下，英国的任何机构只有在得到议会法案明确批准和授权时才能发挥作用。另一方面，在事实上，中央政府主要负责外交、管理帝国、制定主要的国内政策，而将日常性的国内事务主要交给了地方议会。从 19 世纪一直到 20 世纪 30 年代的这段时间，被称为"地方自治政府的黄金时代"。议会决心让英国成为按"分权"模式治理的国家。1945 年二战结束以前，国家提供公共服务的领域比较有限，提供的水平比较低，基本上是按照《济贫法》的规定，通过对个人经济状况的调查来对救济对象提供服务。在这一时期，国民的服务主要由私人和慈善机构提供。二战以后，随着福利国家的发展，英国公共服务供给的模式发生了根本转变。

（一）变革的背景

两次世界大战直接影响了英国公共服务供给模式的变革。特别是第二次世界大战对英国经济社会造成沉重打击。大批工人失业，贫困人口激增，社会面临诸多不稳定因素。战争带来的危机使国家的公共服务职能得到前所未有的强化。

在 1942 年，贝弗里奇撰写了著名的《贝弗里奇报告》，报告指出，贫困、疾病、无知、脏乱和懒散是人类发展的五大障碍，提供公共服务是政府应该承担的责任，是每个公民应该享受的权利。《贝弗里奇报告》提出战后建立社会保障制度，对国民给予从摇篮到坟墓的保障。《贝弗里奇报告》得到了英国政府和公众的广泛认同。基于该报告，政府出台了战后重建的白皮书。1943 年政府发表关于教育改革的白皮书，计划建立统一的国民教育制度，普遍实行中小学免费教育。此项计划在第二年成为法律。1945 年，政府发表关于国民保健服务的白皮书，主张建立统一的国民保健制度，给所有人免费提供医疗服务。同年，政府又推出社会保险白皮书，主要内容基于《贝弗里奇报告》的主要建议，提出确立面向所有人的社会保险制度。

二战以后，英国开始建设福利国家。1945 年以艾德礼为首的工党赢得选举胜利，成为英国的执政党。这一时期英国重建工作的理论支持主要来源于凯恩斯主义。1936 年，凯恩斯出版了他的经典作品《就业、利息和货币通论》。凯恩斯探讨了失业问题的解决途径。他认为产生非自愿失业的原因在于有效需求的不足。所谓有效需求，是指一种既有购买欲望又有购买能力的需求。扩大有效需求的途径有两个：一是扩大社会消费需求；二是扩大社会投资需求。这两种需求都受到边际消费倾向递减、资本边际效率递减和流动偏好三个基本定律的制约。边际消费倾向递减引起消费需求不足，资本边际效率递减和流动偏好引起的利息率偏高造成投资需求不足。在社会消费需求无法改变的情况下，加大有效需求的唯一方法就是扩大社会投资需求。因此，凯恩斯提出了赤字财政政策，通过增加公共财政开支、实行企业国有化、建立社会保障制度、举办公用事业、增加政府投资等举措，扩大有效需求，拉动经济增长。

凯恩斯主义关于提供社会保障、增加公共事业投资以及企业国有化等主张，为艾德礼政府的改革提供了理论依据。在此理论指导下，艾德礼政府提出了一个规模庞大的改革计划，主要内容之一是进行福利制度改革，包括从税收中拨款建立国家卫生部、制订详尽的国家补助规划和庞大的福利住房计划。改革计划的其他内容则旨在加强政府在经济管理中的作用，特别是在煤炭和钢铁企业中加大国有比重。艾德礼政府的一系列改革措施，使英国逐步建成福利国家，政府在公共服务供给中发挥了主导作用，从根本上变革了原有的公共服务供给模式。

（二）改革的主要举措

1. 建立完善的社会保障体系

1946 年，英国通过《国民保险法》，首次明确了政府为国民提供社会保障的公共服务职能。《国民保险法》旨在建立广泛的国民保险制度，为全体国民提供失业救济金、退休金、寡妇救济金、监护人津贴及丧葬补助等经济资助。《国民保险法》明确地提出了保险的对象和标准："除了学校儿童、养老金领取者、已婚妇女和年收入低于 104 英镑的个体经营者之外，其他人都要参加保险。"参保人具体有三类：第一类是可以享受全部福利待遇的职工；第二类是除了失业救济之外，可以享受其他各种福利的个体经营者；第三类是无权享受疾病和失业救济的未受雇佣的人员。保险金的来源也分三部分：财政补贴、雇主缴纳的保险费和雇员缴纳的费用。同时险种也有明确分类，要按照不同人员实际需要，分为失业补助金、疾病补助金、产妇补助金、寡妇补助金、儿童照管补助金、丧葬补助金等。社会保险具有强制性和普遍性的特点，覆盖了所有行业的在职人员。1948年，英国实行《国民救助法》，该法是对《国民保险法》的补充，专门针对那些没有领取保险金和失业补助金的资格，但由于特殊的事故（如火

灾和洪水）而处于困境之中的人们提供救助。这表明，无论社会成员有
没有资格参加社会保险，政府都要为他们提供必要的社会保障。

1946 年英国实施《国民医疗保健法》。该法的主要内容包括：第一，
所有的医疗服务一律免费，所需费用由国家财政统一负担。第二，对全英
医院实行国有化改革。所有的医院收归中央政府所有，政府委托医院地区
管理局和医院管理委员会实施管理。第三，地方政府的卫生当局负责健康
中心、救护车的管理，同时承担公共卫生、学校卫生、产妇服务及防疫等
职能。第四，实行家庭医生制度。家庭医生与政府当局签订合同，按他所
照料的人数计算报酬，门诊地点可以自设，也可以设在地方卫生当局所建
的健康中心内。每一位公民可以选择一位家庭医生，由家庭医生负责保
健、一般疾病治疗，需住院者由家庭医生负责与医院联系。第五，保留公
民与医生的自由选择权利。允许私人行医，医生与公民之间可以相互作出
选择，愿意使用国民保健服务体系以外的私营医疗服务的个人，可以继续
保留他的权利。

《国民保险法》《国民救助法》《国民医疗保健法》是工党福利计划
的基石，奠定了福利国家的基础。根据这三大法案，英国率先建立了完善
的社会保障体系，为全体国民提供了高水平的社会保障服务。

2. 推行公共事业国有化

随着福利国家的发展，政府需要控制大量的经济、社会资源，才能提
供高水平的公共服务。艾德礼政府对公共事业的生产部门进行了国有化改
造，公共事业全面纳入政府的管理之中。1946 完成对英格兰银行、大东
电报局、国内航空部门的收购，1947 年又收购了煤炭工业和电力、铁路，
之后又收购了煤气供应和钢铁工业，国有企业职工将近 200 万人。到
1955 年，国有企业基本上支配了英国的公共服务部门，担负起了提供公
共服务的责任。国有工业企业占整个英国工业企业的 20%；国有企业职
工人数占全国人口的比重由 1938 年的 4.9%（95 万人）上升到 1955 年的
14.7%（350 万人）；国有企业固定资产投资占全国固定资产投资总额的
比重也有很大提高。[①]

---

① 曹现强：《当代英国公共服务改革研究》，山东人民出版社，2009，第 29 页。

到 1979 年为止，政府通过参股、控股和收归国营等方式，已经完全控制了主要的公共事业部门、基础工业部门及绝大部分的制造业和高新技术工业部门。电力、煤气、铁路、电信、煤炭、造船、邮政等公共事业部门完成国有化；钢铁和航空部门国有化比例达到 75%；石油工业和汽车制造业也分别达到 50% 和 25%。①

在这一时期，提供公共服务的职责不但从私人领域向政府部门集中，而且在政府系统内部也从地方政府向中央政府集中。中央政府试图根据自己的需要来安排地方政府的管辖地域范围和组织机构，以使地方政府成为实施其福利政策的工具。一些重要职能被转移到中央机构，教育、住房、社会服务等职能开始扩展，原属于地方政府服务范围的水、煤气、电、公共交通、医疗服务、公共卫生等公共服务的提供权力往中央转移，地方当局严格按照中央政府设计的标准行事，并获得中央政府补贴。②

3. 持续加大国家对公共服务的投入

从 1945 年到 20 世纪 70 年代末期，英国的公共服务体系不断发展完善，服务供给水平不断提高，国家对公共服务的投入随之持续增加。根据官方统计，英国的社会福利支出从 1951 年的 20.74 亿英镑，增长到 1983 年的 685 亿英镑，按可比价格计算，增长 2.7 倍，而同期国内生产总值增长还不到 1 倍。政府公共开支急剧增加，1955～1957 年，英国政府公共开支约占国民收入的 30%，1967～1969 年达到 38.5%，1977～1979 年已经达到 43.5%。社会福利开支占政府开支的比重 1951 年为 36%，1961 年为 42%，到 1978 年已经达到 53%。1961～1975 年，社会福利开支占国民生产总值的比重达到 29%，上升了 11 个百分点。③

（三）国有化供给模式的弊端

福利国家的建立深刻地影响了英国的公共服务提供模式，从社会自由竞争、自给自足的公共服务模式转向了政府无所不能、无所不包的国有化供给模式。这种供给模式，强化了政府的公共服务责任，坚持了公共服务

---

①　周学荣：《英国公共服务改革及其启示》，《国家行政学院学报》2010 年第 6 期。

②　张菊梅：《二战后英国公共服务供给模式变革及对中国的启示》，《学术论坛》2012 年第 2 期。

③　J. E. Cronin, *The Politics of Decline*, New York, 1986, p. 18.

的公平取向，为社会公众提供普惠性的公共服务，因此在战后长时期内受到英国民众的普遍支持。然而，从 20 世纪 70 年代开始，这种国有化供给模式的弊端越来越明显地暴露出来，民众的支持率也显著下降。调查资料显示，主张增加国家公共服务支出者，1963 年占调查对象的 41%，而到1970 年下降到 27%；主张减少国家公共服务支出者，1974 年占调查对象的 33%，到 1979 年增加到 49%。英国公共服务国有化供给模式的弊端主要表现在以下方面。

1. 国家财政负担沉重

在国有化供给模式下，英国各种公共服务支出快速增长。以社会保障为例，1950 年，英国用于社会保障方面的支出为 6.571 亿英镑，1960 年增至 14.989 亿英镑，1970 年增加到 39.27 亿英镑，1980 年又猛增到235.08 亿英镑；整个 20 世纪 70 年代，英国社会支出占政府财政支出的比例都接近或超过 60%。此外，1975 年英国公用事业费用增长到占 GDP的 10% 左右。沉重的财政负担使得英国政府不堪重负，被迫举债，从而出现连年的财政赤字和通货膨胀。这直接导致民众对国有化政策的支持率下降。[1]

2. 公共服务提供效率低下

在传统的国有化供给模式下，政府必须投入巨大的人力、物力和财力资源来从事公共服务的生产，这导致政府机构和公共部门日益膨胀，1960 ~ 1975 年，英国中央政府部门的职工在全部就业人口中所占的比例增长了6%，达到了 28.2%。[2] 在机构人员不断扩张的同时，政府部门官僚主义不良习气蔓延，生产公共服务的国有企业普遍效率低下，提供的服务质量低劣，引起了公众的强烈不满。

3. 公共服务回应性差

在国有化供给模式下，政府不仅是公共服务的政策制定者和管理者，而且还承担了生产公共服务的职责，公共服务的种类、数量、范围等由政府事先决定。政府所关注的是，公共服务的生产和分配是否符合规则和计

---

① 张菊梅：《二战后英国公共服务供给模式变革及对中国的启示》，《学术论坛》2012 年第 2 期。

② 刘章才：《英国"福利国家"困境论析》，《中共成都市委党校学报》2001 年第 5 期。

划。公众难以向政府提出公共服务的需求，政府提供的服务也很难回应公众的服务需求。政府把更多的服务权利交给具体提供服务的医生、教师、社会工作者等专业人员，而作为服务对象的民众则不能作出适当的消费选择。

4. 抑制了经济发展

为维持福利国家体制，政府采取高税收、高福利的政策，抑制了社会的创新精神和发展活力，整个国家的经济竞争力显著下降。国家提供广覆盖、高水平的社会福利，也使一大批有劳动能力的人形成福利依赖思想，只愿坐享其成，不愿付出劳动。资料显示，20世纪80年代初，英国靠政府医疗保障为生的长期病号达175万人，不工作而靠政府津贴为生的单亲父母约有100万人。国有化的公共服务供给，缺少有效的激励约束机制，在一定程度上造成养懒罚勤的结果，阻碍了经济社会的持续发展。

20世纪70年代中后期，国有化的公共服务供给模式的弊端越来越明显地表现出来，石油危机引发的经济危机使政府财政雪上加霜，原有的公共服务供给模式难以持续，推进公共服务供给模式的改革已是大势所趋。

二 公共服务的市场化模式（20世纪70年代末至20世纪90年代）

20世纪70年代末，英国面临着世界性的经济危机，经济社会发展陷入困境。据统计，"1960～1964年英国工业品增长率为3.4%，1964～1969年为2.5%，1969～1973年为2.8%，1970～1980年则降至1.8%；同时，失业人数快速增长，1975年，英国失业人口有100万人，1980年达到150万人，1982年达到近300万人"。[1] 与此同时，英国的福利国家体制遭遇深刻危机，面临财政赤字膨胀、经济发展停滞、公共服务水平下降、公民对政府不信任等问题。1979年，撒切尔夫人在大选中获胜，保守党政府上台执政。为摆脱经济政治社会发展的种种困境，撒切尔政府极力反对凯恩斯的理论，抨击福利国家政策，主张减少国家干预，大力推行私有化改革，将市场机制引入政府与公共领域。20世纪80年代，英国掀

---

① C. P. Hill, *British Economic and Social History*, *1970-1982*, Amols, 1985, pp. 293-294.

起了以提高效率和效益为导向的"新公共管理"运动。继撒切尔夫人之后，梅杰接任首相。1979～1997年，保守党在英国连续执政长达18年。在这一阶段，保守党政府出台了一系列改革措施，使英国原有的公共服务国有化供给模式发生了深刻变革。保守党政府的改革主要包括以下内容。

1. 推行国有企业的私有化改革

政府把国有企业的股份大量出售给个人，鼓励私人资本进入原属国家投资经营的领域。1979年10月，撒切尔政府第二次出售了英国石油公司的近19%股份，收入2.9亿英镑，拉开了国有企业私有化改革运动的序幕。1979～1983年，政府出售的主要是竞争性行业中的国有企业。1984年，撒切尔夫人提出建立"大众资本主义"政治目标，建立所谓"股东社会"，声称：人民享受拥有资本的民主权利。在此阶段，撒切尔政府大大加快了私有化的步伐。1984年，政府出售了英吉利海峡轮渡公司、美洲虎汽车公司和英国电信公司。1985年又出售了英国宇航公司和英国石油开发公司的最后一部分国有股份。1986年，英国政府出售英国天然气公司，1987年出售英国航空公司。在这期间私有化改革的领域从竞争性行业初步扩展到了自然垄断行业。1988年，撒切尔夫人进一步明确宣布，"私有化无禁区"，决心进一步将私有化推向电力、供水等自然垄断行业。1987～1990年，实施私有化的主要包括英国机场管理局、罗尔斯—罗伊斯公司和英国钢铁公司。1988年出售了英国电信公司剩余股份。随后是出售英国陆虎汽车公司和皇家兵工厂。1989年对英国自来水公司进行私有化，1990年和1991年分别对地区性电力配送公司和电力公司进行私有化。

撒切尔政府对国有企业的私有化改革成效十分显著。首先，政府的财政收入大幅增加。到1991年初，接近80%的国有部门已经转移到私人手中，65万工人转移到私营部门，出售总金额达到450亿英镑。其次，引入市场竞争机制以后，企业效率明显提高。如大东电报局和英国宇航公司的企业税前利润在1981～1989年分别增长了382.5%和213%，国家货运公司的效益到1987年提高了2倍。[1]

---

[1]　曹现强：《当代英国公共服务改革研究》，山东人民出版社，2009，第55～58页。

2. 推行社会福利制度的改革

撒切尔政府在社会保障、住房、教育等领域大力推行社会福利制度改革，削减政府社会福利开支，打破政府垄断公共服务供给的格局，引入市场竞争机制，以减轻政府财政负担，提高公共服务效率。

在社会保障领域，撒切尔政府直接降低了一些社会保障项目的标准，减少社会保障公共支出；强调个人责任和义务，促进社会保障制度持续发展。英国社会保障支出的增长率从 1979 年的 5.4% 下降到 1991 年的 3%。1986 年的《社会保障法》在降低养老金发放标准的同时，将社会保障的普遍性原则改为有选择原则。1990 年颁布新的《国民健康服务与社会关怀法》，对国民健康服务制度实行市场化改革，在医疗领域引入竞争机制。该法令规定：医院和各类社会关怀机构应该从地方健康当局的直接控制下摆脱出来，建立起自主经营的国民健康服务公司，参加者直接管理医院，地方健康当局不再对其进行管理，只是确定当地健康服务需求的基本目标和任务。[①]

在住房领域，把原属地方政府的公房大量出售给私人，大幅度削减住房开支，减少公房建设投资。从 1980 年起，英国政府陆续制定实施了一系列住宅法案，如《住宅法》《住宅与建筑法》《住宅与规划法》，推动住宅私有化改革。据统计，"1979～1987 年间共出售公房约 100 万套，1979 年在整个住房结构中，租用公房者占全国户数的 31.5%，到 1987 年下降到 27.3%，同时，政府对公房建设的补贴也减少 80%"。住宅私有化不仅大幅度减少了公房建设投资，而且增加了一大笔财政收入。住宅总支出由 1976 年的 148 亿英镑降到 1989 年的 75 亿英镑。1979～1989 年，英国政府公房出售收入达 159.76 亿英镑，住宅销售收入占政府财政收入的 15% 以上。[②]

撒切尔政府也推进教育、监狱服务等领域的改革。1988 年《教育法》规定，学校实行"开放入学"，所有学校在招生名额未满之前不得拒绝任何学生的求学申请，以此来加强家长的选择权。该法令提出加强学校自

---

① 丁建定：《论撒切尔政府的社会保障制度改革》，《欧洲》2001 年第 5 期。
② 蒋浙安：《战后英国政府与公房私有化》，《当代建设》1999 年第 2 期。

治，将财务权和人事权下放到学校董事会。鼓励私人资本投资教育，减少学生对国家的依赖，降低国家财政对教育的开支。20世纪80年代后，英国监狱服务通过服务外包，引进了私营企业来对其实行管理。缓刑服务机构使用其预算的5%用于与私营部门实现合伙计划。

3. 进行公共服务体制改革

从20世纪80年代开始，英国政府广泛开展了公共服务供给中政府与私人部门的竞争与合作。中央政府致力于削减和重新引导地方政府的财政开支，鼓励地方政府在服务方面进行竞争，使个人和团体有机会参与地方政府的公共服务项目。1980年，《地方政府计划与土地法》出台，第一次引入强制性投标，开始在地方政府提供的社会服务领域引入市场机制。该法案规定地方当局必须将建筑物和高速公路的修建和维护以竞争性投标方式承包给私营企业。后来又陆续出台一些相关法案，逐步扩大强制性投标范围。如1988年《地方政府法》明确规定政府必须将学校膳食、垃圾收集、街道清扫等7项服务项目进行投标。这样，地方政府的许多公共服务职能必须通过竞争的方式来履行，地方政府不得不放弃对基础服务的垄断，和私人部门展开竞争，通过竞争性投标，由中标单位来承担地方的基础性服务。

为了节约政府行政开支，提高行政效率，撒切尔夫人执政之初，就任命雷纳勋爵为效率顾问，并在内阁办公厅设立了一个效率小组，对政府工作进行评审。1979~1986年，雷纳评审涉及数百项政府工作，发现了政府行政活动不计成本、公共服务中行政开支过大等问题。针对这些问题，雷纳提出的一系列政策建议被采纳，并取得了明显的效果。1986年，伊布斯接替雷纳出任首相的效率顾问。评审小组于1988年向首相提交了名为《改进政府管理：下一步行动方案》的报告。该报告针对当时英国政府存在的问题，提出了设立执行机构，加强人力资源的开发与利用，保持外部压力以推动政府改革的持续进行等措施。该报告提出将政策制定从执行和操作层分离出来，体现了新公共管理运动的实质。政策制定权仍集中在政府行政管理部门，执行和操作权则被分散给新成立的代理机构，行政管理部门和代理机构之间按照"框架协议"来运作。依此方案建议，英国行政管理体制进行了深刻变革。

在政府内部进行管理体制改革的同时，公共服务供给模式改革进一步深化。1989 年政府白皮书《关心人民》颁布，这是英国社会服务民营化的一个里程碑。政府从服务提供者向授权者的角色转变，同时把市场或准市场引入社会服务领域。依据白皮书的理念，1990 年实施《国民健康服务和社区照顾法案》。该法案的主要内容包括：发展社区照顾而不是住所照顾或是慈善机构照顾；为需要帮助的人提供更多的服务选择；在社会服务部门内部进行服务购买者和提供者的区分；让私营部门、志愿组织和非正式组织发挥更加重要的作用，而不是由地方政府直接提供服务。

该法案的一项重要变革就是提出了关于服务购买者（地方卫生当局和一些全科医生）与服务提供者（医院和其他服务机构）的区分。法案规定，在对智障者、残疾人、老年人的社会照顾进行管理的过程中，政府主管部门要承担对需求进行评估的任务，确认如何才能最好地满足申请者的需要，然后从不同的提供者那里"批量购买"服务。法案鼓励私营部门（营利性）和志愿组织（非营利性）的参与，同时强调，由家庭、朋友和社区非正式工作网络提供的服务也很重要。为保证这个要求落到实处，管理权转移给地方时有一个前提条件，即 85% 的新拨资金要用于购买志愿或私营部门的服务。在组织上，要求行政主管部门将其内部涉及"购买"和"提供"的职能分离开，否则它们就有可能向自己"购买"服务，与志愿组织和私营部门形成不公平的竞争。

1990 年法案首要的目标是要打破各类服务提供组织之间的不平衡状态，更多地采用市场化机制。法案促使契约化关系模式成为服务提供组织的中心特征，同时不断减少由公共机构直接提供的服务。随着社区照顾政策的发展以及医疗保健体制改革的不断推进，公共服务的使用者逐渐被界定为"顾客"，通过市场化改革来改善服务得到了立法的正式确认。正如《关心人民》白皮书所强调的，契约化改革是一个创新的过程，"鼓励发展非法定的服务提供者，将为顾客提供一系列服务……并提供更大范围的服务选择；可以更灵活、更加创新地满足个体的需求。……服务提供者之间的竞争将提高资金的使用价值和服务的成本效益"。

4. 推行"公民宪章运动"和"竞争求质量运动"

1990 年，梅杰接任英国首相。保守党政府意识到，撒切尔夫人的改革虽然在促进经济发展方面取得明显成效，但是也导致公共服务供给总量减少和公共服务质量下降，从而招致公众不满。因此，梅杰政府一方面延续撒切尔政府的私有化和社会福利改革方面的政策，另一方面开展了"公民宪章运动"和"竞争求质量运动"，将公共服务的质量提升作为改革的重点。

1991 年 7 月，英国政府以白皮书的形式发表《公民宪章》。"公民宪章运动"的核心价值观是"顾客至上"。政府要求提供具有一定垄断性的公共服务和管制性服务的机构，如铁路、邮政、水电、环卫、公交、户籍管理、执照核发等部门，用宪章的形式把本部门服务的内容、标准、责任等公之于众，促使政府各部门提高工作效率和服务质量，重塑部门形象。在梅杰政府推动下，《公民宪章》在英国的公共部门得到广泛的贯彻。截至 1992 年 9 月，共有 28 个公共服务系统颁布了各自的宪章，包括《乘客宪章》《纳税者宪章》《旅行者宪章》《病人宪章》《求职者宪章》等。在国际上，英国的"公民宪章运动"也造成了很大的影响。如法国的《公共服务宪章》、比利时的《公共服务宪章》、美国克林顿政府的《戈尔报告》等都深受英国"公民宪章运动"的影响。据统计，1996 年全世界共有 15 个国家推行了与英国"公民宪章运动"类似的公共服务承诺制度。

1991 年 11 月，梅杰政府发布了《竞争求质量》白皮书。强调所有权并不是最重要的，竞争才是问题的关键，引入竞争机制是提高公共服务水平和质量的根本性措施。"竞争求质量运动"通过实行非垄断化、以管制推动竞争、市场检验等措施，打破了政府在公共服务领域的垄断，降低了公共服务成本，提高了服务供给的效率和质量。"公民宪章运动""竞争求质量运动"和《改进政府管理：下一步行动方案》共同构成了 20 世纪 90 年代英国公共服务改革的总框架。

保守党政府推行的一系列公共服务改革举措，对英国经济社会发展产生了深远影响。这一时期的公共服务供给可称得上是一种市场化模式。通过实行私有化、市场化取向的改革，英国政府大幅度降低了各项社会福利开支，极大地缓解了财政危机，激发了社会发展活力，摆脱了经济衰退的困境，提高了公共服务供给效率。英国率先发起的新公共管理运动，在其他国家不断扩展开来，形成世界范围的改革浪潮。

　　然而，由于保守党政府尤其是撒切尔政府过于关注节省公共开支、提高服务供给的效率，这一时期的市场化供给模式的弊端不断显现出来。首先，公共服务的公平价值没有充分体现出来。公平是公共服务固有的价值。政府是社会公平的维护者，保障民众基本公共服务权益的实现，是政府的职责。撒切尔政府激进的私有化改革，以提高经济效率为取向，在一定意义上推卸了政府的责任，使公共服务的公平性、普遍性受损。其次，公共服务供给的水平下降。由于政府的公共服务职能大幅度收缩，政府对公共服务的调控能力下降，公共服务由为数众多的私营部门提供，因此，公共服务质量参差不齐，公共服务供给碎片化。有些公共服务项目由国家垄断变为私营垄断，并没有引入有效的竞争机制，公共服务供给的效率也并未得到提升。最后，对社会发展产生负面影响。在改革过程中，大量的劳动力失业。1979～1986 年，失业人数增加了 200 万，总计达到 340 万，占劳动力总量的 13.9%。与此同时，社会贫富差距拉大。1979～1994 年，收入低于平均水平一半的贫困人口翻了一番，超过了 1000 万。[①] 保守党政府的改革措施虽然促进了经济增长，但带来了很多社会问题，导致英国民众的普遍不满。

三　"第三条道路"——布莱尔政府的改革

　　1997 年，英国工党重新上台执政，布莱尔政府对公共服务进行了一系列改革。其改革计划既试图克服国有化供给模式的弊端，又试图弥补保守党执政期间推行新公共管理改革的缺陷。布莱尔的执政理念直接受到"第三条道路"政治理论的指导，他明确提出走"第三条道路"。布莱尔政府的公共服务改革，既与保守党政府改革思路有契合之处，又有不同的特征。

（一）改革的理论指导："第三条道路"

　　布莱尔政府以"第三条道路"政治理论为改革指导思想，强调政府调控和市场机制的平衡、经济发展与社会公正的平衡，在传统的福利国家体制和新右派主张的自由市场经济之间走一条中间道路。"第三条道路"

---

① 周学荣：《英国公共服务改革及其启示》，《国家行政学院学报》2010 年第 6 期。

的倡导者是英国伦敦经济学院院长、社会学家吉登斯。他在一系列著作中对"第三条道路"进行了阐发。"第三条道路"试图超越意识形态的"左"与"右"，在政治上摒弃阶级对立，寻求跨阶级的支持；在经济上创造一种混合经济，实现管制与解除管制、社会生活的经济方面与非经济方面的平衡。

吉登斯指出，要实现自由与团结的平衡，建立合作包容型的社会关系。他认为，在"左"与"右"的争论中，社会民主主义和新自由主义都没有实现自由和团结的平衡。20世纪80年代以来，新自由主义的主张在很大程度上发展了个人主义，但是也对社会团结造成了一定的破坏。个人的自主并不等于利己主义，要保持个人自主和相互依赖的平衡。吉登斯也对福利国家模式进行反思，倡导建立积极的福利模式。他指出，福利国家在20世纪70年代面临严重危机，而很多国家运用民营化的改革措施，使福利国家的发展偏失了公平民主的价值取向。他提出，应该积极地考虑重建福利国家的问题，克服福利依赖。个人不能只强调个人权利和国家对自己的义务，无责任则无权利，个人对国家也要尽公民应尽的责任和义务。

在公共服务领域，吉登斯主张实行社会服务的混合经济。他指出，在任何一个国家，总的社会服务或社会照顾体制都由四个部分组成。第一，非正式方式：家庭、朋友、同事、邻居等作为提供主体。社会和人口结构的普遍变化，对家庭提供照顾的能力产生了重要影响。第二，国家机构提供：公共所有并提供经费的社会服务部门作为公共服务的提供主体。在英国，地方政府在为老人、儿童、家庭和残疾人提供社会服务方面有实质性的法律责任。第三，非营利部门提供：非营利部门小至自助团体（其职员是没有工资的），大至有大量预算、雇用许多专职人员的部门。尽管身份是"非政府的"，但是许多非营利部门逐步通过购买服务合同从国家社会服务部门得到大量资金。第四，营利部门提供：营利部门包括向股东支付股息的股份公司和更小的营利性企业，例如英国有许多私有的为老人提供服务的疗养院。吉登斯认为，每个国家的社会服务在上述四个部分都会有自己特殊的组合。例如，中欧和东欧的前共产党国家几乎全部依靠第一和第二部分来提供社会服务。德国、荷兰的传统是较多依赖第三部分的福利组织来提供服务，但它有大量的公共基金。

吉登斯主张政府与私人部门合作供给公共服务。他指出："要区别哪些领域适合政府做，哪些领域适合私人部门做，以及哪些领域两者合作才能提高绩效；应通过公共部门与私人部门合作，汲取各自的优势和长处，共同提供公共服务。"公共服务合作供给成为布莱尔政府改革公共服务的指导原则。

（二）改革的价值取向与基本原则

对于公共服务改革，布莱尔政府提出"公共服务现代化"的目标，1997 年英国工党上台执政时，就作出"更好地制定政策、更好地回应公民的需求、更好地提供公共服务"的承诺。这个承诺表明英国公共服务改革高度关注对公民需求的回应性。在公共服务改革的实践中，当代英国公共服务确定了公民本位的价值取向。1999 年，布莱尔政府在《现代化政府》白皮书中提出了实施"整体政府"改革的十年规划。规划共包括五项改革措施：提供回应性的公共服务、提高公共服务的质量、重视公共服务的价值、改进政策制定和建立信息时代的政府。这五项改革措施进一步明确英国公共服务改革秉持的基本价值理念，就是公共服务的提供要坚持公民本位，对公民负责，以公民为中心。公共服务的供给是为了充分满足公民的需要，而不是给提供者带来方便。在公共服务的供给中，除了关注公共服务的成本和效能外，更要强调以公民或顾客需求为中心，增强公共服务的回应性。在公民本位的价值取向下，政府公共服务绩效评估从效率优先阶段转向质量优先阶段。

英国公共服务的公民本位价值取向贯穿在公共服务的各个环节之中。在公共服务的决策方面，布莱尔政府将公民视为社会公共服务决策的重要参与者，注重推动公民参与公共服务决策。据估计，2000 年建立了 238 个特别工作组、顾问组和政策检查组。这些团体包括很多非公职的普通公众，为公共服务政策制定直接提供建议。在公共服务的信息获取方面，公民可以更加自由地获得社会公共服务的相关信息。2000 年英国议会批准了《信息自由法案》。根据这项法案，任何人都可要求并获得公共机构所持有的信息。"公共机构"包括政府部门、议会、地方政府机构、国家卫生服务部、警察当局以及公立学校。该法案设立了信息专员一职。信息专员根据法案规定将承担不同责任，其中包括批准公共部门为日常信息公布而制订的计划，以及推广公共部门与信息公布有关的好做法。这个法案强化了公众获取公共机构所持信息的权利。在公共服务评价方面，布莱尔政府将公民作为社会公共服务的重要评价者，让公民就提高公共机构的生产力和效率的方法提出建议。

经过多年持续的公共服务改革，公民本位的价值取向已经在英国的公共服务供给过程中得到广泛认同。正如英国前国家税务总局局长尼克·蒙塔古在一次演讲中所言："在过去，人们传统上习惯于尊重和顺从公共服务的提供者，不管提供的是什么样的服务，总是满怀感激地接受。但现在这种情况已经发生了变化……公共服务要顺应民意，而不是仅由官僚机构说了算。这就要求从根本上改革从中央到地方许多公共服务领域的文化观念与工作方式。另外还要求加强责任感和增加透明度，并根据业绩决定高级官员的薪水。"

公民本位的价值取向也集中体现在英国公共服务改革的基本原则中。2001 年，第二次竞选获胜后，布莱尔为公共服务改革设立了四项重要原则：国家高标准和完善的责任；向一线下放权力，鼓励多样性和当地的创新；就业灵活，使工作人员能更好地提供现代化的公共服务；增加供应者，提供更多选择。这些原则坚持公共服务公民本位的价值取向，是布莱尔进行公共服务改革的指导理念。2007 年，布莱尔在"21 世纪的公共服务改革"会议的演讲中，结合英国公共服务改革的实践，进一步总结了英国公共服务改革的四条基本原则：第一，给用户更多的授权。这表现为建立服务的绩效标准与评价体系，促使用户或顾客对于政府花费在他们身上的费用具有更多的发言权，而不是被动地接受服务。第二，扩大公共服务供给的差异性。这要求消除公共部门、私人部门和志愿部门之间的障碍，建立公私合作伙伴关系。第三，善于识别个体公共服务需求中存在的棘手问题，并寻找解决办法，提供有针对性的服务。第四，提高劳工自身素质。要求提供服务的劳工充分发挥其才能。这四条原则围绕的核心就是坚持公民本位，根据民众多样化的公共服务需求，提供回应性的公共服务。

（三）改革内容

1. 对政府部门的改革

首先，布莱尔政府加强政府部门自身建设。在机构设置方面，布莱尔政府于2001年围绕英国社会公共服务的改革，对政府机构进行了调整。如设立了公共服务改革办公室，该办公室与执行部门和决策部门共同开展工作，负责解决焦点问题、改革原则以及工资和劳动力策略等问题。在强化部门责任方面，布莱尔政府要求政府部门明确工作职责，每个政府部门每年都要发布"公共服务协议"，明确当年计划实现的绩效目标，并细化为具体的服务目标。在能力建设方面，要求政府部门和工作人员全面提升各项能力，包括领导能力、实际工作技能与创新能力、支配资源能力、组织发展与合作能力、有效承担任务的能力等。

其次，向地方政府放权。为了推进改革，提升政府自身的行政效率，布莱尔政府对中央政府与地方政府的关系进行了调整，向一线政府下放权力，鼓励地方创新。英国在传统上是一个中央集权的国家。布莱尔执政以后，大胆实行中央与地方"分权"。2000年的《地方政府法案》，授予地方政府"社会、经济发展和环境优化发展的权力"，这表明中央政府从先前的约束地方权力到下放权力迈了一大步。按照布莱尔提出的改革方案，苏格兰和威尔士的地方政府在国防、安全和经济政策等重大问题上没有决策权，不能就独立问题进行投票，不能脱离英国，但它们拥有较大的地方事务管理权，如在法律、司法、经济、交通、卫生和教育等领域拥有决策权，甚至还有权浮动3%的所得税，也可以增加医疗、教育、培训、住房、运输、环境等方面的责任。改革之后的地方政府主要的职责范围包括教育，儿童抚养、老人赡养等社会服务，交通运输，住房，文艺和图书馆，安全保护，环境卫生和医疗等七大方面。中央政府和地方政府之间关系的改革，使中央政府和地方政府的权责关系实现一种平衡，政策的制定权控制在中央政府手中，而公共服务的提供被下放到地方政府第一线。这极大激发了地方的活力和积极性，地方上的资金来源方式更加灵活、多样、有效，有利于公共服务供给方式的创新，服务机构逐步从单一类型转向多层次、多样化的地方服务机构，多样化的服务使公众能有更多选择。

2. 建立公共服务供给中的合作关系

与保守党政府强调私有化、强调竞争不同，布莱尔政府在主张充分发挥市场力量的同时，充分认识到公共服务多元主体合作的重要性，强调政府必须与市场、社会、公民等建立良好的合作关系，发挥各自优势，推进多元治理，共同提升公共服务供给的水平。

首先，政府与民营部门建立伙伴关系。布莱尔政府努力实现公有与私营的混合与平衡，推行积极的福利国家政策，变福利国家为"社会投资国家"。公私合作伙伴关系（PPP）是英国政府现代化进程的基石。2000年出版的《公共民营合作制——政府举措》一书系统阐释了公私合作伙伴关系。第一，在国有行业中引入民营部门所有制。第二，实施私人融资倡议，根据这一倡议，公有部门通过合同长期购买商品或劳务，利用私营部门的管理技术优势，同时受益于私人的财力支持以巩固公共项目。第三，扩大政府服务的出售范围，从而利用私营部门的专业技术和财力开发政府资产的商业潜能。布莱尔政府大力推进公私合作伙伴关系的发展，鼓励地方开发大量的公私合作项目。同时，在布莱尔政府的改革中，私人融资计划的效果也十分明显。私人融资计划（PFI）是英国公私合作伙伴关系最常见的形式。PFI 于 1992 年由保守党政府引入，以实现在不增加公共借款的情况下提高公共投资。PFI 的巨大吸引力在于，这些合作项目大多不列入公共部门资产负债表，使政府能够稳定地运作项目，并且推迟账目支付的时间。PFI 可以覆盖任何一个政府部门，以及中央和地方政府的任何一项服务。

其次，政府与社会合作。布莱尔政府一直追求与社会力量的合作。事实上，早在 20 世纪 80 年代撒切尔夫人执政时期，就推动社会福利领域的"国家照顾"模式转变为"社区照顾"模式，政府购买服务是社会福利改革的重要内容。当时英国基层社区建立各种私营的社会服务机构，然后政府通过投标的方式"购买"服务，照顾老人、残障人士等弱势群体。1997 年布莱尔执政后，进一步推广政府向社会服务机构购买服务的做法。1998 年，英国政府发布《政府和志愿及社会部门关系的协议》，确定了政府和志愿部门之间的合作伙伴关系，将政府购买服务进一步常态化、制度化。在布莱尔执政期间，许多社会团体和社区组织参与到提供社会公共服务的工作中，在教育、体育、环境、福利等领域发挥了积极作用。

在英国公共服务改革中，一直把社区作为国家社会公共服务改革的重要落脚点。布莱尔认为，现在"整个西方社会都在寻找一种新的政治主张，它从个人出发，而又将个人置于广大的社会之中。人们不喜欢横加干涉的政府，但也不愿生活在社会真空里。正是在寻找这种个人与社会的崭新关系的过程中出现了社区的概念。社区意味着承认相互依赖，但不接受咄咄逼人的政府权力。它承认我们通过合作能更好地迎接变革和不安定的冲击。它为我们既合作又竞争的特性提供了基础，使之成为一种更开明的自身利益观"。"无论是在教育、卫生、社会工作、预防犯罪方面，还是在儿童看护方面，一个有能力的政府加强而不是削弱了公民社会，它也有助于家庭和社区促进自己的表现。自愿服务、学校的管理、收领养儿童、公共健康、青少年犯管制计划，所有这些都显示了国家、自愿组织和个人的协同努力。"[1] 布莱尔政府实施了一系列由中央政府主导的致力于社区发展的项目，主要有邻里复兴战略、社区战略、农村议程等。这些项目促进了社区的进一步发展。

布莱尔政府推动政府与私营部门、社会机构与公民合作，提升公共服务供给的水平，取得了显著成效。有数据显示，在2006～2007年度，大约有1/5的公共产品（将近600亿英镑）由私人部门和非政府组织提供，涉及公共服务的各个方面和地域范围。[2]

3. 制定实施一系列政策，促进公共服务体系发展

随着英国社会经济的发展，人们收入普遍增加，消费能力显著提高，对公共服务的品种、质量要求相应提高，个性化要求越来越明显。为了应对公共服务面临的挑战，在总结撒切尔政府和梅杰政府工作的基础上，布莱尔政府制定了一系列政策，不断改革和完善公共服务体系。

首先，加大对公共服务的投入。布莱尔政府在经济领域实行紧缩财政政策和抑制通货膨胀政策的同时，对福利制度进行调整和变革。一方面，鼓励发展企业保险和商业保险，通过改革完善社会福利体系运行机制等方

---

① 陈林、林德山主编《第三条道路——世纪之交的西方政治变革》，当代世界出版社，2000。

② 江依妮：《英国集权财政下公共服务供给的分析与启示》，《当代财经》2011年第4期。

式来减轻政府负担。另一方面，政府扩大公共开支，追加国民保健服务、教育、交通等部门的投资，使公共服务的内容更加广泛，更好地回应民众的公共服务需求。

其次，实施工作福利政策。为消除公众的福利依赖思想，增强社会责任心和工作意识，布莱尔政府改变传统的福利国家政策，变国家福利为工作福利。工作福利政策包括一系列促进就业的政策和福利津贴项目，要求公民通过工作来享受社会福利。工作福利政策包括针对不同群体的新政，如青年新政、长期失业者新政、单亲父母新政、残疾人新政等。新政计划中以 1998 年率先实施的"青年新政"影响最大，该计划专项启动资金高达 26 亿英镑，是其他各项新政计划的原型。按照"青年新政"的规定，凡是年龄在 18～24 岁、领取失业金长达 6 个月者，必须参加该计划，否则自动失去享受失业福利资格。布莱尔政府解决失业问题的措施不是像老工党那样创造工作机会，而是要通过教育和培训增加有效劳动力的供给。新政计划中还包括 1999 年实施的国家最低工资标准制度，这是英国历史上首次实行国家最低工资标准。

再次，实施消除贫困的未成年人社会福利政策。解决就业问题只是布莱尔政府政策的一个短期目标，它的根本目标是要培养英国的儿童和青少年，以彻底改变英国社会的结构。布莱尔政府大幅提高了儿童和青少年的社会福利待遇，尤其是贫困家庭的子女从工党社会政策改革中受益最大。布莱尔在 1999 年明确承诺，在一代人的时间内消除儿童贫困，并制定了阶段性目标：到 2004～2005 年将贫困儿童减少 1/4，2010～2011 年减少一半，到 2020 年彻底根除儿童贫困问题。1997 年以后英国所有公共支出中未成年人福利增幅最大。1996～1997 年度到 2004 年 7 月，对儿童的公共支出增加了 104 亿英镑，实际增加了 72%，达到人均 5000 英镑，而同期用于成年人和老年人的支出分别增加 2% 和 13%。消除贫困的未成年人社会福利政策取得了显著效果。截至 2004 年 7 月，有近 200 万儿童脱离了绝对贫困状态，儿童相对贫困率下降了近 10 个百分点，基本上实现了布莱尔政府消除儿童贫困问题的阶段性目标。

最后，重视教育和医疗服务的改善。布莱尔强调对教育的投资是政府必须履行的责任。针对保守党政府过于依靠市场力量办教育而导致教育资源的投入严重不足、教育不平等现象日益突出、贫困地区教育质量下降等问题，布莱尔政府把提高英国教育水平视为政府的首要目标，尽可能为每个人提供平等的受教育机会，切实解决教育中的"社会排斥"问题。另外，布莱尔政府提出"终身教育"口号，教育政策和计划覆盖了从婴幼儿阶段的看护到学前教育、中小学教育、高等教育和职业教育、岗位培训等人生各个重要阶段，并明显倾向于扶持贫困人口和贫困地区。1999～2003年，布莱尔政府阶段性教育支出年均增长达到创纪录的6%，2004～2005年度英国的教育支出达630亿镑，占GDP的5.4%，是仅次于国民医疗保障的第二大公共支出。[①] 由于布莱尔政府教育投入的增加，英国教育基础设施得到较大改善，教育质量也普遍有所提高。

根据英国内阁办公厅的一项分析，与工党开始执政时相比，英国基础教育水平明显提高，2005年英国16岁孩子国家统一考试优秀率从1997年的45%上升到56%。此外，公共医疗服务更加便利，公民看病有了更多选择余地，就诊、手术等候时间缩短了2/3。英格兰75岁以下人群心脏病、中风等疾病死亡率降低了40%，癌症死亡率减低了25%。社会治安也有所好转，偷盗犯罪率比1997年降低了35%。地方政府提供公共服务的能力得到了提高，地方政府绩效评估表明，70%以上的地方部门表现优良。[②]

布莱尔政府持续地推进公共服务改革，提升了英国公共服务供给的水平，得到社会各界的广泛认同。工党三度赢得大选，保持10年不败的纪录。公共服务改革也为英国长时间保持经济繁荣奠定了基础。

卡梅伦上台执政后，在一定程度上沿袭布莱尔政府的改革理念与路径，提出"大社会"计划，试图培育和支持一种新的以志愿服务、博爱为宗旨的公共服务文化，摆脱浪费资金、破坏社会风气的官僚作风，进一步加强社区在公共服务中的作用，推动公众广泛参与社区共建。相关政策法规的确立为坚持这项改革提供了有力保障。2010年，卡梅伦政府对

---

① 胡昌宇：《兼顾效率与公平：英国新工党政府经济与社会改革的有益尝试》，《世界经济与政治论坛》2006年第4期。
② 雷昆：《英国布莱尔政府公共服务改革模式分析》，《经济社会体制比较》2006年第6期。

1998 年发布的《政府和志愿及社会部门关系的协议》进行修订，引入更加严格的问责机制，加大对政府职责履行状况的检查力度，并强化对政府违反协议行为的责任追究。2011 年，《开放的公共服务》白皮书对英国政府如何改进公共服务作出规划，将选择、放权、多元化、公平性和责任确定为政府改进公共服务的五大关键原则。

当前，英国公共服务改革持续推进，政府购买服务发展非常迅速。根据英国全国志愿组织联合会的统计，截至 2008 年底，英国共有社会组织 90 万个，带薪雇员达 160 万人。其中社会服务类慈善组织最多，其次为文化娱乐和社区发展类组织。在英国，公众每年提供超过 2000 万人次志愿服务，他们提供的服务相当于 120 万名专职人员、价值 215 亿英镑的工作量。当前英国政府的购买服务范围涵盖教育、医疗、交通、安全、信息技术和环境保护等多个方面。政府每年购买公共服务的资金超过 2300 亿英镑，而政府实际获得的公共服务量是整体支出价格对应服务量的 3 倍，这样提供社会服务的成本大大降低了。此外，政府还将博彩业收益的一部分分配给各类慈善组织，并设立面向公益活动的专项财政资金，加大对慈善组织的支持力度。

第二节　美国公共服务改革

美国是一个典型的资本主义市场化国家，有着浓厚的个人主义文化传统，信奉市场经济和自由竞争，认为一个最有效的政府应该是管得最少的政府，政府只是承担"守夜人"的角色，对经济和社会发展持自由放任式的不干预态度。1933 年实行罗斯福新政以前，政府职能基本上限定为三项：一是保障国家安全，使其免受侵犯；二是保障任何个人安全，使其免受他人侵害；三是建设和维护私人不能有效供给的某些公共设施和公益事业。

在这一时期，美国政府在公共服务领域中的职能非常有限。政府设立的警察、消防、教育、卫生等行政部门，一般不直接参与公共服务的供给，它们的主要职责是为私营部门制定价格决策、发放证照、签发合同和提供一定的扶持与资助。其他的公共服务，如铁路建设、公用事业等也主要由市场私营部门提供，政府直接提供的公共服务较少。

　　美国传统的公共服务供给模式，限制政府对公共服务的直接供给，激励市场主体参与公共服务，这促使一批规模大、实力强的私营公司发展起来，为民众提供各种公共服务。但是，这种公共服务供给模式具有市场失灵的固有缺陷。私营部门以追逐利润最大化为目标，在提供公共服务的过程中，倾向于抬高价格、降低成本和服务质量，这与公共服务内在的公益性、普遍性必然产生矛盾。

一　国有化供给模式（1933～1980年）

　　1929～1933年的世界性经济危机改变了美国公众的观念。经济危机造成大批工人失业，城乡居民贫困人口激增，很多人流离失所，社会动荡不安。据统计，1930年美国失业人数近320万，到1933年3月，上升为1800万，平均每3个工人中有1个人失业，而半失业者不计其数。失业大军生活贫困，老年人处境更为悲惨。许多老年人被迫提前退休，生活无着；金融系统的崩溃吞噬了许多老年人一生的积蓄，将他们推到困苦的边缘。有资料显示，1930年美国65岁以上的老年人共有663.9万人。据I. M. 鲁比诺估计，其中190万人没有财产，240万人没有收入，120万人既无财产也无收入。[①] 不仅普通工人面临悲惨的境遇，而且中产阶级中也有很多人陷入困窘的生活状况，大批贫困人口衣食无着，但是传统的救济组织和慈善机构在普遍贫困面前无能为力。这种不可预料的社会危机，对中产阶级一向坚守信念产生了巨大冲击，认为只有懒惰和道德败坏才会导致贫困的旧观念开始动摇。美国人逐渐认识到贫困不仅是个人的事，更多是社会原因造成的，联邦政府应当担负起保障人们基本生活的责任。这样，建立完善的公共服务体系提上美国的议事日程。

　　面对大萧条的严峻形势，为了稳定民心、增强民众对政府的信任感，新上任的罗斯福总统决心采取积极的措施。1933年，罗斯福推行新政，提倡政府干预，认为"提供社会救助、基础教育、医疗卫生等是政府义

---

① 刘秀红：《美国老年社会保障政策的历史考察》，《安徽师范大学学报》（人文社会科学版）2002年第2期。

不容辞的责任"。于是，美国公共服务供给模式从市场主导转向政府主导。这一时期公共服务改革主要包括以下内容。

（一）建立以普遍福利为核心的社会保障制度

1935年，罗斯福总统签署了《社会保障法》，美国政府放弃了过去对社会保障事业不干预的立场，转而在全美范围内实施由联邦政府组织的社会保障制度，试图以此作为稳定社会秩序、扩大社会需求、停止通货紧缩的突破口，使美国摆脱经济社会发展的困境。《社会保障法》的出台标志着美国社会保障制度的正式建立。1935年建立的社会保障体系为政府管理的公共保险体系，以社会保险原则为基础，保险费由雇主和雇员共同承担。该社会保障体系主要包括退休金、残疾金和抚恤金等，具有强制缴费性、与参保人收入相关等特征，领取养老金不必进行生活状况调查。除政府雇工、家庭雇工、农场工人和临时工、商船海员以及教育、宗教与慈善机构雇员外，其他年收入在6000美元以下的所有雇工，都必须参加社会保障。该制度将60%的劳动者包括进来。参加者在就业后缴纳社会保障税，年满65岁后，就可领取老年退休金。

《社会保障法》颁布后，罗斯福政府积极加以贯彻和实施，在罗斯福总统任期内奠定了美国老年社会保障制度的框架和基础。从1937年开始针对老年保险实施工薪税。1939年颁布了关于社会保障制度的第一个修正案，1939年修正案相对最初的法案更强调福利的原则，如将老年保险扩大到老年、遗属保险，把覆盖面扩大到受保工人的配偶和子女以及受保人的遗属，《社会保障法》修正案把社会保障从对工人个人的保护计划转变成家庭保护计划。此外，福利计算公式也被修改，更多地体现了对低收入工人的照顾。

二战后至60年代是美国社会保障制度逐步发展时期。这个时期的社会保障制度建设主要是对1935年《社会保障法》的修订和扩充。具体表现为进一步扩大社会保险的范围，逐步提高参保人的待遇。1935年社会保障制度的建立，是为了解决经济危机时期产生的失业与老年问题，满足失业者与老年人基本的生存需要，受保障人的范围十分有限，保障面窄，保障的金额少。二战以后美国社会保障制度日益完善，覆盖面越来越广，保障项目越来越多。这一方面与美国社会政治、经济的不断发展紧密相关；另一方面，这时期工人运动浪潮高涨，严重威胁到战后生产恢复和政府统治，在国内一些利益集团的强大影响下，美国政府有意识地加强社会保障制度建设。

20世纪60年代初至70年代末，美国社会养老保障制度迅速发展，不断完善。这个时期内，美国社会养老保障制度不仅限于满足老年人的基本生存需求，而且越来越重视老年人的发展需求，如医疗保健、老年人的权益等，同时受益面更加广泛。这一时期是美国社会养老保障制度发展的鼎盛时期。

约翰逊执政时期是社会养老保障立法最多和立法相对完善的时期。在此期间，在老年社会保障领域中重要的法律有：第一，1965年《医疗照顾法》。该法令规定，凡符合参加社会保障制度和铁路职工退休条件的65岁和65岁以上的老年人，有资格享受医疗保险。其中住院保险的一半费用由在职人员和雇主上缴给联邦政府的保险税支付，另一半费用由联邦政府负担。作为住院医疗保险补充手段的补充医疗保险则由参加者自愿投保。《医疗照顾法》的受益范围覆盖了当时绝大多数美国老年人，被美国学者称为1935年《社会保障法》通过以来最大的社会改革。第二，1965年《医疗援助法》。该法令规定，政府向不能享受医疗照顾的贫困老人和接受社会救济的贫困家庭等提供医疗费用补助。第三，1965年《老年美国人法案》。这个法案从收入、住房、身心健康等10个方面提出了保障老年人权益问题。为了保证该法律的有效实施，联邦政府及各州、市县都设立了专门的执行机构。在约翰逊总统任期内，老年、遗属和残疾社会保障也有了发展。退休津贴提高了两次：1965年提高了7%，1967年提高了13%。此外，对取得社会保障待遇的资格继续放宽。总之，到约翰逊任期结束，美国社会养老保障制度经过30多年的发展，已经发展到鼎盛时期。

（二）扩大政府提供公共服务的范围和规模

除了建立与实施社会保障制度以外，美国政府将其公共服务职能扩展到经济社会生活的各方面，包括社会保障、基础设施、公用事业、环境保护、医疗卫生、基础教育等。政府设立了许多被赋予特许权的公共部门或公共企业，由这些机构直接生产公共服务。在基础设施方面，1935～1942

年，美国政府共投资约 105 亿美元，建成新桥梁 7.7 万座，新机场 285
个、新道路 106 千米、公共建筑 12.2 万幢，还修建了一些公园、水库、
下水道。在教育方面，1933 年，美国教育支出 22 亿美元，占 GDP 的
3.8%；1975 年，教育支出增长至 95.8 亿美元，占 GDP 的 6.1%。杜鲁
门的"公平施政"、肯尼迪的"新边疆"计划、约翰逊的"伟大社会"
建设计划等，通过加大政府投入，完善公共服务供给机制，极大地促进了
美国公共服务体系的发展。20 世纪 30 年代到 70 年代，政府雇员数量持
续大幅增加。1929 年，美国政府雇员总数为 18.1 万人，占国内劳动力的
比例为 0.38%；1933 年，政府雇员总数迅速增长为 60.4 万人，占国内劳
动力的比例为 0.42%。到 1970 年，政府雇员人数进一步增长为 298.2 万
人，占国内劳动力的比例为 1.23%。1976 年，美国社会福利总支出占政
府总开支的比例高达 60.3%。这一时期，美国政府的公共服务职能扩展
到了前所未有的水平。

（三）　加强制度建设

为了改善公共服务的供给，加强公共服务运行与管理的规范化，美国
政府出台了一系列有关公共服务的法律制度，建立了比较完善的制度体
系。如在教育方面，1958 年制定了《国防教育法》，1965 年制定了《初
等教育法》。在交通方面，1956 年制定了《公路法》，1970 年制定了《铁
路客运法》。对于公共服务的准入、融资、施工、定价、分配等活动以及
政府的审批、许可、收费、处罚等行为，都制定完善了相关的法律制度。
通过制定实施全国性的法律制度、推行全国性的社会保障计划和公共工
程，联邦政府不但加大了对各州、地方政府的控制，也加强了对公共服务
体系的直接控制。例如，在医疗卫生方面，20 世纪 50 年代初，联邦政府
的职责仅限于医疗研发和医疗器械、新药的审批。到 1987 年，联邦政府
的职责已扩展到医疗补助、医疗照顾、保健质量保障和卫生保健费用支出
等事务，基本上直接控制和干预医疗卫生服务系统的运行。

公共服务的国有化供给模式，针对市场失灵的缺陷，强化了政府的公
共服务职责，扩大了政府的公共支出，建立了比较完善的公共服务体系，
为美国社会经济的稳定发展发挥了重要的作用。但是，到了 20 世纪 70 年
代，随着一系列社会经济矛盾的加剧，国有化的公共服务供给模式面临诸

多困境。一方面，财政压力过大。美国当时的经济发展陷入滞胀：经济增长率下降，失业率升高，同时通货膨胀加剧，物价快速上涨，美国政府面临沉重的财政负担。据统计，1948~1983 年，美国联邦政府的支出增长25.7 倍，除去物价因素后仍增长 5.6 倍，35 年间财政赤字总额高达 7979亿美元。另一方面，公共服务的低效率导致政府公信力下降。1964 年，美国一次民意调查显示，76% 的被访者在调查中选择 "始终信任政府"或 "大多数信任政府"；而在 1980 年进行民意调查时，选择 "信任政府"的被访者下降到 40%。政府生产公共服务的垄断性和官僚作风，造成公共服务供给的低效，引起公众的普遍不满，改革公共服务供给模式的呼声日益高涨。

二 美国公共服务的改革

20 世纪 80 年代以来，随着新公共管理运动的兴起，美国历届政府对公共服务进行了多方面的改革，其改革的基本思路是厘清政府、市场、社会在公共服务方面的责任边界，将政府承担的部分公共职能向市场与社会转移，将 "掌舵" 与 "划桨" 分开。政府负责 "掌舵"，制定公共服务政策规划，实行监管；市场主体与其他服务机构承担 "划桨" 的职责，通过引入市场竞争机制，提高公共服务的效率。通过建立以市场运作为依托、以政府宏观管理为保障的公共服务供给模式，促使公共服务市场化、社会化，供给主体多元化，不断提高公共服务的绩效，以更好地满足公众的公共服务需求。美国的公共服务改革主要包括以下内容。

（一）引入市场机制

20 世纪 80 年代以后，面对财政压力和各种社会危机，美国联邦政府发起了大规模的政府再造运动，提倡引入市场竞争、放松政府管制、缩小政府规模。正如 E. S. 萨瓦斯所言："新公共管理运动最显著的特征是将市场机制引入政府领域。"美国政府通过促进公共服务市场化，把政府供给与市场供给两种制度安排的优势有机地结合起来，建立更为合理、高效的公共服务的运行机制。其核心在于用竞争机制打破政府对公共服务的垄断，按市场原则营造多个公共服务提供主体相互竞争的环境，使企业和公众获得更多的自主选择的机会，促使政府和服务提供机构增强服务意识，降低服务成本，提高服务质量。

1981 年，里根当选总统后，大力推动公共服务的市场化改革。在社会保障方面，为应对社会保障运行的危机，减小财政压力，里根政府开始大力削减社会保障支出，依据私有化的思路对社会保障制度进行了改造。老布什政府继承了里根的改革思路，以市场化为改革的基本方向，尽量削减开支，实现由保障向工作的转变。小布什总统上台后，对社会保障制度提出市场化的改革目标，并明确提出了社会保障私有化的方案。如小布什政府于 2001 年通过了《经济增长与减税协调法案》，对企业年金 401K 计划进行改革。该法案鼓励更多的企业和雇员参加 401K 计划，以扩大 401K 计划的覆盖面；提高 401K 存款限额；扩大个人对 401K 账户的支配权，个人在选择自己的账户投资方向上有更大的自主权；加大对 401K 计划的税收优惠力度。布什政府提出的改革方案扩大了 401K 计划的规模，增强了养老保险体系的私营化程度。

在电信、供水、供电、航空等领域，政府也积极推行民营化改革。美国联邦政府鼓励私营部门投资交通运输、基础设施等公共领域，将部分公共服务权责向州或地方政府转移。联邦政府取消了部分由其提供的公共服务项目，如铁路补助，出售了一些国有资产，如 1981 年拍卖了联合铁路货运公司，1986 年又出售了海军石油储备区、电力销售机构以及全国铁路客运系统和其他公共设施等。20 世纪 90 年代后，布什政府与克林顿政府进一步推行市场化的"企业家政府"改革，试图通过"移植市场企业的一些成功的经营管理理念与方法，使政府能像私营企业那样，合理利用资源，获得较高的服务效率"。①

美国政府通过多种方式推行公共服务市场化改革，其中主要有四种方式得到广泛运用。

一是服务外包。将政府承担的公共服务项目对外承包给私人部门、非营利组织或委托给其他政府来提供，并以法律合同的形式明确提供服务的质量和数量标准，监督合同的执行。由于服务外包降低了行政成本，提高

---

① 张菊梅：《美国公共服务改革及其对中国的启示》，《电子科技大学学报》（社科版）2014 年第 2 期。

了服务供给的效率，因而被美国各级政府广泛采用。在联邦政府层面，服务外包主要集中在公共工程和国防工程等领域。在州和地方政府层面，服务外包范围较广，包括垃圾清理、污水处理、医疗服务、消防服务、监狱管理、养老服务等服务领域。

二是特许经营。为保证公众能够得到某种公共产品或服务，政府通过制定服务标准，进行资格审查，将特许经营权授予一家或多家私人部门，用户付费购买其产品或服务。与服务外包中的政府向生产者付费不同，在特许经营中，政府只保留制定政策规划的权力，并负责价格和其他运营方面的监管，而将融资、生产和配置的权力下放给私营供应商。特许经营是与设立行业准入以及价格、投资等方面的规制配套实施的，以避免可能发生的恶性竞争，防止高价低质等危害消费者的现象。实践证明，通过这一方式引入市场竞争机制，能够有效避免垄断，吸引民间资本，补充政府资本的不足。在美国，实行特许经营的领域主要集中在公用事业方面，如收费道路、供水、供电、供气、通信等。

三是用者付费。政府向获得某种公共服务的公众收取一定费用，旨在通过价格机制显示民众对公共服务的真实需求，克服免费提供公共服务导致的资源配置浪费。实行使用者付费的领域主要包括垃圾收集、废水和污水处理、公共娱乐设施、邮政等。

四是发放凭单。政府将凭单发放给那些被认为符合一项特定服务条件的公众，使用者将凭单交给他选择的服务提供商以获得某项公共服务，提供商则将凭单转交给政府以获取资金。例如，低收入者和老年人可凭政府发放的食品券到指定的商场购物；退伍军人凭政府提供的凭单可在全国任选一所自己认可的大学接受教育；医疗照顾接受者可持政府发放的一种身份证件作为凭单，在政府指定的医疗机构免费得到医疗服务；残疾人和老年人凭政府发放的凭单可享受房屋租金优惠；政府还向临时困难家庭发放多种凭单，资助贫困家庭子女就学。发放凭单有利于保护弱势群体，增加他们的选择机会，也有利于公共服务提供商展开有效的市场竞争，被称为"更富有效率、更负有责任、成本更低"的做法。①

---

① 曾映明：《美国公共服务运行机制及启示》，《特区实践与理论》2011 年第 1 期。

通过引入市场机制，采取服务外包、特许经营、用者付费、发放凭单等方式，政府部门与民间机构建立合作关系，由政府制定政策、提供经费并实施监管，由民间机构履行合同约定的事项，这样政府就将公共服务的生产职能逐步转移给市场主体与社会服务机构，从而降低了政府公共开支，提高了公共服务供给的效率。承接政府公共服务生产职能的民间机构既可以是营利性的企业，也可以是非营利组织。

对于政府转移公共服务职能的范围，即哪些公共服务职能可以转移给民间机构，美国联邦采购政策局1992年发布的第92号政策文件明确规定，以"政府固有职能"作为辨别标准，禁止将政府固有职能委托民间办理。美国联邦采购政策局的政策文件对"政府固有职能"的含义做了阐释：若某项职能与公共利益密切相关，以至于应当由政府公务人员执行的，即属于政府固有职能。这些职能包括行使公权力时进行自由裁量的活动，以及代表政府做出决定时进行价值判断的活动。从行为性质来看，"政府固有职能"可分为两类：一是统治行为，包括司法、国防、资源管制等方面；二是货币交易及相应权利，如税收及分配、国库账目及货币供应调控等。"政府固有职能"不包括向政府官员收集或者提供建议、意见或者观点，也不包括本质上属于内部事务的职能，如安保、设施的运作和维护、保洁、邮件递送、车辆管理运营以及其他常规的电气或者机械服务。这种对"政府固有职能"的界定过于原则。为了帮助各政府部门更明确地辨别"政府固有职能"，避免不恰当地将"政府固有职能"外包，联邦采购政策局采取了"负面清单"的方式，详细列举了19项"政府固有职能"，主要包括：（1）刑事侦查；（2）公诉和审判（仲裁和其他替代性纠纷解决方法除外）；（3）军队指挥；（4）外交事务和外交政策的决定；（5）政府部门政策的决定权，如对管制内容和适用范围的决定；（6）联邦施政计划优先顺序和预算请求的决定权；（7）联邦政府雇员的指挥管理；（8）情报和反情报活动的指挥和控制；（9）选任联邦政府雇员的决定；（10）联邦政府雇员的职位描述和考核标准的决定；（11）政府财产处分条件的决定；（12）联邦采购活动的重要决定，包括决定采购哪些财产和服务、参加有关招标投标的投票、批准合同文件、决标、合同管理、决定合同价格是否合理以及终止合同；（13）对信息公开请求申请的批准；（14）对决定重要权利或资格的听证会召开的批准；（15）核发联邦执照及检查的批准；（16）预算政策方针和策略的决定；（17）规费、关税、罚金、赋税和其他公共基金的征收、控制和分配；（18）财政账户的控制；（19）公共信托的管理。以上列出的事项为政府的固有职能，不允许委托给民营机构办理，其他未列入的服务则可以采取服务外包等市场化方式运营。[①]

（二）促进多元主体提供公共服务

通过在公共服务供给中引入竞争机制，实现了供给主体多元化、供给形式多样化，打破了政府垄断公共服务供给的格局。在美国，各种非政府组织、私营企业和公共部门，甚至是志愿者或个人都能参与到公共服务的供给中，供给主体由一元主体向多元主体发展的趋势日益明显。特别是进入 21 世纪以来，随着全球化、信息化、民主化浪潮的高涨，人们对政府公共服务的需求与期望不断提高，而单纯强调市场取向的公共服务供给模式不断暴露出各种弊端，人们更加重视公共服务的公益性和公平性。2001年小布什上任后，在教育、社会保障、医疗等领域大力推行各级政府与企业、非营利性组织、公民个人等多元主体合作协商提供公共服务的供给模式，强调发挥政府、市场、社会等各种供给主体的优势，提高公共服务供给的绩效。

政府除了直接生产一些其他个人或组织无法有效提供的公共服务之外，更多的职能是制定实施完善健全的法律法规，为参与公共服务的公共服务机构、私营企业、非营利组织、公民等提供制度保障，并加强与不同服务机构之间的沟通协调，加强对公共服务生产的监督管理。

美国的非营利组织是公共服务的重要供给主体。非营利组织是美国社会中非政府亦非企业组织的总称，又称非政府组织、第三部门等。这些组织具有非营利性、非政府性、独立性、志愿性、公益性等基本特征。美国是世界上非营利组织最发达的国家，全美约有 160 万个非营利组织，其中 101 万个从事教育、健康、老年护理等服务。美国的私人基金会有 6.5 万个，免税宗教组织有 35 万个。非营利组织雇员达 1500 万人，为全美劳动

---

① 常江：《美国政府购买服务制度及其启示》，《政治与法律》2014 年第 1 期。

力总数的 11%，还有 570 万个志愿者自愿为非营利组织义务工作。政府通过为特定服务拨款或购买非营利组织的公共服务等方式，对非营利组织给予直接援助。据统计，非营利组织收入总额中来自政府部门的资金为其收入总额的 31%。此外，非营利组织还接受大量的企业和个人捐款。

美国非营利组织在提供公共服务方面发挥了不可替代的作用。美国 58% 以上的医院、46% 以上的高校、86% 以上的艺术组织以及近 60% 的社会服务都是由非营利组织负责的。在非营利组织中，直接面向人道主义、家庭服务的组织占 30%，这些组织专门提供青少年教育、家庭咨询、妇女健康、身心保健等社区服务。非营利组织和公立机构、营利性私营企业一起参与公共服务的提供，促进了公共物品提供主体的多元化和社会化，提高了公共服务供给的效率。政府可以根据公共服务的特性，通过竞争机制选择不同的主体提供服务，公众也有更多的选择公共服务的权利。

除了非营利组织以外，营利性的私营部门也是美国公共服务的重要主体，它们除了单独承接政府的公共服务项目外，还和美国公共部门建立公私合作伙伴关系，联合提供公共服务。通过达成合作协议，双方整合组织资源，共同分担在提供服务或设施的过程中存在的风险，并且共同分享收益。公私合作伙伴关系的建立和发展，既有利于减轻政府的财政压力和投资运营风险，又有利于调动私营部门参与公共服务的积极性，发挥其资金与管理优势，从而为公众提供高质量、高效率的公共设施和服务。这种合作模式比较适用于基础设施建设和运营领域，主要有以下几种形式：私营部门建设基础设施，在特定期限内运营设施，然后将设施转交给政府；私营部门建设并运营设施，公共部门对运营提出要求；私营部门建设基础设施，然后将所有权转给政府；私营部门从公共部门中承包或购买设备，运营设施并向使用者收费等。虽然政府不直接参与基础设施的建设和运营，但是，政府通过严格的合作协议，制定合理的绩效标准或指标，对服务价格等方面进行有效监管，以确保私营部门提供高质量的公共服务。

（三）开展公共服务绩效评估

绩效评估是降低服务成本、提高服务质量的保证。美国公共服务的绩效评估包括两方面：一是对政府部门的公共服务绩效的评估；二是对政府部门外包的具体公共服务项目的绩效评估。1993 年，美国政府成立了绩效审查委员会，以降低政府开支、提高行政服务效率为宗旨，公布了名为《从繁文缛节到以结果为本——创造一个动作更好、花费更少的政府》的报告。随后又公布了《政府绩效与结果法》，进一步明确了绩效为政府公共服务的首要目标，并通过量化评估、制度化实施等方式实现目标，促使政府"做得更好，花费更少"。绩效评估以结果为导向，以顾客至上为标准，强化问责机制。开展绩效评估有一些基本要求。首先，绩效评估价值标准多元化。绩效评估包括经济、效率、效益和社会公平等多元化的价值标准。经济指投入与成本之间的比率；效率指产出与投入之间的比率；效益指产出对最终目标所做贡献的大小；社会公平指公共服务的均等化。绩效评估不只是关注服务提供效率的提高，还要实现多种价值的平衡。其次，绩效评估主体多元化。公共服务绩效评估的主体不仅是政府，而且还包括专业的社会评估机构和社会公众。吸纳多元化的主体参与，对公共服务绩效进行多角度、全方位的评估，使评估结果更加真实可靠，从而体现不同相关利益群体的需求与意愿，增强公共服务的回应性。最后，绩效评估的责任化。通过建立严格的绩效评估体系，使政府对公共服务的投入、产出有了可测量的标准与指标，也就进一步明确了政府部门和服务机构的责任。

除了加强对政府部门公共服务绩效的评估外，美国对外包的具体公共服务项目也展开绩效评估。政府角色由公共服务的供给者转变成公共服务的购买者，使得政府部门能够集中精力以最低的成本提供最优质的服务。为实现这一目标，政府部门在进行公共服务外包时关注点发生了相应变化，从以往关注投入的投入型外包转向关注结果和产出的绩效型外包，即对外包的服务项目进行绩效评估。

美国公共服务的绩效型外包只是在承包合同中明确规定承包商所要达到的结果，至于公共服务生产的具体过程和方式则留给承包商自己决定。这样，在寻求满足政府绩效要求的最佳方式方面，民营承包商被赋予了尽可能多的自由和灵活性；但另一方面，政府管理者也被赋予了一种更好地控制私营承包商和更好地履行公共服务供给责任的手段，因为绩效型外包把私营承包商的绩效与他们所能得到的酬金以及能否续包联系了起来。

并不是所有外包的公共服务项目都适合运用绩效评估。对于普通的垃圾处理、自来水供应和社会福利工作，由于州和联邦政府确立的饮用水和污水排放标准提供了一套非常有用的结果测量指标，所以许多城市在对供水和污水处理事业进行外包时都坚持以追求绩效为本，将付酬与水质和排放标准挂起钩来。但是，对于监狱管理、戒毒等公共事业的外包，要进行有效的绩效评估就比较困难，一般在现实中难以实施。

在长期的实践中，美国政府部门在对外包的公共服务项目进行绩效评估时，建立起了一些有效的激励机制，这些激励机制主要包括：第一，论功行赏。承包商的绩效越好，得到的奖励越高；反之，绩效越差，受到的处罚越重。为了提高承包商服务的绩效，一些地方政府探索出一些更加完善的激励措施，如"补偿"制度和"积极绩效"信用制度。"补偿"制度就是允许承包商用下一时期的超额完成绩效来弥补当前的不良绩效；"积极绩效"信用制度则允许承包商把超额完成的绩效储存起来，以抵消未来可能出现的绩效不佳。第二，分享节余。这种激励制度就是让民营承包商保留一部分因提高效率或降低成本而产生的节余。信息技术、广告宣传、工资发放等许多支持性服务的外包通常使用这种激励机制，一些非支持性服务的外包有时也采用这种激励机制。第三，论人计酬。这种激励机制在社会慈善事业中最为常见，就是服务酬金按服务对象的数量而定，每服务一名服务对象，服务机构就获得一份固定的酬金。论人计酬制通过预先支付固定的酬金，将许多风险和负担转嫁给了服务承包商。论人计酬制最典型的例子就是戒毒服务，戒毒机构每治好一个病例，就得到一份固定的酬金。①

美国公共服务供给模式的改革取得了明显成效。首先，从总体上提高了公共服务的供给质量，减轻了政府的财政负担。仅合同外包一项，每年就为美国地方政府节约15%～30%的资金。与此同时，公众对公共服务的满意度也大大提高。② 其次，公共服务市场化改变了政府对公共服务"大包大揽"的局面，既发挥了政府决策的"掌舵"作用，又充分利用了

① 李增田：《美国公共服务民营化的实践与战略演变》，《天津商业大学学报》2008 年第 6 期。

② 孙春霞：《美国城市公共服务供给机制的改革及其对中国的启示》，《江汉论坛》2010 年第 9 期。

市场的优势，汲取了更多的资源及技术力量，优化了资源配置，从而实现了政府与市场的优势互补。最后，公共服务供给模式的改革，使得公众能直接地参与公共服务过程，更便捷地获取服务信息，更有效地监督公共服务的提供过程，增强了公众的社会责任感，提高了公共服务的透明度，从而提高了社会治理的能力和水平。

第三节　德国公共服务改革

在新公共管理运动浪潮中，德国属于温和型国家。不同于激进的英国、美国、新西兰等国，德国的新公共管理运动比英、美等国晚了10年。虽然欧盟持续地解除规制给德国公共部门带来了市场的压力，但是德国的公共服务改革并不是完全按照新公共管理的模式进行的。德国公共服务改革既有对传统公共服务供给模式的延续，也具有许多变革的因素，体现了传统价值理念与新理念的结合。

一　政府的公共服务职责

早在19世纪，德国的工业化浪潮促进大量的产业工人由农村迁移到城市。原有的家庭、社区、教会等提供的保障远远不能适应工业化快速发展的需要，产业工人面临的伤残、医疗、养老等社会风险剧增。与此同时，国内矛盾尖锐，各种社会不稳定因素凸显。如何为大批产业工人提供稳定可靠的社会保障，缓解国内尖锐的社会矛盾，就成为当时德国政府迫切需要解决的重要问题。也正是现实发展的实际需要，促使德国建立了覆盖全国的公共服务体系。这一公共服务体系涵盖了医疗、养老、伤残、幼婴以及青少年教育等方面内容。德国明确划分了各级政府承担的公共服务职能，并且利用切实有效的财政手段，保障公共服务均等化。公共服务供给责任明确和财力均等化，是德国"社会市场经济"长期保持的显著特征。

（一）政府层级

德国是由16个联邦州组成的联邦制国家，实行立法、行政、司法三权分立，联邦与州分权、地方自治的体制。就国家行政管理层级而言，地方政府不是联邦体系中一个独立的层级，而只是州政府的组成部分。

德国州以下的地方政府具有多样化的形态，而且仍处于变革之中。县和小城市（社区）是德国传统的政府层级，20世纪60年代之前其疆界都没有大的变动。20世纪60年代末70年代初以后，伴随着城市化进程的加速，西德地区实行地方政府区划改革。改革的中心内容就是合并县和小城市。90年代初东西德统一以后，原东德地区也进行了合并县和小城市的改革。地方政府区划改革的结果是县和小城市的数目大幅减少。目前，德国地方政府大致有以下四种类型。（1）小城市。作为基层政府（社区政府），直接承担面向社区公民的公共事务职能。（2）县。作为地方政府（区域政府），承担着在县域范围内跨市及超出小城市范围的公共事务职能。尽管县和小城市是地方政府的两个层级，但县和小城市有着各自的权利、责任和职能。（3）"城市县"。这是一种小城市与县两个层级政府"联合"为一体的政府形态，以单个层级的地方政府形式出现，同时承担小城市和县政府的职能。（4）"联合行政体"。地方政府区划改革后，一些相邻的小城市组成的联合行政体，承担小城市发展中地方政府的部分职能。①

（二）政府提供公共服务的基本原则

德国各级政府提供公共服务的原则主要包括：职能法定原则、平等生活条件原则、地方自治原则、能力原则。

1. 职能法定原则

德国各级政府的公共服务职责由法律明确规定。各级政府公共服务的职能分工包括各级政府公共服务的职能划分、如何履行职能、如何实施过程控制和监管、履行职能的保障措施等。《德意志联邦共和国基本法》对德国联邦和州政府公共服务职能作出了原则规定，各州宪法和相关法律对州和地方政府的职能进一步作出了明确的划分。联邦、州、地方政府各自负责全国性或地方性公共产品的提供，同时也进行合作，尤其是涉及混合供给时。德国各级政府公共服务职能实行职能法定原则，有利于提高公共

---

① 国家发改委经济体制综合改革司培训团：《德国公共服务供给与监管的经验与启示》，http://www.chinareform.net/2010/0112/6826.html。

服务供给的透明度，强化各级政府分担公共服务供给的责任。

2. 平等生活条件原则

在联邦境内，长期以来形成了一个普遍共识，即为维持社会公平和稳定，政府必须为全体公民平等地提供大多数最重要的公共服务。因此，德国政府提供公共服务的一项重要原则是：在整个联邦境内，不同地区的每个公民都应享受相同的公共服务，公共服务供给可以而且应该保障每个公民平等的生活条件。在政府提供的公共服务大致均等的情况下，公民不用考虑政府是否提供公共服务或提供什么样的公共服务，也不会因这些因素而改变个人的愿望和想法，可以自由地选择居住地。

3. 地方自治原则

德国经济和社会治理强调的一个核心准则是自治。自治原则是基于辅助性这一法律原则而建立起来的。所谓辅助性原则，是指所有事务都在尽可能低的组织层级中来解决。早在 1808 年，普鲁士政府以及德国南部一些州采用了地方自治的管理模式。1949 年，自治原则写入德国《宪法》第 28 章。自治原则体现在行政体系内，具体表现为基层政府优先原则。基层政府优先原则是指在政府职能的划分中，能由基层政府提供的服务，尽量由基层政府提供。"个人供给责任和与他最近的行政单位的供给责任原则上比上级单位的责任优先"。由于公民需求不仅具有同质性的特征，而且具有异质性和多样化的特征，而基层政府更接近公民，更了解公民的公共服务需求，能够更快地对这种需求以及需求的变化作出快速反应，因此，坚持基层政府优先原则，有利于缩短政府与公民的距离，使公共服务供给更切合公民的实际需求。同时，实行基层政府优先原则，有利于公民的广泛参与，从而加强对政府提供公共服务的有效监督。

4. 能力原则

能力原则是对地方自治原则的重要补充。能力原则表明，当下级政府不能充足地提供相关服务或是上级政府能以更好的方式提供相关服务时，地方政府根据它们的供给能力来划分职能。实际上，下级政府只提供它们能够充足提供的公共服务或是上级不能以更好的方式提供的公共服务。能力原则的基本理论假定是公共服务的生产存在规模效益和外部效应。也就是说，一般来说，当某级政府提供的服务没有规模经济效益或产生严重的外部效应时，该项职能就需要上移，使外部效应内部化，从而保障公共服务的有效供给。[①]

（三）各级政府公共服务职能划分

德国不同层级的政府，对公共服务的提供具有不同的职责。总体而言，联邦政府负责制定政策、法律和规章，但大部分政策法规是由州政府负责执行。县、小城市（社区）等地方政府负责承担大量的联邦政府和州政府委托处理的社会公共事务以及地方社会公共事务，因此，地方政府具有地方自治单位和下级行政机关的双重属性。

从公共服务的领域看，不同层级政府有各自的管辖范围。联邦政府主要管理国防、外交、海关、联邦财政、社会保障、铁路、航空、高速公路、邮政等涉及主权和全国性的事务。州政府主要负责本州的行政事务和财政管理、环境保护、卫生健康事业及保健设施建设、中小学教育、绝大部分的高等教育、国内安全（其中包括警察事务）等。

在德国大多数地方，地方税收由小城市政府征收，然后小城市政府会上交一定比例的收入给县政府或联合行政体。一般而言，小城市政府承担的公共服务职责较县政府多，县政府所承担的职责主要是几个相邻小城市所共同让渡的职责。可以说，德国地方自治的重心在小城市一级而非县一级。《德意志联邦共和国基本法》只规定了地方自治的原则，有关地方政府职能的具体规定由各州宪法和有关法律作出。由于各州立法不同，地方政府实际享有的自治权力和行使的公共服务职能也有所不同。一般来说，主要包括地方行政事务及行政管理，地方公路建设和公共交通事务，水、电、气等公共设施的建设和供应，社会住宅建设和城市发展规划，社会救济等。此外，地方政府还接受联邦和州政府的委托，承担诸如许可和审核、环境保护、驾照发放、市民登记等行政管理职能，以及公共选举、户籍管理和人口普查之类的职责。

和欧洲大陆其他国家一样，在德国，教育和警察事务传统上是由国家（州）来负责的。因此，德国中小学校和大学几乎完全由州政府设立，警察事务也由州政府主管。地方政府关于小学和中学教育的责任仅限于办学

---

① 刘志昌：《德国公共服务体制及其启示》，《湖北社会科学》2012 年第 8 期。

的技术层面，比如校舍的建设和维修、工勤人员的雇用等，而实质性事务，如教师的任命、报酬，课程安排等，则都由州政府来管理。

县和小城市政府在地方事务领域行使职权时，必须遵守欧盟法律、联邦法律和州法律，接受州政府的监督。否则，州政府就会到法院控告地方政府。对于州政府委托或转移的事务，地方政府不得拒绝，但地方政府如认为州政府侵犯了其权力，也可以依法到宪法法院控告。[①]

（四）公共服务均等化的制度保障

按照平等生活原则，德国政府要为整个联邦境内的全体公民提供平等的公共服务。为了实现公共服务均等化，根据事权与财权配备的原则，在明确联邦、州与地方政府公共服务职责的基础上，配备各级政府相应的财权，并实行纵向平衡和横向平衡的财政转移支付政策。

不同层级政府之间的税收协调是实现财政纵向平衡的主要形式。在德国，共享税在全部税收中所占比例最大。按照法律规定：联邦和州分别获得 50% 的公司所得税和资本收益税。对于工资税和个人所得税，联邦和州各获得 42.5%，地方政府获得 15%。当联邦和州之间的财政收支出现不平衡或者出现其他问题时，经联邦参议院批准，可以进行适当调整。在税收结构中，流转税仅次于所得税，具体分成比例由联邦和州定期（实际操作中每两年一次）协商确定。其中，增值税的分配采用按人口进行分配的方法，这在一定程度上起到了均衡税收的作用。在出现纵向财政不平衡时，联邦政府可以在不调整税收分成比例的情况下，通过预先补助、返还性转移支付、对贫困州投资等方式促进各地财政状况的相对均等化。

与不突出的纵向不平衡相比，16 个州政府之间财政横向不平衡问题比较严重。在两德统一前，联邦德国就是欧洲地区差距较为突出的国家之一，1970 年西部仅占其总面积 7% 的 24 个主要城市聚集区集中了全国 46% 的人口和 50% 的就业人数。两德统一后，东西德的经济差距更为突出。为缩小不同地区的差距，实现公共服务均等化，德国从 20 世纪 50 年代开始建立转移支付制度，并不断修订完善，逐渐形成了较为完善的转移

---

① 国家发改委经济体制综合改革司培训团：《德国公共服务供给与监管的经验与启示》，http://www.chinareform.net/2010/0112/6826.html。

支付模式。在各州经济发展水平有较大差异的条件下，实现了整个联邦范围内公共服务均等化的目标。

与纵向财政转移支付相比，横向财政转移支付是在各州之间进行转移支付，即财力较强的州将部分财政收入"捐给"财力弱的州，横向转移支付的财力均等化效果更为明显。横向转移支付通过三个步骤加以实施：先测定各州居民人数。然后由联邦和州财政部门分别测算出"全国居民平均税收额"和"本州居民平均税收额"，后者占前者比例为95%～102%的州则不需要进行转移支付；而贫困州（该比例＜95%）则能够得到来自富裕州（该比例＞102%）的转移支付。最后实行横向平衡的资金划拨。划拨的具体数额和原则是，穷州至多补贴到占全国人均税收额的95%，而富州在横向财政转移后的财力不高于全国人均税收额的104.4%，两者相差不超过10个百分点。从中可以看出，以人均税收额为基础的横向转移支付的均等化作用更加明显。

两德统一后，政府把东德的所有地区纳入了公共服务均等化的范畴。1990年对东德的扶持除了横向财政转移支付外，还采取了一系列的优惠政策，包括优惠的资本折旧率、优惠贷款、贷款担保和税收优惠等，其主要目的是对东部地区的发展提供资金支持。通过转移支付和一系列的资金支持，两德在统一后短短5年内，东西部地区经济发展差距缩小了1/3左右。为了进一步拉平东西德地区的生活水平，德国专门制定了《团结附加税法》，从1995年1月1日起实施。该法律规定，在整个德国地区，以个人所得税和企业所得税为税基，征收5.5%的团结附加税。此项收入全部上缴联邦政府，用于促进东部地区重建和发展。据统计，1995～2004年，联邦政府给予东部地区特殊附加补助，总额达140亿德国马克；在此期间，联邦政府每年向东部地区投资66亿德国马克，用于改善东部的基础设施及经济结构。[①]

德国政府间的财政转移支付坚持横向平衡与纵向平衡相结合的原则，通过一般均衡拨款与补充拨款、专项拨款、共同任务拨款等多种形式构成

---

① 中国（海南）改革发展研究院考察组赴德国、荷兰考察报告：《公共服务均等化与政府责任》，http：//www.cird.org.cn/WeAreCird/Research/Briefing/200610/t20061010_23533.htm。

了一个完善的转移支付体系，有效地处理了两德统一带来的东西部地区间经济差异以及相关的政治问题。目前，尽管东部地区的经济发展水平与西部各州仍有相当大的差距，但基本上实现了公共服务的均等化。

二　德国公共部门的改革

（一）改革背景

德国关于公共部门现代化的讨论中，到了20世纪90年代初才出现新公共管理的概念。德国行政管理体制和公共服务提供模式的变革，不仅比英、美等国家晚，而且也要和缓得多。主要原因包括以下方面：第一，新公共管理的一些核心理念，如破除地方政府对本地社会服务的垄断，与德国地方政府没有太大关系，因为它们在很早以前就已经把社会服务以"合同"方式转移给非公共、非营利的福利组织。第二，肇端于私营商业部门及其经济理性的"管理主义"现代化概念，在文化上对于有着国家和公共部门传统的德国而言，比英、美等国家更难以接受。第三，德国具有"法治国"的传统，其官僚机构的历史要早于民主制度，它的规范性理念——法治基础上的宪政国家——也要早于共和制度。精心设计的行政法成为条文详尽的独立的法律体系，适用于国家行政管理的所有部门。公共服务和公共行政本身必须遵守合法性、合理性、经济性和面向公共福利等行动原则。依法提供公共服务是所有政府行为的准则。公共服务改革及其相关活动都必须在法律框架内，按照法律规定进行。任何有关德国政府和公共部门改革的讨论，都必须考虑德国特殊的"行政国家"传统。既有的法律和制度体系制约着改革的推进。

在德国，政府的结构性改革和公共服务提供方式的改革要比英国更为困难，因而进展也更小。但是，随着社会经济形势的发展，各种要求变革的压力越来越大。公众逐渐达成改革的共识：在全部公共部门的"需求"方面，公共开支和人员数量必须减少，对公共开支（特别是社会服务方面）应加以更严格的控制，公共部门的运作方式必须变得更有效率，其结构应当更加合理。20世纪90年代，德国政府和公共部门开始探寻变革的路径。

具体来说，德国公共服务供给模式改革的动因主要包括以下方面。第一，国家财政压力。公共服务供给责任明确和财力均等化，是德国"社会市场经济"的显著特色，在二战后极大促进了德国经济快速发展，并维护了社会的稳定。但从 20 世纪 70 年代开始，欧洲国家普遍面临严重的经济危机，德国在很长一段时间里出现"滞胀"问题，陷入"福利国家"的危机。东西德统一后，原东德地区基础设施与社会建设等需要大量财政资金投入，进一步加剧了原西德各州和联邦政府的财政负担。德国各级政府普遍存在大量财政赤字。为了缓解财政入不敷出、公共服务负担沉重的状况，德国政府不得不进行变革。第二，公众的压力。要实现政府公共服务均等化的承诺，需要投入大量的公共资源。由于政府财政不堪重负，公共服务资源紧缺，因此出现公共服务质量下降和数量不足的问题。为了更好地满足公众的公共服务需求，就要改革地方政府的管理体制与公共服务提供方式，从而提高公共服务供给的效率和效益。第三，新公共管理国际浪潮的影响。新公共管理运动在英、美等国家推行多年，且取得了明显成效，得到西方社会普遍认同。德国政府不得不顺应这种国际潮流，改革政府行政管理体制和公共服务供给模式已是大势所趋。

（二）改革内容

尽管德国具有国家主义的深厚传统，但是在很长一段时间内，市场也在公共服务的提供中扮演重要的角色。一方面，德国的公共行政有一套完善的公共采购体制。公共投标宣布需要什么样的物品和服务，并通过特定的采购机构来购买物品。在很多部门中，国家是经济市场上物品和服务的重要需求方。然而，采购也严格限制在那些被认为"可市场化的"物品和服务，例如道路的养护、建筑服务、办公用品的供应等。另一方面，在德国，儿童看护、老人看护、保健以及针对个人的社会服务等公共服务已经被从中央政府或者地方政府转移到第三部门或者非营利部门。因此，社会服务部门已经不存在国家垄断的问题。可以说，德国政府在某种程度上一直依赖于市场的作用。其主要特征就是混合经济，即公共服务的提供者是多元化的，既包括政府与公共部门，也包括私人营利的以及非营利的组织。然而，长期以来，不同的公共服务供给主体之间的竞争过去并不激烈，它们往往遵循着固定模式来分享市场份额。

20 世纪 90 年代以后，随着世界范围的新公共管理运动的扩展，德国公共服务供给模式也开始变革。尽管德国与新公共管理运动有关的改革范围十分狭窄,主要侧重于公共部门或者组织的内部管理结构与系统的现代化,但是近年来,德国公共服务供给中的市场因素仍然显著增强。

1. 公共服务机构治理模式的改革

德国公共服务供给模式的市场化改革,首先是针对公共服务机构治理模式的改革。通过推行公共服务机构的自主化与公司化,也就是"去行政化",在提供服务过程中引入市场因素,以此来提高管理效率,降低服务成本。目前,德国州和地方政府的公共服务机构有以下四种模式:一是政府主导、非市场化运作的机构。类似于我国的事业单位,没有脱离行政部门,不是独立法人。二是政府主导、市场化运作的机构。类似于我国的企业化运作的事业单位,不是独立法人。三是地方自由企业。属于政府全资的企业,不是独立法人。四是公司。股份制或其他形式的公司制企业,是独立法人,政府可能仍拥有一定比例的股份。近年来,公共服务机构自主化与公司化的趋势越来越明显,即在上述四种模式中,第一种的比重在减少,而其他类型的比重在增加。有研究表明,1998年,全德国仅有1%的政府公共服务机构采取第二种模式,而现在这一比例已经超过10%。[①]

公共服务机构自主化和公司化的趋势在地方体现得尤其明显。在过去的20多年里,越来越多的政府单位,如幼儿园、学校、医院、文化组织、基础设施或者能源供应商、维护或者清洁机构等,其内部组成部门都变得更加自主、自治。公共服务机构治理模式的转变伴随着其法律地位的变化,通常是从公法人转变为私法人,其目的在于获得独立的法律地位,能够进入金融市场。公司化有助于形成服务机构之间的竞争,这可以被看做通向开放市场的第一步。有许多案例说明,在实现公司化之后,政府往往会迈出第二步,引入"真正的"市场竞争,如通过市场检验的方式或者在公司伙伴关系中吸收私人资本或者吸取管理技术。[②]

---

①　国家发改委经济体制综合改革司培训团:《德国公共服务供给与监管的经验与启示》,http://www.chinareform.net/2010/0112/6826.html。

②　〔德〕克里斯托弗·理查德:《德国公共服务的市场化(上)》,孙晓莉译,《北京行政学院学报》2003年第2期。

2. 强化市场竞争

在公共服务机构走向公司化之后，政府往往还会迈出第二步，即引入"真正的"市场竞争，如允许私人企业参与投标或采取 PPP 模式提供服务。由于来自私人部门的竞争日益加剧，再加上欧盟委员会持续地开展解除规制的活动，所以目前德国的公共服务机构都面临着很大的竞争压力。也正因为在公共服务提供中强化了市场竞争，所以德国民众能享受市场化的积极成果。如由于通信部门受到了解除规制的影响，政府所有的通信公司已经实现了部分私有化，通话价格持续大幅下调，几乎每一个人花在通信方面的费用都减少了。在电力、供水、燃气供应和公共交通方面，也取得类似的成效。

德国在公共服务行业尤其是基础设施建设方面采取 PPP 模式有很成熟的经验。PPP 模式是指为了完成某些公共设施及相关服务项目的建设，公共机构与民营机构签署合同，明确双方的权利和义务，达成伙伴关系，以确保这些项目的顺利完成。通过在项目的建设期和运营期广泛采取民营化方式，向公用事业领域引入民间资本。政府采取招标方式选择投资商、建设商和运营商，以降低项目建设和运营等环节的成本。德国采取 PPP 模式的项目，资金主要来源是政府推动资金、国家预算资金、地方政府贷款、地方政府担保贷款、股权抵押贷款、企业贷款和投资者自有资金等。PPP 模式可采取 BOT、租赁、特许经营、基金、经营、合作等多种操作方式。

在社会或者教育服务领域中，市场化因素也在增强。在过去的长时期内，地方政府和福利事业协会之间具有一种高度合作的、网络化的关系，政府以及福利事业协会在这些服务领域处于一种传统上的准垄断地位，每一个服务机构都有明确的、固定的活动区域。但现在，这种准垄断地位已经被弱化了。政府与福利事业协会之间的合作关系正被公共提供者和私人提供者，包括地方政府之间更加激烈的竞争关系所取代。商业供应商以及新的小型自助团体一起，与已有的大型福利事业协会以及地方政府进行竞争，在绩效合同的基础上提供一定的服务。如在卫生保健领域，政府引入了竞争性的因素，通过执行《医疗保险法》来降低小型私人供应商的准入障碍，向所有服务供应商打开市场的大门。一切都只取决于既定的质量标准。除此之外，通过给予消费者自由选择健康保险基金（公共的和私人的）的权利，增加了消费者选择的机会。

对于未进行公司化改革的公共服务领域，政府也逐步引入内部市场，即将承包人与供应者分开，针对建筑物的清洁或维护、信息技术服务、法律咨询、人事行政等服务，让部门内部的服务机构与部门的处室之间达成服务水平协议。双方应该就如何提供和购买内部服务以及支付价格进行商讨。但是，具体的部门往往不能在不同的供应商（内部的或者外部的）之间进行选择。在大多数情况下，内部购买合同中的责任削弱问题仍然不能得到很好的解决。

3. 加强和改进对公共服务的绩效评估和监管

随着许多地方政府引入决策与执行相分离的"新掌舵模式"，绩效评估活动发展起来。近年来，德国加强和改进公共服务监管的一个主要趋向是引入被称为"标杆管理"的绩效评估方式。为提高公共服务质量，德国各城市专门成立了一个联合会，由其负责运营"公共交互指标网络"。每一个网络都关注于一定的政策领域，例如儿童抚养、博物馆、街道清洁等。绩效评估活动是自愿的，除了联合会负责运营的"公共交互指标网络"外，比较著名的还有 Bertelsmann 绩效比较。许多城市或其所属部门在众多的指标网络中互相合作。它们经常交换绩效数据，比较自己与其他城市公共服务的绩效，并力图从其他市政当局或者部门那里吸收好的经验。

为不断改善公共服务的供给，德国建立了完善的公共服务监督机制，包括内部控制机制、议会监督机制以及选举机制。政府还采取措施，强化市民对政府公共服务的监督。近年来，在德国许多城市，市民在接受政府的公共服务后，通常会要求就以下内容为政府的服务打分：工作质量如何、是否负责、决定时间的长短、决定是否简洁易懂、政府服务机构是否就近方便、政府服务机构是否醒目易找到、现场等待时间长短、开门时间、办公地址信息是否齐全、服务咨询的质量如何、工作人员礼貌和友善的程度如何。[①]

---

① 国家发改委经济体制综合改革司培训团：《德国公共服务供给与监管的经验与启示》，http://www.chinareform.net/2010/0112/6826.html。

三 非营利组织参与提供公共服务

在德国，公共服务的提供被认为是一个"社会国家"所应担负的宪法责任。也就是说，国家对公共服务的提供具有法律上的责任。正是基于这一精神，《德意志联邦共和国基本法》规定了各级政府的公共服务职能。但是，福利国家公共部门提供服务的"机制"，并不一定意味着服务需要或者就应该由公共法律实体提供。"政府负责"要求政府对公共服务的供给承担起最终责任，但这并不意味着政府直接提供或生产公共产品，政府可以是公共服务的安排者或管理者。"德国公共行政作为一个在福利国家内的提供服务的管理者，一般被设想成一个提供服务的保证者：公共行政保证提供广泛的服务，既满足质的需要又满足量的需要。"事实上，公共服务的一个极为重要的组成部分是由所谓的"第三部门"（志愿部门和 NGO）内的组织和机构提供的。[①]

（一）非营利组织发展状况

在德国，非营利组织是指在国家和市场之外，以满足其成员或第三方的需求、维护其利益为目的的志愿公益组织及公助私营商业机构。因此，非营利组织又被称为公益组织。非营利组织不追求营利目的，而是服务于公益性质的社会、文化及科学目标。在法律形式上，德国的非营利组织分为以下几类：注册协会、私人基金会、公益性质的有限责任公司、公益合作社及其他类型。二战以后，德国非营利组织总体上不断发展壮大。德国的统一又给非营利部门注入了新的活力。2011 年，德国有注册协会580298 家，私人基金会 18000 多家，另外，还有 9000 多家注册合作社。据此可以推算，目前德国非营利组织的数量应该在 60 万 ~ 70 万家。其中，注册协会占非营利组织的比例一般均在 80% 以上。此外，还有数十万家未注册的非营利组织。目前，平均每千名德国人中间有 7 个非营利组织，大体上与美国相当。

德国非营利部门的一个特色是有着非常清晰的、自上而下的体系

---

① 〔德〕迪特·格伦诺：《德国公共服务的特点及未来发展》，继红译，《马克思主义与现实》2005 年第 2 期。

构架。几乎所有非营利组织都是德国联邦志愿福利组织联合会"下属"的六大全国性志愿福利服务联合会的会员。这六大全国性志愿福利服务联合会包括：德国明爱联合总会、德国福音教社会服务联合总会、工人福利总联盟、德国红十字总会、德国平等福利联合会和德国犹太人中央福利办事处。这六大组织在世界范围内也属于较大的非营利组织之列。以德国平等福利联合会为例，它有 15 个州平等福利联合会，每个州联合会下设若干县级服务站，全国共有 280 个县服务站，每个县服务站又有若干成员组织，合在一起，德国平等福利联合会在全国共有 10000 个活跃在卫生健康与社会服务领域的成员组织、机构及工作小组。非营利组织这种自上而下的层级体系并不意味着严格的垂直管理关系，而是一种"看护"和支持体系。绝大部分的非营利组织都活跃在地方层面上。

与其他发达国家一样，志愿者是德国非营利组织的重要人力资源。1995 年近 1700 万志愿者服务于德国非营利组织，是全部非营利部门 140 万雇员的十几倍。德国第三次志愿服务调查显示，2009 年 14 岁以上的德国人中有 36% 的人参加了志愿服务，志愿者总数达到 2300 万人。

在遵循自治原则的同时，德国也注重对非营利组织的监管，为非营利组织参与提供公共服务设定了准入条件和标准。德国的《社会法典》对非营利组织参与提供公共服务做了四点规定：具备提供相关社会服务的必要能力和设施；确保资金的使用效率；拥有当地地方政府所不具备的资金或者技术资产；确保所提供的公共服务符合德国宪法准则。这些法律条款在很长一段时间内为地方政府委托非营利组织提供公共服务提供了指导。当前广泛采用的监管措施主要包括地方政府对非营利机构的服务资质认定，合同中明确有条款对服务质量作出规定，服务机构的自我监督等。一般资质认定因服务类型不同而有差异。总体上来讲，资质认定工作取决于以下几个方面：管理团队和员工自治，如有相关工作经验员工的比重；服务设施的情况与标准，如卫生状况、安全状况；资金管理和质量管理情况；服务对象的建议和反馈系统等。对于无法满足其中的一些标准或者在获得资质后没法继续满足要求的非营利组织，将无法取得从业资格或其已经取得的从业资格将会被收回。

（二）非营利组织参与提供公共服务的基本情况与最新变革

在德国合作主义的福利体制中，数量众多、类型各异的非营利组织发挥着十分重要的作用。德国非营利组织主要活跃在社会服务、卫生健康服务、教育与科研、住房与就业、文化与娱乐、公民与消费者维权、环境保护等领域，尤其在社会服务的供给中发挥了重要作用。德国社会服务系统高度分散，社会服务领域的组织、资助、监管主要由各地方政府负责，联邦政府主要负责确立社会服务系统的目标、条件和标准。直接承担社会服务功能的大多数是非营利组织。德国地方政府虽然也会参与提供一些公共服务，但主要是以监管者的角色来保障居民获得平等的居住标准。

德国的社会服务和卫生健康机构，主要是一些慈善性组织。这些组织在1993年就达到了81000个，它们的数量占到了青年之家的4/5，日托幼儿园的2/3，所有老年之家和失去能力人之家的半数以上，德国全部医院的1/3。另外，根据约翰·霍普金斯项目的结论，1995年，社会服务和卫生健康领域的非营利组织所雇用的员工人数超过了非营利部门雇员总数的2/3，其支出占整个非营利部门支出的比例更超过了70%。根据德国劳动力市场与职业教育研究所的调查，1996年，26%的非营利组织活跃在卫生与社会服务领域，到2007年这一比例上升到42%。除医疗服务外，非营利组织所提供的服务占社会服务总量的60%以上。企业提供的服务居于第二位。在大部分社会服务的提供中，非营利组织起到了主导作用。

德国之所以形成这种公共服务格局，与其历史发展密切相关。如前所述，德国经济和社会治理强调的一个核心准则是自治。自治准则除了在德国行政体系内三个层级（即联邦、州以及地方）中广泛推行之外，也在政府与社会组织合作中得以应用。奉行自治准则主要是鼓励市民参与到地方政府决策中，并承担更多的社会责任。自治准则于1949年写入德国《宪法》第28章。按照自治准则，德国在提供公共服务时强调广泛的社会参与。参与提供公务服务的组织管理其所提供的公共服务的具体事务，而政府则主要负责制定法律框架和对服务质量进行监管。德国的《社会法典》里也明确鼓励非营利机构参与提供公共服务。

除了遵循自治准则之外，德国社会政策领域长期以来还确立了辅助原则。德国立法规定，非营利组织享有社会服务优先提供权。根据辅助原则，国家只行使私人部门（包括非政府组织）无能力承担的职能。地方政府只有在社会组织缺失的情况下才有权设立社会服务机构。这一原则界定了国家与社会在提供社会服务和福利保健中的关系格局，确保了非营利组织在提供福利产品和社会服务方面相对于国家干预的优先地位。国家认可非营利组织的自治，对于提供公共服务的社会组织，德国地方州政府无权控制。德国《社会安全法》规定，当地政府必须尊重社会组织的结构安排、目标设置和任务执行等方面的自主权。但地方政府有权监察这些组织的行为是否适当，同时担保提供财政支持。德国非营利组织的运行费用有近 2/3 来自政府，远高于世界平均水平；非营利组织的服务收入占总费用的比例不到 1/3，远低于世界平均水平；所得捐赠则更少，仅占 3.4%，也低于世界平均值。

二战以后的德国在社会福利制度建设过程中较充分地体现了辅助原则。在事关国家发展的关键领域，如教育与科研，政府成为最主要的投资者，非营利组织更多地被视为替代者，因此较少有发展的机会。在健康与社会服务等民生重要领域，政府则会强化辅助原则下的合作关系，非营利组织因此有更好的生存和发展环境，私营经济被更多地视为替代者而受到排斥。在其他对于政府而言不太重要的领域，如文化与娱乐、基金会等，政府倾向于视这些领域的非营利组织为补充提供者，但不会运用辅助原则来分配任务和给予资金支持，非营利组织在这些领域的发展在很大程度上取决于社会支持与私营部门的支持，对会费收入和服务收入的依赖程度很高。从结果看，德国非营利组织从事社会服务和卫生健康服务的比例要远高于其他任何国家，而且在经费上严重依赖政府公共财政支持，而在文化与娱乐、行业与职业利益代表、国际活动、教育与科研等领域，非营利组织的活跃程度远不如其他国家。[①]

根据辅助原则，与公共的或商业的提供者相比，非营利组织享有提供服务的特权。然而，在辅助原则的鼓励下，给予非营利组织的优先权已经演变为一种在国家和非营利组织之间的强大的财政和组织方面的合作。这

---

① 张网成、黄浩明：《德国非营利组织：现状、特点与发展趋势》，《德国研究》2012 年第 2 期。

被描述为从辅助向组合主义的转移。以下因素标志着这种转变：第一，联邦和州层面上的最高组织参与政策的制定和执行。在地方层面，它们的代表甚至成为负责社会规划的政治实体的成员。第二，服务的供应由国家和非营利组织之间协商确定的补助金来提供经费。非营利组织的内部工资结构与行政部门几乎一样，整个组织结构大都照搬国家行政部门的模式。第三，非营利组织逐步由公共资金来共同资助。在非营利组织发展过程中，公共资金和它们自己从缴费和捐献中得到的资金之间的关系发生了戏剧性的变化，公共资金占主要部分。这种发展在一定程度上忽视了社会领域内未被组织起来的那些人的利益和机会，德国组合主义也一直为此而受到批评。实际上，国家向处于领导地位的最高组织保证，它们可以保留垄断代表的形式，并保证给予它们大量津贴。这种模式直到 20 世纪 90 年代初还决定着社会服务部门的发展方向。

20 世纪 90 年代以后，德国非营利组织面临着新的挑战。社会服务供应者已经变得更加多元了，这可能最终会导致组合主义安排的终结。最近的一次改革是 1995 年长期护理保险体系的引进，这一改革已酝酿了 20 年之久。这个新保险体系（《社会法律全书》）的一个主要变化是为社会服务的供应制定了新的指导方针。立法者废除了原先有利于志愿协会的优先权。一个竞争投标的体系已经远远超出医疗部门而建立起来了。商业提供者现在明确地与在大型志愿机构体系内工作的提供者平起平坐了。这个改革方向源于这样一个决定，即"将私有的营利性服务生产者包括在内"，这条原则也适用于其他的社会服务和社会基础设施。结果是，将来服务生产者的范围将包括大量的私有的营利性机构。为了保护相互竞争的供应者之间的公平，政府将不再继续为特殊的供应者团体提供津贴。法律的重新修订引起了辅助原则应用的衰落。私人/商业提供者和非营利福利协会之间的竞争至少在法律上得到了支持。然而，这种变革是缓慢的。在地方层面上，仍然保持原来的状态，新的项目甚至被迫加入传统的福利协会中去，这正是德国政治治理的典型。

（三）政府向非营利组织购买公共服务

1. 政府购买公共服务的法律依据

德国是欧盟的成员国，因此欧盟关于政府采购公共服务的法律对其有约束力。欧盟在政府购买公共服务方面，逐渐形成了一套较为完善的规则，通过"指令"的形式，对成员国的政府购买行为进行规范。欧盟的指令对于成员国具有约束力，但是成员国会选择实施指令的方式和手段。欧盟的指令确定了三项政府购买公共服务的原则——透明度原则、非歧视原则和竞争性原则，以在欧盟范围内提高政府购买程序和活动的透明度，促进成员国之间货物和服务的自由流动以及改善竞争条件。除了欧盟的指令外，德国也出台了关于政府采购的法律法规，例如《反对限制竞争法》《公共采购条例》《公共合同定价条例》《产品和服务合同条款标准准则》《自由服务合同标准准则》等。德国是个联邦制国家，地方在立法、财政方面具有较大的自治权。德国政府在采购方面的国内法律除联邦法律外，还包括州和地方等不同层次的法律法规。

2. 政府购买公共服务的基本原则

根据欧盟的指令和德国国内法律的规定，德国政府购买公共服务要遵循以下原则。第一，私法原则。国家需要采购时，不能以国家身份出现，而要以私法主体身份与提供服务的机构签订购买合同。这就意味着政府购买公共服务合同是一种民事合同。第二，预算法原则。购买项目和金额应严格按照批准的预算法进行。政府购买公共服务的前提是明确政府在提供公共服务方面的基本职能，因此要根据政府预算进行相关制度安排。第三，平等待遇原则。所有服务提供机构应享有在信息获得、产品技术标准以及招投标程序等各方面的完全平等和一致的待遇。为确保潜在服务提供机构对采购信息的平等获得，原则上要求将采购信息按照国家政府采购委员会拟制的标准格式刊登在指定刊物上。第四，公开透明原则。采购过程应当公开，并受到严格的监督，招标文件应清晰、完整地说明对于服务提供机构和产品的各项要求。第五，充分竞争原则。原则上要求国家在购买公共服务时，要创造竞争环境和条件。德国法律中有关于招标程序选用方面的严格规定。第六，非歧视原则，禁止所有基于地域因素与本地的大服务提供机构之间签订合同或排斥外来服务提供机构的行为。

3. 政府购买公共服务的范围

欧盟的指令对于公共服务采购进行了分类规定。欧盟于1992年颁布的《公共服务采购指令》将政府可购买的公共服务分为"优先"和"非优先"两类。优先服务包括保养和维修服务、陆路运输服务、计算机与相关服务、研究与开发服务等领域。非优先服务涉及宾馆与餐饮服务，铁路运输服务，水路运输服务，支持和辅助运输服务，法律服务，人员安置与供应服务，调查与安全服务，教育及职业教育，健康与社会服务，休闲、文化与体育以及其他服务等十大类。根据指令规定，优先服务必须严格按指令执行，而非优先服务要遵守非歧视和公开透明原则。社会公共服务一般都属于非优先服务，所以欧盟各成员国在遵循非歧视原则和公开透明原则的前提下，可以自行制定相关规定。

对于政府购买的公共服务，欧盟指令中有关于门槛值的规定，且有完善的价格评估体系。欧盟政府购买公共服务的门槛值为 20 万欧元，即政府购买公共服务的合同金额在 20 万欧元以上的项目，必须在欧盟范围内招标。合同金额在 20 万欧元以下的，各成员国可以在本国内进行采购。关于门槛值的规定也体现了欧盟的相关规定从注重经济性向尽量鼓励竞争转变过程中的一种价值平衡。

对于政府可向什么性质的服务提供机构采购公共服务，德国要求是具有法人资格的组织来参与申请，但是并不限于非营利法人，这就意味着德国的营利组织也可以成为政府采购公共服务的服务提供机构。引入营利组织与非营利组织一起参加竞争，是为了降低成本和提高服务供给效率。但是也带来不少潜在的问题：第一，所有竞争者都会降低报价，这往往导致服务机构所提供的服务水准下降，在一般监督和评估无法覆盖的地方偷工减料。第二，服务机构在提供服务方面的能力差距也因此增大。第三，这种方式将会影响到非营利组织发挥专家、创新者和需求分析者的作用。由于营利组织与非营利组织同时提供服务，这两个部门之间的差异将会被忽视。

4. 政府购买公共服务的方式

在政府购买公共服务模式下，政府不再承担生产公共服务的职能，而是通过合同关系，政府支付资金，交由非营利组织或者营利组织等其他主体来提供公共服务。政府购买公共服务的核心是建立契约式服务提供模式，而不是建立雇佣关系，它要求作为购买方的政府和作为被购买方的服务提供者之间保持独立性，服务提供者独立决策、独立运作、承担责任，政府依据合同进行管理，对服务绩效进行独立的评估。

　　政府购买公共服务的方式并不简单划一。从德国的已有实践看，主要有协商方式和招标方式。协商方式以德国上巴伐利亚行政区为例说明。上巴伐利亚区在政府采购公共服务方面并没有刻板地采用招投标的方式。区政府与私营部门根据《社会法典》第12章的规定通过协商签订合同，确定服务内容和价格。该模式有三项原则需要遵循：第一，从下而上，即让提供服务的单位尽可能贴近服务对象。第二，政府与提供服务机构的联合会协商，并不跟单独的服务机构发生关系。第三，并非就个案进行协商，而是为了探讨制度和机制。因此，区政府与联合会之间进行协商，让服务提供机构与服务对象签订合同。合同内容主要包括罗列所有可能提供的服务项目、服务费用以及审查办法。

　　招标方式与协商方式不同，招标方式的意义在于：以尽量经济性的方式购买物品或者服务，避免购买过程中的贪腐行为，并最终保证以透明的方式完成采购。由于欧盟、德国联邦以及各州都有各自的招投标法，因此根据门槛值来确定究竟应该适用哪一级别的法律。德国联邦法律规定，招标方式有三种具体程序：一为开放程序。经开放程序所签订的采购合同不能进行协议变更。二为非开放程序，也称为邀请投标。事先选择一些机构参加投标。三为谈判程序。使用谈判程序依然需要发出招标公告，在投标者中选择一部分进行谈判。各州也制定法律，适用于本州范围内的招标。如巴伐利亚州法律也提供了三种可供选择的程序：开放程序、限制性招标和自由招标。在开放程序下，发标方发出公告，有兴趣者可以投标。限制性招标是在有限制的圈子内，根据投标书以及专业能力和质量来选择一部分机构来进行招投标。自由招标没有规定的程序，可以不发出公告。①

----

　　①　民政部民间组织管理局德国、瑞典考察团：《德国、瑞典政府向社会组织购买服务情况考察报告》，《中国社会组织》2013年第11期。

第五章　事业单位改革与发展

　　事业单位是具有中国特色的法人组织，是政府履行公共服务职能的重要机构。长期以来，我国的社会性公共服务基本是由事业单位来生产与提供的。改革开放以来，与经济体制改革相适应，我国也一直在推进教育、科技、文化、卫生等社会事业领域的改革，积累了许多有益经验，取得了重要进展，并打破了过去完全由国家包办公共服务的格局，私营部门和社会组织也参与公共服务的供给中。当前，我国正处于全面建设小康社会的关键时期，社会公众对公共服务的需求快速增长，而公共服务发展相对滞后，一些体制机制因素仍然制约着事业单位的改革和发展。

　　要改革我国公共服务供给模式，提升公共服务供给水平，必须加快推动事业单位改革，规范理顺政府与事业单位之间的关系，实行政事分开、管办分离，改革创新事业单位管理体制和运行机制，一方面提升事业单位供给公共服务的能力，另一方面促进公共服务多元供给主体发展，形成政府部门、事业单位、社会组织、企业、公民个人等多主体参与、多种机制并行的公共服务供给体系。

第一节　事业单位改革与发展概况

一　事业单位发展概况及存在的主要问题

　　事业单位是提供公共产品和公共服务的主要载体，对于推动经济发展、社会进步和改善民生，都具有十分重要的意义。改革开放 30 多年来，我国经济体制、政治体制发生了很大变革，事业单位的内涵和外延也因我国行政管理体制改革和事业单位改革不断发生着变迁。

仅从法律规范的角度看，"事业单位"概念在不同历史时期就存在不同的表述，20 世纪 60 年代，事业单位的概念主要是从经费来源、所有制性质以及劳动成果的表现形式等方面来界定，其目的是适应计划经济条件下对事业单位进行编制管理的需要。进入 20 世纪 80 年代后，随着经济体制改革的开展，事业单位也面临着体制、经费等方面的改革，因此，这一时期事业单位的含义有了明显变化，更加强调其活动的性质和活动目的。到了 20 世纪 90 年代，国民经济迅猛发展，事业单位数量大增，在经费、编制、劳动计划等方面获得了更大自主权。这一时期的概念界定也更加注重明确事业单位的独立性、法律地位，并加强规范化管理。①

现行对事业单位的法定诠释来源于 1998 年《事业单位登记管理暂行条例》对于事业单位的界定，"事业单位是国家为了社会公益目的，由国家机关举办或者其他组织利用国有资产举办的，从事教育、科技、文化、卫生等活动的社会服务组织"。这一界定凸显了事业单位的公益性、国有性和组织性。2004 年修改后的《事业单位登记管理暂行条例》仍然沿用了对事业单位的这一界定。从理论上说，事业单位有两个关键要素：一是举办主体。举办主体是国家机关和其他组织。二是资金来源。资金来源于国有资产。但在实际上，事业单位的构成比较复杂，现在没有一个行业没有事业单位，举办主体已经多元化，资金来源也多样化。这种状况，给事业单位的分类改革增加了难度。

事业单位的数量多，涉及内容广泛。目前，全国共有事业单位 126 万个，在职人员约 3100 万，离退休人员 1000 多万。无论是机构数还是从业人员数，都是仅次于企业的第二大法人组织。在这些事业单位中，人数最多的是教育、卫生、文化、科研系统。教育事业单位 48 万个，人员 1400 万，约占事业单位人员总数的 50%；卫生事业单位 10 万个，人员 400

---

① 管仲军：《面向现代公益事业组织的事业单位分类改革研究》，《北京行政学院学报》2014 年第 2 期。

万，约占事业单位人员总数的 15%；文化事业单位 8 万个，人员 150 万，约占事业单位人员总数的 4%；科研事业单位 8000 多个，人员 69 万，约占事业单位人员总数的 2.4%。[①] 改革开放以来我国在推进事业单位改革中，始终把这几个行业作为重点。

事业单位集中了我国绝大多数科教文卫等方面的专业人才，是提高公益服务的主要载体，在提供公共服务和改善人们生活等方面发挥着十分重要的作用。然而，由于现有的管理体制机制存在的问题，当前事业单位发展也存在不少问题，难以适应社会经济快速发展的需要。事业单位发展中的问题主要表现为以下方面。

第一，事业单位行政化。我国目前的公益服务类事业单位，尽管名义上是独立法人，实际上仍是附属于政府部门的准行政单位，人员编制、收支预算和领导人任命等，都主要由政府部门决定。很多公益类事业单位表现出严重的行政化倾向，管理模式基本上是参照政府体制和组织化模式运作，按照行政级别和行政层级进行管理和控制，存在从部级、司级到县级和科级等不同行政层级的区分。中国改革开放政策的一个重要举措就是发挥市场在资源配置中的作用，与国有企业改革相比，事业单位改革远远滞后于经济体制改革。这既与事业单位本身承担大量政府公共服务职能有关，也与事业单位多，内容和层次的复杂性、多样性和广泛性有关。事业单位管理模式行政化，高度依赖政府资源，其运行过程缺乏有效的多元参与和利益制衡机制，单位内部官僚主义严重，导致事业单位提供公益服务质量和运行效率低下。

第二，政府与事业单位之间政事不分、管办不分。事业单位的"行政化"特征源于"行政事业一体化"的传统组织体制。这种组织体制自计划经济时期沿袭而来。各类事业单位作为执行国家计划和履行政府公共服务职能的机构而设立，受到政府主管部门全面的行政管理。政府部门主要通过行政管理系统，采用行政命令和指令性计划方式来管理下属事业机构。事业单位工作人员与行政机关人员同样享有"国家干部"身份，二

[①]　王澜明：《改革开放以来我国事业单位改革的历史回顾》，《中国行政管理》2010 年第 6 期。

者可以交叉任职。政府与事业单位之间功能划分不清、权限划分不清、责任划分不清，政府既当裁判员，又当运动员。政府主管部门与事业单位存在不合理的利益纽带，导致政府部门难以对事业单位进行有效监管。

第三，部分事业单位偏离公益目标，行为不规范。国家设立事业单位是为了社会公益目的。我们通常把提供教育、科技、文化、卫生等公益服务的机构统称为事业单位。它的主要特征是非营利性。然而，很多以提供公共服务为主要职责的事业单位偏离公益导向，不是以服务为导向，而是只追求收入和利润最大化，不但扭曲了公共服务提供者的使命，也增加了社会公众的负担，尤其导致很多低收入者难以获得本应享有的基本公共服务。国务院发展研究中心课题组认为我国前一轮医疗卫生体制改革基本上是不成功的，主要原因在于商业化、市场化改革扭曲了公共医疗服务的公益属性，政府的公共资源投入下降，医疗服务的公平性降低。除医疗领域之外，在我国的教育等公共服务领域，这样的问题在有些机构表现得也较为充分和明显。

第四，公益服务领域缺少必要的竞争机制。事业单位之间竞争不充分，导致事业单位公共服务供给能力难以提高。竞争不仅能提高企业运行效率和产品质量，而且也能促进事业单位提高服务质量和服务水平。由于行政分割和行政垄断，公益服务领域缺少必要的竞争机制，事业单位缺乏应有的活力。很多服务通常由一个事业单位提供，或者政府部门将某种公共服务委托给单一事业单位提供，这些都制约了事业单位能力和工作效率的提升，造成无论是公共服务供给的数量，还是质量和种类，都不能够满足公众的需求。

综上所述，随着经济体制改革的持续深入，迫切要求实现经济社会协调发展，满足公众对公共服务日益增长的需求。面对新形势、新要求，我国社会事业发展相对滞后，一些事业单位功能定位不清，政事不分、管办合一，体制不顺；机制不活、制度不健全，事业单位员工缺乏工作的积极性、主动性和创造性，事业单位供给公共服务的水平和效率长期无法得到真正提升；公共服务供给总量不足，供给方式单一，难以满足社会公众日益多元化的需求。这些问题在教育、卫生、文化等方面体现得尤为明显。这些问题影响了公共服务的健康发展，迫切需要加快事业单位改革。

二　事业单位改革历程

自 20 世纪 90 年代起，我国即启动事业单位改革。1992 年中共十四大提出事业单位分类改革。1993 年，党中央印发的《关于党政机构改革的方案》和《关于党政机构改革方案的实施意见》明确提出，打破部门所有制和条块分割，拓宽事业单位的服务领域，使事业单位成为面向全社会提供服务的独立法人。1996 年，中办、国办印发了《中央机构编制委员会关于事业单位改革若干问题的意见》。文件提出了事业单位改革的指导思想和目标，以及事业单位改革的具体措施：党政机关分离出来的一些辅助性、技术性工作由事业单位承担；遵循"区域覆盖"和就近服务的原则，按照区域经济和社会公益事业发展的要求，对事业单位的设置进行统筹规划；中央和省市所属事业单位，主要为所在地服务的，下放给所在地管理。2000 年，中办印发《深化干部人事制度改革纲要》，事业单位人事制度改革力度加大，主要是推行聘用合同制度，建立岗位管理制度，实行公开招聘制度。2006 年中央编办制定的《关于事业单位分类及相关改革的试点方案》明确了从事公益服务类事业单位的改革方向。

中共十七大报告提出，加快推进事业单位分类改革。2008 年 2 月，中共十七届二中全会提出，推进事业单位分类改革。按照政事分开、事企分开和管办分离的原则，对现有事业单位分三类进行改革：主要承担行政职能的，逐步转为行政机构或将行政职能划归行政机构；主要从事生产经营活动的，逐步转为企业；主要从事公益服务的，强化公益属性，整合资源，完善法人治理结构，加强政府监管。推进事业单位养老保险制度和人事制度改革，完善相关财政政策。

2008 年 3 月，国务院印发了《国务院关于印发事业单位工作人员养老保险制度改革试点方案的通知》（国发〔2008〕10 号）。试点方案提出，从事公益服务的事业单位单独建立基本养老保险制度，养老保险费用由单位和个人共同负担，实行与缴费相联系的待遇计发办法，逐步实行省级统筹，建立职业年金制度，实行养老金社会化发放。为保持待遇水平平稳衔接，实行"老人老办法，新人新办法"，"中人"通过发放过渡性养老金，保证人员待遇不降低。国务院决定，在山西省、上海市、浙江省、广东省、重庆市先期开展试点，与事业单位分类改革试点配套推进。未进行试点的地区仍执行现行事业单位退休制度。2008 年 8 月，中央编办印发了《关于事业单位分类试点的意见》（中编办发〔2008〕45 号），确定在山西、上海、浙江、广东、重庆五省市进行事业单位分类改革试点。

我国的事业单位改革进行了 20 多年，从教育、科技、文化、卫生单一领域的改革，到事业单位职能、人事制度、收入分配制度、养老制度的改革，再到事业单位分类改革的地方试点，我国从未停止事业单位改革的步伐。然而，由于事业单位非常复杂，涉及领域众多，事业单位改革涉及人群庞大、利益关系调整复杂，加之缺乏顶层设计和系统考虑，因此，事业单位改革长期停留在酝酿、准备、调整阶段。

近年来，人民群众不断增长的公共服务需求与供给不足之间的矛盾越来越突出，已经成为制约经济发展和社会进步的一个重要因素。20 多年的改革取得了一定成效，但没有从根本上解决制约公共服务供给的深层次矛盾。在此情境下，2009 年下半年，经国务院和中央编委领导批准，成立了"事业单位改革文件起草组"，在全面总结经验、深入调研论证的基础上，研究起草了改革总体文件。文件初稿形成后，广泛征求意见，反复修改完善，先后提交中央编委会议、国务院常务会议和中央政治局常委会议审议。经过充分研究和论证，2011 年 3 月中央下发《中共中央　国务院关于分类推进事业单位改革的指导意见》（中发〔2011〕5 号），随后又印发了 11 个配套文件，对分类推进事业单位改革作出了全面部署。中发〔2011〕5 号文件是党中央、国务院在我国全面建设小康社会关键时期做出的一项重大决策，是指导今后一个时期事业单位改革的纲领性文件。文件规定，根据现有事业单位的社会功能，将其划分为承担行政职能的、从事公益服务的和从事生产经营活动的三大类。

从全国的情况来看，自从中发〔2011〕5 号文件和 11 个配套文件印发以来，各部门和各省市将事业单位分类改革摆上重要工作日程，开展事业单位机构、编制、人员、领导职数、主要职责任务等事项的清理规范，按照事业单位分类标准，推进事业单位的划分类别工作。无论是中央国家机关，还是地方省、市、县，都把科学划分事业单位类别作为推进事业单位改革的基础和切入点。

在中央国家机关层面，中央编办、财政部、人社部联合印发《关于做好中央国家机关所属事业单位分类工作的通知》，组织召开中央国家机关所属事业单位分类工作座谈会，部署分类工作。在分类过程中，无论是主管部门，还是具体事业单位，均要求严格按照中发〔2011〕5号文件的要求，坚持以事业单位的功能属性作为划分类别的唯一标准，不把机构名称、经费形式、人员管理方式等作为分类的依据，同时防止公益类向行政类"挤"、经营类向公益类"靠"。基本做到每个事业单位均能各安其位、各履其职。对于能够分类的事业单位均纳入统一分类，对情况复杂、行业特点不明显、改革方向尚不明晰或尚需研究的单位，暂不进行分类。在省、市、县层面，也要求各部门和单位严格按照中发〔2011〕5号文件和11个配套文件的要求，严格掌握分类标准。

三　新一轮事业单位改革的目标与要点

2011年3月下发的《中共中央　国务院关于分类推进事业单位改革的指导意见》明确提出了新一轮事业单位改革的目标和基本路径。中发〔2011〕5号文件以及与之配套的11个文件，是指导事业单位改革的纲领性文件，第一次将事业单位作为一个整体进行改革。这是中国继农村改革、国有企业改革、政府机构改革之后不断完善改革总体布局的又一重大决策，标志着事业单位改革和发展进入新的历史阶段。

新一轮事业单位改革，把不断满足人民群众公益服务需求作为改革的根本目的，通过事业单位分类改革，强化事业单位公益属性，充分调动广大工作人员的积极性、主动性、创造性，真正激发事业单位的生机与活力，不断提高公益服务水平和效率，促进公益事业大力发展，切实为人民群众提供更加优质高效的公益服务。

这次事业单位改革提出两大目标。总体目标是：到2020年，建立起功能明确、治理完善、运行高效、监管有力的管理体制和运行机制，形成基本服务优先、供给水平适度、布局结构合理、服务公平公正的中国特色公益服务体系。阶段性目标是：到2015年，在清理规范基础上完成事业单位分类，承担行政职能事业单位和从事生产经营活动事业单位的改革基本完成，从事公益服务事业单位在人事管理、收入分配、社会保险、财税政策和机构编制等方面改革取得明显进展，管办分离、完善治理结构等改革取得较大突破，社会力量兴办公益事业的制度环境进一步优化，为实现改革的总体目标奠定坚实基础。

以往历次事业单位改革，政府往往以减轻财政负担为主要目标，在实践中注重精简机构和人员，甚至以此作为衡量改革是否成功的主要指标。这种过度强调效率的改革取向，弱化了事业单位的公共服务功能，而不加区分地推动本来以发展公益事业为目的的事业单位实行企业化经营，又使事业单位以牺牲社会公益目标为代价，盲目追求机构本身经济效益的最大化，以致偏离了公益目标。另外，经济发展观念的影响导致经济社会事业"一条腿长、一条腿短"，集中体现为基本公共服务供给不均衡。在部门间，政府对各类事业机构的投入与公共服务产品的产出不对称。在城乡间，农村的教育、卫生、医疗保障等事业的发展远远满足不了农村社会的公共服务需求。在区域间，基本公共服务在地区之间供给不平衡，中西部地区的公共服务供给体系和发展水平整体上比较落后。

政府对新一轮事业单位改革的目标定位，从强调减人减负向强化公共服务转变，这一改革目标的提出，与以往事业单位改革的最大差异在于：从发展公共服务和改革公共服务供给体制的角度部署事业单位分类改革，将事业单位改革与社会组织发展、满足民众公共服务需求等有机结合起来，这对于提升公共服务水平和促进公共服务供给模式的改革创新具有深远的影响。正如时任国务委员兼国务院秘书长马凯所言：要准确把握此次事业单位改革不断满足人民群众公益服务需求这一根本目的。他指出："事业单位分类改革，要以促进公益事业发展为目的。这次改革不是简单地减人、减机构、甩包袱，更不是把事业单位搞小变弱，而是促进公益事业发展壮大，不断满足人民群众公益服务需求。明确这一改革的根本目的，充分体现了我们党全心全意为人民服务的宗旨，体现了贯彻落实科学发展观、坚持以人为本的根本要求。推进改革中，要牢牢把握这一根本目的，坚持改革的正确方向。要通过改革，解放事业单位生产力，提高事业单位整体素质和服务水平，强化政府责任，加大财政投入，鼓励社会力量兴办公益事业，切实解决公益服务总量不足、供给方式单一等问题，使我国公益事业在未来10年取得长足发展，真正建立起基本服务优先、供给水平适度、布局结构合理、服务公平公正的中国特色公益服务体系。检验这项改革成败的标准，就是要看是否有利于调动事业单位各类专门人才和广大职工的积极性；是否有利于公益事业资源的优化配置和促进基本公共服务均等化；是否有利于事业单位服务功能的充分发挥和社会事业更好更快发展。"[①]

按照《中共中央　国务院关于分类推进事业单位改革的指导意见》的要求，推进改革首先要打好"科学分类"这一重要基础。要对现有事业单位进行全面清理，然后依据其社会功能把现有事业单位划分为承担行政职能的、从事生产经营活动的和从事公益服务的三大类别。对承担行政职能的，逐步将其行政职能划归行政机构或转为行政机构；对从事生产经营活动的，逐步将其转为企业；对从事公益服务的，继续将其保留在事业单位序列。同时，根据职能任务、服务对象和资源配置方式等情况，对保留下来的"公益类"事业单位，进一步细分为公益一类和公益二类：承担义务教育、基础性科研、公共文化、公共卫生及基层的基本医疗服务等基本公益服务，不能或不宜由市场配置资源的，划入公益一类；承担高等教育、非营利医疗等公益服务，可部分实现由市场配置资源的，划入公益二类。对"公益类"事业单位，要创新体制机制，确保其公益属性和生机活力。

对于这次事业单位改革，政府明确了总体目标、阶段性目标。在总体方案的设计上，本轮事业单位改革把促进公益事业发展，进一步增强事业单位活力，提高公益服务水平，不断满足人民群众日益增长的公益服务需求作为改革的根本目的；把创新适应社会主义市场经济要求，既能强化事业单位公益属性又能激发生机与活力的事业单位体制机制作为改革的核心要求；把构建政府主导、社会力量广泛参与、引入市场竞争机制、提供主体多元化、提供方式多样化的公益服务新格局作为改革的重要目标。在改革范围上，涵盖各地区、各行业、各类型的事业单位；在改革内容上，涉及事业单位的方方面面，特别是管理体制、养老保险、财政投入、收入分配等行业体制改革自身难以解决的共性问题和基础问题。

---

①　马凯：《积极稳妥地分类推进事业单位改革》，《国家行政学院学报》2012年第2期。

经过几年的努力，事业单位分类改革取得一定的成效，但与此同时，也面临着一些困难和需要加紧研究的问题，如：各地工作进展不平衡、分类改革配套政策细则还不十分明确、事业单位养老保险制度还不健全完善、行政类和经营类事业单位改革过渡到位难度较大、在探索政事分开与管办分离方面办法还不多、社会力量兴办公益事业的积极性还没有得到充分发挥等。由于现实中种种因素的制约，事业单位改革仍任重道远。

四　以事业单位改革促进公共服务多元主体供给

现有事业单位分三类进行改革。主要承担行政职能的事业单位，逐步转为行政机构或将行政职能划归行政机构；主要从事生产经营活动的事业单位，逐步转为企业；从事公益服务的事业单位，继续保留在事业单位序列。因此，现有事业单位完成分类之后，事业单位改革指的就是公益服务类事业单位的改革。实施事业单位改革，不仅能提高事业单位自身供给公共服务的能力，而且有利于促进公共服务多元主体供给新格局的形成，从而大幅提升公共服务供给的绩效，更好地满足社会公众日益增长的多元化的公共服务需求。推进事业单位改革，要重点关注和探讨以下问题。

（一）把事业单位改革与转变政府职能相结合，进一步推动政事分开、管办分离

近年来，我们推进行政体制改革取得了一定成效，但政府职能转变不到位问题仍然存在，事业单位作为政府机构的延伸和支撑，一些行政主管部门和事业单位仍然习惯于现有的事业单位管理体制和运行机制。事业单位作为公益服务主体，提供公共服务的动力和活力不足，由行政化引发的矛盾和问题逐步突出。事业单位行政化的根源在于政事不分、管办不分的管理体制。当前国家对事业单位改革的目标很明确。今后要加快政府职能转变力度，强化事业单位作为公共服务供给主体的属性，不断推动政事分开、管办分离，厘清事业单位与行政机关的职责边界。

行政主管部门要加快职能转变，减少对事业单位的微观管理和直接管理，强化制定政策法规、行业规划、标准规范和监督指导等职责，进

一步落实事业单位法人自主权。对面向社会提供公益服务的事业单位，积极探索管办分离的有效实现形式，逐步取消行政级别，充分调动广大工作人员的积极性、主动性、创造性，真正激发事业单位生机与活力，不断提高公共服务水平和效率，切实为人民群众提供更加优质高效的公益服务。

（二）把事业单位改革与体制机制创新相结合，提高自身公共服务供给能力

长期以来，事业单位行政化倾向严重，用人制度不灵活、收入分配缺乏弹性等问题，严重影响事业单位生机和活力，制约着事业单位公共服务供给能力的提高。新一轮事业单位改革，要坚持以体制机制创新为核心，努力突破传统事业单位的管理方式和运作模式。

一是建立健全法人治理结构。淡化事业单位与政府部门的行政隶属关系，吸纳社会精英、服务相对方、相关利益群体参与事业单位治理，探索建立理事会、董事会、管委会等多种形式的治理结构。健全决策、执行和监督机制，提高运行效率，不断提高事业单位供给公共服务的能力和水平。

二是深化人事制度改革。破除事业单位工作人员身份终身化，由固定用人向合同用人、由身份管理向岗位管理转变。坚持以健全聘用制度和岗位管理制度为重点推进人事制度改革。

三是深化收入分配制度改革。破除分配平均化，以完善工资分配激励约束机制为核心，探索建立符合事业单位特点、体现岗位绩效和分级分类管理的收入分配制度。

四是推进社会保险制度改革。完善事业单位及其工作人员参加基本养老、基本医疗、失业、工伤等社会保险政策，逐步建立起独立于单位之外、资金来源多渠道、保障方式多层次、管理服务社会化的社会保险体系。

五是加强对事业单位的监督。建立事业单位绩效评估制度，评估结果作为确定预算、负责人奖惩与收入分配等的重要依据。加强审计监督和舆论监督。建立信息披露制度，重要事项和年度报告要向社会公开，涉及社会公众切身利益的重大公益服务事项要进行社会公示和听证。

（三）把事业单位改革与培育社会组织相结合，促进公共服务多元主体发展

目前社会事业的举办主体仍以国家为主，社会力量参与不足。要改变这种局面，必须将事业单位改革纳入公共服务体系改革与发展的大局中统筹部署，把事业单位改革与培育社会组织相结合，加快完善相关法律，加强制度设计，进一步培育和发展社会组织，大力鼓励社会力量进入社会事业发展领域，推动公共服务由国家包办转向由公共部门和社会共同供给，最终形成供给主体多元化、服务方式多样化的公益事业发展新格局。

事业单位改革和发展社会组织的最终目标都是改善公共服务。长期以来，公共服务基本上都由政府包办，存在服务成本高、服务质量和效益不高等问题。政府花的钱不少，结果却未必能得到群众认可和社会好评。事业单位经费使用效益不高，大部分经费用于养人，真正用于办事业的钱不多。在改革中，一方面，要不断完善公共服务提供方式，打破传统建机构、养人员、办事情的方式，树立"以事定费""以费养事"的观念，采用政府保障、项目拨付、购买服务等多种方式支持公共事业，保障财政资源的公平合理配置和财政资金使用效益的最大化。另一方面，要通过放宽准入门槛、强化政策扶持、加强引导规范，加快培育和发展社会组织，并鼓励和支持社会组织以多种形式参与公益事业，逐步打破所有制、部门、行业界限，改变政府独自举办公益事业的现象，形成事业单位与社会组织的良性互动，不断提升公共服务供给的效率和效益。

第二节　"政事分开、管办分离"的实质与推进路径

对于事业单位管理体制的改革，"政事分开、管办分离"是一个核心命题。推进"政事分开、管办分离"是事业单位体制机制创新的基础与前提，也是促使公共服务供给模式实现根本转型的关键。事业单位是我国公共服务供给的重要主体，经过20多年探索式改革，2011年启动的新一轮改革进一步明确了事业单位改革的指导思想："按照政事分开、事企分开和管办分离的要求，以促进公益事业发展为目的，以科学分类为基础，以深化体制改革为核心，总体设计、分类指导、因地制宜、先行试点、稳

步推进，进一步增强事业单位活力，不断满足人民群众和经济社会发展对公益服务的需求。"尽管国家关于事业单位改革的政策明确了"政事分开、管办分离"的指导原则，然而，对于"政事分开、管办分离"的必要性，目前还存在争议和分歧，各地实施的具体方式和效果也存在明显差异。为什么要实行"政事分开、管办分离"？究竟如何理解"政事分开、管办分离"？实施"政事分开、管办分离"要把握哪些关键环节？对于这些问题进行深入分析与探讨，能消除人们对改革的困惑与疑虑，使事业单位管理体制改革得以顺利推进。

一　管办合一体制的问题

我国传统的事业单位管理体制是一种行政事业一体化体制，也可称作管办合一的体制，"政事不分、管办合一"是其基本特征。这种管理体制是在计划经济体制下发展起来的，政府既承担政策制定、监管等行政管理职能，同时也是公共事业的出资者和举办者。行政主管部门与事业单位之间是行政隶属关系，事业单位是行政主管部门的一个预算单位，行政主管部门通过各种行政手段干预事业单位的运营。

管办合一体制与计划经济时期的基本制度安排是契合的，在我国经济实力和国家财政能力十分薄弱的情况下，为城镇居民提供了普遍有保障的公共服务，对于确保公共服务供给的统一性与协调性发挥了不可替代的作用。但是，随着社会经济的快速发展，人们对公共服务的需求在短时期快速高涨，这种管办合一体制阻碍了公共服务事业的发展和效率提高，无法回应公民日益增长的公共服务需求。管办合一体制具有前述政府供给模式的普遍特征和共同弊端，又具有中国独有的特色。管办合一体制的问题主要表现为以下方面。

（一）公共服务供给效率低下

首先，事业单位缺少改进管理的内在动力。在管办合一体制下，政府部门与事业单位具有直接的行政隶属关系，两者之间形成了紧密的庇护—依赖关系。政府部门在制定政策时，首先要考虑政策执行的可行性，通过降低政策目标来达到政策实效，这就直接影响到政策的质量。而事业单位长期以来根据主管部门行政指令运行，缺乏独立自主意识，缺乏创新性，缺乏改善管理、提高效率的内在动力。① 其次，公共服务供给高度垄断。在管办合一体制下，政府部门及其下属的事业单位在公共服务供给中处于垄断地位，排斥了私营企业及其他社会主体的竞争和参与。政府机构及其工作人员往往采用垄断的方式供给公共服务。② 政府的垄断性遏制了竞争，而竞争对于激发人的内在潜力、提高效率具有重要意义。政府供给的垄断性使事业单位失去了竞争所形成的外部压力。此外，事业单位无产权约束和成本意识。这些因素，都会导致事业单位供给公共服务效率低下。

（二）难以实施客观公正的监管

在管办一体化体制中，决策与执行、监督等职责之间界限模糊。政府部门同时扮演着多重角色，既是规则的制定者和监管者，又是事业单位的出资人，直接干预事业单位具体的经营管理。在缺乏对政府主管部门有效制度约束的情况下，政府多重角色之间存在严重的冲突，使其难以客观公正地对事业单位实施监管，从而直接影响公共服务供给的公平性与公益性。此外，在管办合一体制下，政府部门与事业单位之间有比较紧密的利益关联，在缺乏有力的监督约束机制的情况下，行政权力可能被滥用，甚至诱发腐败现象。

（三）服务供给难以满足多元化的社会需求

在管办合一体制下，实际上是政府独家供给公共服务。公共服务供给主体单一，且政府提供公共服务重视服务的普惠性与均等化，因此难以满足快速增长的多元化社会需求。

二　"政事分开、管办分离"的目标与实质

（一）"政事分开、管办分离"的目标

传统的管办合一体制暴露出来的种种弊端，以及西方国家行政改革的实践，促使我国对事业单位管理体制进行改革。改革的关键问题是处理政府部门与事业单位的关系，明确政府部门与事业单位的权责边界，解决

---

① 仲兵、周义程：《双失灵：公共服务供给主体选择的困境解析》，《江海学刊》2009 年第 5 期。〔美〕约瑟夫·斯蒂格利茨：《经济学》，中国人民大学出版社，2000。

② 〔美〕查尔斯·沃尔夫：《市场或政府——权衡两种不完善的选择》，中国发展出版社，1994。

"政事不分、管办合一"导致的服务效率低下、监管不力、回应力低等问题。为了克服原有的管办合一体制的弊端，"政事分开、管办分离"作为事业单位改革的一个指导思想被明确提出，我国各地纷纷进行管办分离实践的探索，推动了新一轮公共事业管理体制改革的深化进行。

"政事分开、管办分离"改革的目标主要可概括为两方面。一方面，实行"政事分开、管办分离"，是为了加强政府的监管，增强公共服务供给的公益性和公平性。在政府管办职能不分的体制下，行政主管部门与事业单位之间是行政隶属关系，权责界限模糊，存在紧密的利益关联，行政主管部门既是裁判员，又是教练员，难以实施客观公正的监管，难以保证公共服务供给的公益性和公平性。因此，实施"政事分开、管办分离"，就要在革除行政主管部门和事业单位之间行政隶属关系的基础上，明确政府和事业单位各自的职能分工，切断两者间的利益关联，从而加强政府监管的有效性，增强公共服务供给的公益性和公平性。另一方面，实行"政事分开、管办分离"，是为了突破原有的行政体制和管理方式的束缚，减少行政主管部门对事业单位具体业务的直接干预，给予事业单位经营管理的自主权，充分调动事业单位管理者和从业人员的积极性和创造性，引进先进的管理办法，从而提高事业单位运行的效率。

以上两方面目标，一个强调增强监管的有效性，重在维护公平；另一个强调给予事业单位经营管理的自主权，重在提高效率。片面强调公平性或效率，都有悖于"政事分开、管办分离"的初衷。兼顾公平和效率，是实行"政事分开、管办分离"的目标，也是推行改革的难点。当前事业单位改革最大的难点，就是要在增强事业单位提供服务的公益性与提高事业单位从业人员的积极性之间达到平衡。尽管公平和效率具有一定的冲突，但可以在改革的最终目标中得以统一。改革的最终目标，是通过管理体制的变革和管理方式的创新，改善公共服务的供给，为社会公众提供良好的公共服务。

（二）"政事分开、管办分离"的实质

"政事分开、管办分离"是具有中国特色的说法，有一定的模糊性，尤其是对于管办分离的理解目前还存在分歧。各地方政府及其相关政府部

门根据各自对"政事分开、管办分离"的领会，会选取不同的改革模式，从而造成当前管办分离改革纷繁复杂的现象。

"政事分开、管办分离"是在特定制度背景下提出的，是为了克服管办合一体制的弊端，改善公共服务的供给。管办分离的内涵，与政事分开是一脉相承的，核心都是政府职能的转变，明确政府与事业单位的权责界限，明确各自的合理分工和职能定位，政府的归政府，事业单位的归事业单位。在一定意义上，管办分离是对政事分开的进一步具体化、操作化。从实践层面分析，管办分离就是指行政管理与经办这两种职能适度分离：政府主管部门从事宏观行政管理，事业单位承担具体经办职能。政事分开与管办分离虽然侧重点有所区别，却是相辅相成的，前者指明改革基本方向，后者进一步明确改革途径。

进一步分析，所谓"政事分开、管办分离"这种改革举措，并不是我国的独创。联系到我国提出该原则的动因，以及西方国家新公共管理的理论与改革实践，"政事分开、管办分离"实质上是政府组织结构和职能分工的改革，即将公共政策制定的职能与执行的职能适度分开（见图5-1）。公共政策的制定和执行分别由综合性的政策制定部门和专门化的执行机构独立承担，即"掌舵与划桨分开"。政策制定部门负责"掌舵"，把握方向，主要负责制定政策，规范标准、资格准入、服务监管，而不从事具体的执行性事务。而事业单位作为执行政策的重要主体之一，依照政府对重大问题的决策和制度安排，承担提供公共服务的职能。

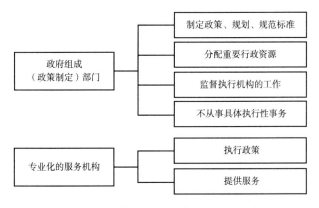

图5-1　政策制定与政策执行适度分离

对于"政事分开、管办分离"，不能局限于字面上的理解，不能只注重机构的分设和形式的分离。"政事分开、管办分离"，其实质是厘清政府与事业单位的责权边界，发挥两种主体各自的优势。实施"政事分开、管办分离"后，政府加强宏观层面的监管，确保公共服务的公益性和公平性。事业单位由专职管理者和专业人员负责具体的运行，从而促进公共服务效率的提高。改革的最佳效果，就是实现公平和效率的统一。

三 推进"政事分开、管办分离"的途径

（一）整合部门决策权

在公共服务的供给中，政府的一个重要职责是进行决策。作为决策者，政府要了解群众需求，对公共服务问题做出决策、安排，确定公共服务的生产者，确定公共服务的数量与质量，确定它们的供给方式。要制定发展规划，合理地进行制度设计和安排，形成一个政府、市场、社会组织、家庭、社区等不同主体共同发挥作用的制度框架。

政府要有效地履行公共服务决策职能，整合部门决策权至关重要。这里的部门决策权，指的是行政主管部门制定政策、规划、标准的权力以及重要行政资源的分配权。整合部门决策权，指的是把相似或相同事情的决策权交给一个部门。这与大部门体制改革的精神是一致的。大部门体制改革的关键不在于部门规模的大小，而在于政府职能的清晰界定；不在于机构的合并与减少，而在于政府职能的根本转变，在于行政组织的设置与其内在职能相契合。① 大部门体制改革的重要内容，就是要以一定数量的综合性的政府组成部门覆盖政府的基本职能。改革的关键环节是在政府职能转变的基础上进行政府职能整合，即政府部门职责界定尽可能明晰，职能划分尽可能完整，政府部门之间责权界定尽可能科学合理。

整合部门决策权，是有效问责的前提。政府对公共服务的提供负有最终的责任，有责就要有权，有权才能问责。如果部门决策权不统一，对同一领域的问题由多个不同部门分别管理，政出多门，就会导致责任主体缺

---

① 王岩、王晓庆：《大部制改革的实践诉求与目标指向》，《中国行政管理》2008 年第 11 期。

失的问题。谁都可以管，必然是谁也管不好，最终不仅公众不满意，而且政府不满意，从业人员也不满意。将同一领域的政策制定权交给同一个政府部门，权责明确，有利于落实问责制，建设责任政府。

整合部门决策权，是提高行政效率的必要途径。部门职能界定不清以及部门之间权责交叉，是当前政府部门之间协调难的一个重要原因。政府部门之间协调难度大、协调周期长，必然会导致行政效率低下。整合部门决策权，明确界定政府部门职能边界，有利于政府部门之间协调运行，提高行政效率。

整合部门决策权，将同一领域重大问题的决策权交给一个政府部门统一管理，既能明确政府制定公共政策与实行宏观监管的主体职责，又能增强工作的协调性，从而有利于政府对公共服务供给进行科学决策和有效监管。

（二）在公共服务提供环节引入选择和竞争机制

如前所述，"政事分开、管办分离"是政府组织结构和职能分工的变革。将政策制定与政策执行适度分开，把执行权交给专门化的服务机构，最终目的是提供良好的服务。要实现改革的最终目的，提供良好的服务，就有必要在公共服务提供环节引入选择和竞争机制。选择，指公众对服务提供主体的选择；竞争，指服务提供主体之间的竞争。当选择与竞争相结合时，就会对服务提供主体产生有效的激励，促使其提供更高质量的服务。[1] 没有竞争，服务提供主体就缺少改善服务的外在压力和内在动力。高效规范的公共服务供给，往往是竞争的结果。

引入选择和竞争机制，是实现管办分离既定目标的关键环节，而引入选择和竞争机制的前提是服务机构组织形式的多样化。公共服务应该也可以引入多种形式的提供主体：既可以是公有的，也可以是私有的；既可以是营利性的，也可以是非营利性的（见表5-1）。公共物品与私人物品是从需求或者消费的角度进行划分的，而公共部门和私人部门则是从供给或生产的角度进行划分的。公共部门可以生产私人物品，而私人部门也可以生产公共物品。无论是作为公共部门的事业单位，还是私营部门、社会组

---

① 〔英〕朱利安·勒·格兰德：《另一只无形的手》，韩波译，新华出版社，2010。

织，都可以承担提供公共服务的职能，政府都可以通过购买服务、"亲父子明算账"的方式加以处理。政府的责任不是提供服务，而是确保服务被提供。

表 5 - 1　公共服务的提供者

	公　有	私　有
营　利	国有企业	私营企业
非营利	政府部门 政府所有的非营利机构	私人所有的非营利机构

实践证明，只有在多种形式的服务提供主体公平竞争的情况下，"政事分开、管办分离"才有必要，也只有在这种情况下，"政事分开、管办分离"才会有持久的生命力。如果不打算放开民办服务机构的发展，仍然维持公办服务机构的垄断地位，那么管办分离的必要性并不明显。即使分离，也往往只是形式上的分离而不是实质上的分离，或者只是暂时的分离，长期看可能还是会回归到管办合一体制。只有在多种类型的服务机构共同发展、公平竞争的情况下，行业政策制定与政策执行的分离才有深厚的现实基础，才会有持久的生命力。

（三）完善事业单位法人治理结构

一般来说，公共部门的治理有四种模式。第一，政府预算制，即公共部门是政府的预算单位，接受政府全面的行政管理。计划经济时期我国事业单位的治理模式就是这种类型。第二，自主化模式，即公共部门拥有一定的自主权，尤其是财务管理的自主权，但仍然接受政府的行政管理。第三，法人化模式，即公共部门成为独立的公法人，政府通过法人治理结构对其进行指导。第四，民营化模式，即公共部门全面走向独立，实现民营化，政府通过购买服务的方式影响其运行。需要说明的是，以上四种治理模式，都可以提供良好的公共服务，关键是配套措施到位，政府监管有效。联系国际上公共部门改革的趋势以及我国事业单位改革实践，当前我国要实现管办分离的目标，加强对事业单位的外部监管与内部治理，关键是建立健全法人治理结构。

按照《民法通则》的界定，法人是"具有民事权利能力和民事行为能力，依法独立享有民事权利和承担民事义务的组织"。《民法通则》根据法人设立的宗旨和所从事活动的性质将法人分为四类，分别是企业法人、机关、事业单位和社会团体法人。《事业单位登记管理暂行条例》第三条规定："事业单位应当具备法人条件。"一般来说，依公法设立的法人为公法人，依私法设立的法人为私法人。尽管我国法律没有公法人与私法人的划分，但从设立依据、行使职能、机构属性等方面分析，事业单位法人应属于公法人。[①]

事业单位法人治理结构是从现代企业管理中引申而来的。现代企业的所有权与经营权是分离的，由此产生了委托代理关系。为了解决内部代理人问题，在企业内建立了所有权、经营权和监督权相互分离、相互协调的治理结构。事业单位作为公法人，在法律上理应是权利和义务的归属主体，依法享有自主决策的权利，同时承担相应的责任和义务。但事实上，沿袭计划经济时期形成的"政事不分、管办合一"的管理体制，目前事业单位法人主体地位并未落实，虽然有了一定自主权，但总体上仍然隶属于政府主管部门，接受主管部门的行政管理。因此，要实行管办分离，事业单位需要建立完善法人治理结构，成为名副其实的公法人，更规范有效地履行其提供公共服务的职能。

根据我国事业单位改革的实践探索经验，同时借鉴西方国家公共部门治理模式，事业单位法人治理结构构建的核心是合理划分决策权、执行权和监督权，形成三权适度分离又相互协调的制度安排。第一，成立理事会，行使事业单位内部的决策权，同时也负责对事业单位经营管理进行总体监督。政府将所有者行使的举办权的一部分及具体经办管理的权力委托给理事会，理事会负责事业单位发展规划的制定，行使事业单位经营管理重大决策权。理事会成员的构成要充分体现社会公众的广泛参与，既包括政府或政府部门委派的代表，也包括服务对象代表、专业人士、职工代表及其他利益相关者代表，理事会成员在形式上需要政府任命。第二，面向社会招聘专业的管理人员，行使事业单位具体经营管理权，负责事业单位日常管理工作。行政负责人由理事会决定，或由理事会提名，由主管部门

批准后任命。行政负责人通常是事业单位的法定代表人，对理事会负责。第三，设置专门的监督机构，加强对事业单位内部管理的监督。监督机构对政府与社会公众负责，对事业单位管理层经营管理行为进行全面监督。

事业单位建立法人治理结构，将企业管理的模式引入事业单位的管理中，目的是结合公营和私营的长处，增强成本意识和竞争意识，及时回应社会需求，强化社会监督，提高管理的规范性和运行效率。

（四）选择有效的监管方式

管办分离的实质是决策权与执行权的适度分离，内在逻辑是减少政府对公共服务具体业务的干预，使事业单位享有独立经营的条件和权力。但是，政府是公共服务重大事项的决策者，决策者要承担决策的责任，因此，政府对事业单位具有不可推卸的监管职责。

管办分离后，政府主管部门与事业单位不再是行政隶属关系，政府不应采用传统的行政手段直接干预事业单位的运行，但这并不意味着政府放松对事业单位的监管，而是应该采用更加规范有效的监管方式。

监督要有效，除了监督与执行要适度分离外，还有两个理想前提：第一，监督方与被监督方信息对称。第二，监督方与被监督方能力对称。事实上，事业单位承担的服务职能具有比较强的专业性，作为监督方的政府主管部门与作为被监督方的事业单位所掌握的信息往往是高度不对称的。正因如此，政府主管部门不可能也不必要对事业单位具体业务进行全程监控，寻找有效的监督环节至关重要。绩效评估和绩效管理重在对结果进行评估和监控，是有效的监管方式。

政府与事业单位要定期签订绩效合同。事业单位按照双方绩效协议，合理使用公共资源，提高服务供给的质量和效率，定期向行政主管部门提交绩效报告，接受主管部门的绩效评估。绩效评估和绩效管理方式的引入，表明政府与事业单位之间由原来的行政隶属关系转变为以契约为基础的伙伴关系。[①]

决策者也可以委托第三方监管，如代表公众利益的委员会以及各种社

---

① 潘加军、刘焕明：《委托代理视角下的事业单位"管办分离"改革探讨》，《理论导刊》2011年第1期。

会组织、行业协会等。当前，强化行业协会的监管非常重要。行业协会和政府在职权来源上有很大的区别。政府的职权必须有法律的界定，必须来源于法律的规定，但是行业协会的职权可以来自成员的授予、来自协会的章程等。因此，行业协会的监管在很多方面比政府的管理更灵活有效。

综上所述，实行管办分离，政府移交的是服务项目的提供，而不是服务责任。掌舵的是政府，政府制定政策，就重大问题做出决策，保障公共服务的公平性；划桨的是包括事业单位在内的各种专门化的服务机构，各服务机构通过引入先进的管理办法提高公共服务的供给效率。公共服务的最佳结果就是要达到公平与效率的统一。管办分离不是目的，只是实现特定的改革目标的手段。最终目的是改善公共服务的供给，为全体公众提供良好的公共服务。

第三节　"政事分开、管办分离"改革实例（一）
——社会保障管理体制的改革与完善

社会保障是社会生产力发展到一定阶段的产物，是社会进步和文明的重要标志。在当前经济转轨、社会转型、体制转换的过程中，通过体制改革与创新，全面推进社会保障建设，促进我国社会保障事业持续健康发展，事关人民群众的根本利益，是当前我国公共服务供给体制改革的重要内容。我国社会经济的快速发展，对建立完善权责统一的社会保障管理体制有着强烈的需求，但目前社会保障管理体制仍然存在一些问题，突出地表现为一些地方社会保障行政主管部门与经办机构存在政事不分的状况、社会保障管理存在职责交叉与分散问题、经办机构服务能力有限等。笔者根据实地调研体会，针对这些问题，探讨进一步改革完善社会保障管理体制的思路与对策。

一　我国社会保障管理体制改革的必要性

我国社会保障建设成效显著。但是，一个不可忽视的现实是，社会保障管理体制还不能完全适应社会经济快速发展的需要，社会保障管理服务相对制度建设明显滞后，管理服务瓶颈制约了社会保障制度作用的发挥，改革与完善我国社会保障管理体制十分必要。一方面，人们对社会保障的需求日益增长，迫切需要改革社会保障管理体制。通过多年的建设，我国社会保障事业取得了长足进展，社会保障体系框架基本形成，保障水平大幅提高，覆盖范围迅速扩大。但与此同时，社会保障体系面临着巨大压力。人口老龄化是社会保障面临的重大挑战。根据 2010 年全国人口普查统计数据，我国大陆现有人口 13.4 亿，其中 60 岁以上老年人口 1.78 亿，老年人口占总人口比例为 13.3%。《中国老龄事业发展"十二五"规划》指出，未来 20 年，中国人口老龄化日益加重，到 2030 年全国老年人口规模将会翻一番，老年人口将达到 3.6 亿人，届时退休人员人数占在职人员人数比例超过 40%。随着老龄化进程加快以及社会经济的快速发展，人们对社会保障的需求越来越大，要求的保障水平和服务质量越来越高。要提供优质高效的社会保障服务，有效满足人们对社会保障的需求，亟须革除当前社会保障管理体制的弊端，提高社会保障服务能力。另一方面，防范社会保障运行风险需要改革管理体制。社会保障工作任务艰巨、头绪繁多，社会保障管理运行过程中潜藏着巨大的道德风险、财务风险、技术风险和体制风险。为防范和降低社会保障管理运行过程中的各种风险，增强制度运行的规范性，提高工作效率，改革创新社会保障管理体制十分必要。

要推进社会保障体系健康持续发展，有效化解管理体制风险是根本。为了有效应对社会经济发展新形势的挑战，适应社会保障制度自身发展的需求，防范社会保障运行过程中各种潜在风险，必须从全局和战略的高度明确社会保障的发展目标，在加快推进社会保障制度体系建设的同时，改革和完善社会保障管理体制，统筹城乡社会保障建设，充分发挥社会保障作为社会发展"减震器"、社会公平"调节器"、社会安定"稳定器"的作用，让全体人民共建共享和谐社会。

二　当前我国社会保障管理体制的问题

（一）社会保障行政主管部门与经办机构依然存在政事不分的状况

目前，我国社会保障管理名为政事分离，即主管社会保险事务的人力资源和社会保障部门目前已经实现行政管理和业务管理的纵向分离，通过下设二级事业单位履行社保经办职能。但是事实上，社会保障行政部门与经办机构还是不同程度地存在政事不分的问题。[①]

作为上级行政主管部门，人力资源和社会保障部门存在一定的职能定位模糊的问题。一方面，一些地方的行政主管部门对社会保障基本情况、数据掌握不齐全，将很多属于决策与监督性质的工作，如草拟发展规划、制定政策性文件、受理检举投诉书等工作转由社会保障经办机构承担，再以行政管理部门名义处理。另一方面，一些地方的行政主管部门直接干预具体业务，操控技术流程，如直接审批退休，核算基金支出，影响了社会保障规范管理和服务水平。部分地区甚至出现社会保障行政主管部门与经办机构合在一起办公、任意混岗使用、挤占挪用社会保障专项经费的情况。

作为执行机构，社保经办机构具有准金融机构的性质，本应是参保群体"代言人"和基金"守门人"，但由于法律责任主体、会计管理主体的地位不清晰，与行政主管部门关系未能理顺，工作独立性受到影响，降低了管理的专业化水平和服务效率。

（二）社会保障管理依然存在职责交叉与分散问题

改革开放后，特别是1985年"'七五'建议"提出要统管"社会保险、社会福利、社会救济"的构想以来，建立统一的社会保障机构几乎成为每次国家机构改革都"绕不开"的课题。然而，历经1988年、1993年、1998年、2003年、2008年五次行政机构改革，包含"社会保障"字样的政府机构名称从无到有、从有到变，但一个能够统管"社会保险、社会福利、社会救济"的社会保障行政机构始终没能建立起来。[②] 长期以来，我国社会保障呈现多家分管的格局。

当前我国社会保障管理呈现由人力资源和社会保障部、民政部两家主管，其他部委多家协管的格局：社会保险由人力资源和社会保障部管理；社会救济和社会福利特别是最低生活保障由民政部管理；农村合作医疗由卫生部管理；住房公积金和保障性住房由住房和城乡建设部管理；企业年

---

① 张中俊：《中国社会保障管理体制的改革探索》，《上海保险》1996年第9期。

② 岳宗福：《新中国60年社会保障行政管理体制的变迁》，《安徽史学》2009年第5期。

金由人力资源和社会保障部、保监会、证监会、银监会按照各自的管辖范围共同管理。[①]

多头管理的问题尤其集中地体现在医疗保障方面。目前，我国的医疗保障主要由三个部门分别管理：职工基本医疗保险、城镇居民基本医疗保险由人力资源和社会保障部门管理；新型农村合作医疗由卫生部门管理；城乡医疗救助由民政部门管理。此外，随着"新农保"的推行，在城乡二元体制下，部门之间缺乏联动机制，"一人一把号，各吹各的调"，政出多门和多头管理的问题普遍存在，基层社会保障部门超负荷运转，"没有枪没有炮，只有冲锋号"的困境进一步凸显。

多头管理造成以下主要问题：一是不利于统筹规划多层次社会保障体系。社会保障制度分属不同的部门管理，各部门分别制定发展规划，分别设计保障制度，难以发挥保障体系的整体功能，不利于建立保障层次分明、制度边界清晰、保障功能完善的多层次保障体系。二是不利于人员流动和保障待遇衔接。随着我国城镇化进程加快，人员流动日益频繁，就业方式转变，参保人员身份经常在城镇职工、城镇居民和农村居民间发生转换。但由于社会保障项目分属不同的部门管理，相互之间缺乏统筹协调，参保人员身份发生变化时，保障关系难以接续。三是不利于规范管理。各部门重复设立经办机构，各自建立信息系统，造成人力和财力浪费。医疗保障的城乡管理体制分割也造成了重复参保、重复补贴、重复报销等问题。

（三）社会保障经办机构服务能力有待提高

社会保障管理服务平台未能有效整合，导致信息沟通、资金监管、管理能力等方面存在问题。第一，从信息沟通看，不同部门建设的社会保障平台各自为政，信息系统各成孤岛，户籍、人员基本信息等重复采集，有些互相联系的保障项目却难以提供一站式服务。一个家庭或个人同时享有不同待遇时，却要跑多个机构，要分别理解不同窗口的政策规章，要反复向不同的机构提供相同的基本信息。第二，从资金监管看，社会保险资金分散在不同部门操作，风险节点多，审计、监督部门也必然要"分头出

---

① 安华：《完善我国社会保障管理体制的思考》，《宏观经济管理》2011 年第 11 期。

兵"，不利于提高风险监控效率。第三，从资源配备看，随着民生事业发展，各个社会保障经办机构都面临着任务加重、力量不足、手段落后、管理风险加大等压力，产生了"小马拉大车"的矛盾。目前全国社会保障管理机构人数约有 13 万人，省级约有 4000 人，地市级约有 4 万人，县（区）级大约有 9 万人。按照国际标准，经办人员与参保人员比例一般是 1∶2000 左右，我国平均大约是 1∶6000，有的地方甚至达到 1∶40000。越往基层，具体经办人越少，严重影响了管理和服务的质量。

三　社会保障管理体制改革的基本思路

根据"政事分开、管办分离"指导思想的要求，同时围绕城乡一体化发展、基本公共服务均等化等要求，推进社会保障管理体制改革，要着重把握以下五个方面。

（一）推进"政事分开、管办分离"，加强社会保障经办机构建设

基于"政事分开、管办分离"的原则，社会保障行政主管部门负责制度和政策制定、宏观调控和督促检查，不承担社会保障具体经办事务和基金运营管理。社会保障具体经办事务和基金运营管理由专门的经办机构承担。[1] 通过理顺和规范管办关系、监督机制，可使有关部门和机构职责分明，各司其职。一方面，促使行政管理部门进一步转变职能，集中精力进行重大决策规划，增强对社会保障经办服务和基金运营的有效监管，减少与防范社会保障基金运营的风险。另一方面，将具体微观事务交给经办机构承担，促使经办机构更科学有效地履行社会保障服务和基金运营管理职能，提高社会保障基金运营的效率和效益。

要遵循社会保障运行管理内在规律，科学合理地确定社会保障经办机构的职能，组建一个不依附于行政管理部门的、依法独立运营、统一高效的社会保障基金运营管理机构。[2] 社会保障经办机构要建立法人治理结构，实行理事会领导下的总经理负责制。理事会负责对社会保障基金的各种计划进行审核和监督。理事会由政府代表、雇主代表、雇员代表和专家等组

① 田家官：《论我国社会保障管理体制改革的若干问题》，《中国社会保险》1997 年第 2 期。

② 杨健敏、孙炳耀：《社会保障管理体制比较研究（四）》，《中国社会保险》1998 年第 10 期。

成，理事会的组成要确保社会保障基金的运营管理能够比较广泛地反映社会各方的利益和意志，确保社会保障基金能得到有效管理与合理使用。

要不断优化经办机构内部运行机制，在经费来源、人员聘任、薪酬标准等方面可实行更灵活的机制。同时，要强化监督机制，逐步增加理事会社会人士的比例，建立完善绩效评估、信息公开、审计监督等制度，实现社会保障基金的公开透明和安全高效运作。

（二）统合社会保障行政管理机构

适应社会经济发展的内在需求，社会保障行政管理机构应由目前的分散管理逐步向统一集中管理转变。[①] 首先，劳动者都有享受社会保障的平等权利，市场经济要求劳动力自由流动，因而所有劳动者在基本社会保障资金筹集和给付标准上应是大体统一的，不应由于所有制和身份的不同而有明显差别。为了实现基本公共服务均等化，适应市场经济发展与城乡一体化建设的需要，建立覆盖城乡、制度一体、标准统一的社会保障制度是大势所趋。统一的社会保障制度需要统一的管理体制与机构去贯彻落实，这就需要建立统一的社会保障行政管理部门，协调、解决社会保障体系建设中的重大事宜，统一规划、统揽制度、统筹资源，达到制度衔接、政策平衡、机制顺畅的目的。其次，社会保障具有强制性、互济性、社会性的特点，关系各种利益关系的调整，涉及国家、集体、个人之间的利益分配，一代人与下代人之间的利益分配，不同群体之间的利益分配，要推进社会保障建设，由国家统一立法，建立专门机构统一决策管理。否则，各部门分头决策，必然会造成政出多门、权责不清，造成政策执行中各种矛盾和问题，影响到社会保障事业的持续健康发展。最后，社会保障是一项系统工程，既有实施对象、享受条件、资金来源、支付标准、管理方式之间的配套协调问题，又有资金缴纳统筹、运营管理、分配使用之间的调节平衡问题，因此，必须建立统一的行政管理机构，从战略性、全局性高度，制定社会保障发展规划、政策和标准。

我国在社会保障管理体制改革过程中，多次提出过组建统一的社会保障行政部门的设想，但一直没有实现。考虑到现实因素的制约，避免改革

---

① 冯兰瑞：《再论社会保障管理体制的统与分》，《改革》1996 年第 2 期。

造成不必要的社会动荡，当前可考虑采取过渡性措施。2013 年《国务院机构改革和职能转变方案》提出，"城镇职工基本医疗保险、城镇居民基本医疗保险、新型农村合作医疗的职责等，（分别）整合由一个部门承担"，就是往社会保障行政管理机构统一迈了一大步。此外，可设立具有权威的社会保障委员会作为过渡形式。[①] 社会保障监督委员会负责组织研究、制定社会保障事业发展和改革规划，协调有关部门的关系，筹划保险基金保值增值等重大政策措施。待条件成熟时再筹建新的社会保障部委机构。

（三）构建综合的社会保障管理服务大平台

要按照中央关于"政事分开、管办分离"的要求，逐步将社会保险、社会救济、社会福利等各项社会保障工作的事务性职能从各行政部门剥离出来，以社会保险经办服务机构为依托，整合现有资源，构建综合的社会保障管理服务大平台，为城市、农村各类人员提供均等化、一站式服务。所有社会保障事务性工作实现前台一个窗口对外、后台一个系统支撑，在此基础上统一建设社会保障信息系统、网络和推行社会保障卡，进一步提高运行、监管效率和服务水平。将各项社会保障服务功能进行整合，构建综合的社会保障管理服务大平台，有利于发挥管理服务的规模效益，提高服务效率，方便群众办理社会保障事务，对保障和改善民生具有深远意义。

（四）制定完善相关法律体系

深化社会保障管理体制改革，应有法律保障。[②] 社会保障管理体制改革涉及各种利益关系的深刻调整，是既有权力格局的重新调整。改革的核心在于转变政府职能，既要求行政主管部门从具体经办等比较微观的职能转变到宏观调控、战略规划、监管等较为宏观的职能，又意味着要对相关部门原有职能进行重新整合，这必将直接影响到现实的部门利益，必将触及和改变中央与地方、地方与地方、部门与部门、领导与下属以及人与人之间的各种利益关系格局，这是本次改革面临的难点。要顺利推进改革，一定要有立法支持。虽然从 1988 年起，我国就已经实行"三定方案"，但"三定方案"既不是法律，也不是行政法规或规章，只是作为内部文

---

① 唐钧：《社会保障领域实行"大部制"须慎之又慎》，《理论前沿》2008 年第 11 期。
② 郭伟伟：《新加坡社会保障管理体制及对中国改革的启示》，《行政管理改革》2010 年第 7 期。

件存在，缺少刚性约束力。因此，首先，我国应该通过立法，科学具体地界定政府的社会保障职能，将政府社会保障职能法定化，为政府职能转变提供法制保障。其次，必须将社会保障行政机关、社会保障经办机构的设置及其职责权限进一步法定化。最后，应以法律形式对社会保障基金的筹集和管理、公民享受社会保障的权益、社会组织与公民个人参与社会保障管理的机制、侵害公民社会保障权利行为的处置等做出具体规定。有了立法保障，才有可能建立统一高效的社会保障管理体系。

（五）充分调动社会参与

改革开放以后，伴随市场经济体制改革的推进，我国社会保障制度进行了改革。社会保障资金来源于政府、企事业单位、个人等各个方面，不再由政府和单位统包统揽。这样既减轻了国家财政负担，又能调动全社会的资源提高社会保障水平。与此同时，社会保障资金的收缴、发放、运营管理等具体操作事务，也都实行了社会化管理。但是，当前我国社会保障管理中一个突出问题是社会参与程度不够，参保人缺少维护自身社会保障权益的合法途径。因此，改革社会保障管理体制的一个重要方面，就是要建立完善社会参与管理的有效机制，在政策制定、执行、监督等各个环节，充分发挥社会组织、自治团体和公民个人的作用，从而提高社会保障政策制定的科学化、民主化水平，提高社会保障管理的规范性和效率。

第四节 "政事分开、管办分离"改革实例（二）
——香港公立医院管理体制的构建

长时间以来，"看病难，看病贵"一直是困扰政府的一道难题。为了革除现有的医药卫生体制的弊端，推进我国医药卫生事业的发展，满足人民群众日益增长的多层次的医疗卫生需求，2009 年 3 月 17 日，中共中央、国务院出台了《关于深化医药卫生体制改革的意见》（以下简称《意见》），《意见》提出了新医改的目标和基本思路。在新医改确立的五项重点工作中，难度最大、牵涉利益最多的是公立医院的改革。对于公立医院的改革，《意见》指出，要积极探索"政事分开、管办分离"的有效形式；完善医院法人治理结构；加快形成多元化办医格局，鼓励民营资本举办非营利性医院等。事实上，早在新医改方案出台之前，上海、无锡、北京等地就按照"政事分开、管办分离"的思路，对公立医院管理体制进行了多年的改革探索，目前各地多种改革模式不断引起各级政府与有关方面的关注。

香港公立医院的管理体制，正是按照"政事分开、管办分离"的原则构造的，无论是世界卫生组织，还是我国卫生部，都认为香港公立医院管理架构是比较成功的改革模式。探讨香港公立医院管理体制，无疑对我国内地公立医院管理体制改革具有重要的借鉴意义。

一　香港公立医院管理体制改革的背景

香港公立医院管理体制改革之前，香港的公立医院属政府管理，由卫生署直接负责，经费由政府直接拨付。在这些公立医院就诊几乎接近免费，公立医疗机构严格执行双向转诊，以疾病严重情况排队来控制病人就诊总量。私营诊所及医院则以服务质量争取病人。当时大部分市民生小病就到私营诊所求医，或选择中医；生大病就到公立医院排队就诊。政府基础门诊主要负责监测与控制流行病，并为贫困家庭提供医疗服务。由于公立医院管理体制与内部运行机制不顺，医院在运行过程中产生了大量问题：一是政府举办的公立医院负担沉重，有限的财政投入难以满足公众的医疗服务需求。二是公立医院医疗服务水平相对香港社会经济发展明显滞后。三是公立医院就诊环境拥挤，看病等候时间过长，医护人员服务态度恶劣。四是公立医院经费来自政府，医生薪酬水平难以提高，工作人员士气低下。五是公立医院的医护人员流失严重，工会还发起各种抗议活动。[①]

为改善香港公立医院的管理，提高医疗服务水平，香港政府委托澳大利亚的顾问公司给出咨询建议。1985年发表的咨询报告有如下两点建议：一是所有公立医院必须统一管理，严格执行政府政策，由政府给予拨款。二是这一机构必须是独立于政府之外的法定机构，侧重于权力下放及减少层级，广泛推行管理培训，提高医院管理层的管理能力，真正按医疗机构自身运行规律办事，以增强医院活力。经过咨询公众意见，香港政府采纳了顾问公

---

① 　根据国家卫生部第二期公立医院改革与管理论坛材料汇编整理。

司的建议，1988 年组成"临时医院管理局"，1989 年立法局通过了《医院管理局条例》。经过 1 年多的试运行和筹备工作，1990 年 12 月 1 日正式成立医院管理局（Hospital Authority，HA）。1991 年 12 月 1 日，医院管理局接管了香港所有公立医院和医疗机构，实行统一管理。[①]

二　改革后的公立医院管理体制

香港公立医院管理框架如图 5 - 2 所示。香港公立医院管理体制正是按照"政事分开、管办分离"的原则构造的。香港食物及卫生局是政府主管部门，政府负责制定医疗卫生的政策；负责控制总的预算和收费水平，并作政策性指导；任命医院管理局董事局成员及行政总裁，同时监督各项政策的推行，以保障和促进市民的健康，为每位市民提供全面的终身医护服务，并确保市民不会因缺乏金钱而无法获得适当的医疗服务。医院管理局属法定非政府部门的公营机构，通过食物及卫生局向政府负责，直接管理和掌控香港所有公立医院和基层医疗机构，除了董事局成员和行政总裁由政府任命外，其他人员任命安排都由医院管理局负责。此外，香港卫生署作为香港特区政府的卫生顾问，是隶属于香港食物及卫生局的行政部门，其有两项主要职能：一是负责管理公共卫生及港口卫生；二是监管私立医院。该署致力于推行促进健康、预防疾病、医疗及康复等服务，保障市民的健康。

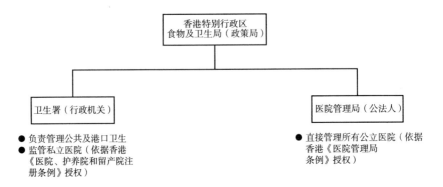

图 5 - 2　香港特区政府的医院管理构架

---

① 赵丹丹：《香港公立医院管理体制的演变》，《中国医院院长》2007 年第 9 期。

根据香港《医院管理局条例》，香港与公立医院管理有关的政府部门职责分工如下。

行政长官的职责包括：第一，指明医院服务。第二，任命医院管理局成员，批准医院管理局成员的辞职申请。第三，为照顾公众利益，向医院管理局发出一般性或具体性的书面指示，医院管理局须予遵从。第四，通过命令修订医院管理局管辖医院及其他医疗机构的范围。第五，确定医院管理局主席的委任条款和条件。第六，雇用主要行政人员（包括雇用条款和条件）或将主要行政人员停职或解雇，须经行政长官批准。第七，宣布医院管理局成员职位悬空并发出通知。在现实中，行政长官行使权力，通过食物及卫生局局长实施。

立法会的职责包括：第一，制定和修订《医院管理局条例》。第二，审核并确定医院管理局预算。第三，审核医院管理局年度事务报告、年度账目报表和会计师就该账目报表所作的报告。

食物及卫生局的职责包括：第一，就医院管理局借贷款项数额，向医院管理局发出一般性或具体性的书面指示，医院管理局须予遵从，并审批医院管理局借款申请。第二，审批医院管理局对外投资款项。第三，获取资料的权力，包括医院管理局财产、法律责任及事务的资料，要求医院管理局按照规定方式和时间提交申报表、账户以及其他资料。第四，就医院服务收费，向医院管理局发出一般性或具体性的书面指示，医院管理局须予遵从。第五，确定医院管理局支付给医院管理局成员以及区域咨询委员会、医院管治委员会成员的费用和津贴。食物及卫生局局长行使以上第一、二和五项权力，须咨询财经事务及库务局局长。

财经事务及库务局职责包括：第一，就医院管理局可支出的款项数额，向医院管理局发出一般性或具体性的书面指示，医院管理局须予遵从。第二，就食物及卫生局审批医院管理局借贷款、对外投资和支付成员和委员会成员费用和津贴提出咨询意见和建议。

审计署职责包括：第一，对医院管理局使用资源是否符合经济原则及讲求效率的情况进行审核。第二，查阅审核所需要的一切文件，并要求有关人员提供资料和解释。第三，向立法会报告审核结果。

卫生署职责包括：第一，卫生署长或其代表作为医院管理局的官方成员。第二，卫生署长或其代表作为区域咨询委员会的官方成员。第三，与医院管理局协调医院服务和健康服务关系。

医院管理局须向政府报告或请求的事项主要包括：第一，就公众对医院服务需求所需资源向政府提供意见。第二，就医院服务所需费用向食物及卫生局局长提出恰当建议。第三，拨款于自主参与公众健康的慈善机构及其他机构和人士，须经食物及卫生局局长批准。第四，成立法团并将职能和权力授予该法团，须经食物及卫生局局长批准。第五，借贷款项须经食物及卫生局局长批准。第六，医院管理局非即时需用的盈余资金用于对外投资，须经食物与卫生局局长批准。第七，在财政年度届满9个月内向食物及卫生局局长提交年度事务报告、年度账目报表和会计师就该账目报表所作的报告，食物及卫生局局长须将其提交立法会审阅。第八，根据食物及卫生局的要求，提供关于医院管理局财产、法律责任及事务资料，按照食物及卫生局规定的方式和时间，提交申报表、账目及其他资料，通过其他协助以核实资料。第九，雇用主要行政人员（包括雇用条款和条件）或将主要行政人员停职或解雇，须报行政长官批准，等等。①

三 香港医院管理局的治理模式

香港医院管理局辖下有41家公立医院（医疗机构），共提供27200多张病床、48间专科门诊诊所及74间普通科门诊诊所；拥有雇员约55000人，2008/2009年度的经常性开支预算为310亿港元。在2008/2009年度香港政府向医院管理局做出的经常性拨款是305亿港元。目前，全港94%的医院服务是由公立医院提供的，另外6%由私人医院提供。②

根据《医院管理局条例》，医院管理局是永久延续的法团，其成员由香港特别行政区行政长官任命。医院管理局设主席1名，须不是公务员；公务员不超过3名；主要行政人员不超过4名，其他成员不超过23名，均须不是公务员。医院管理局主要由医院管理局大会及各专门委员会、医院管理局总部行政总裁、医院管理局总部及有关部门等机构组成，其内部治理结构见

---

① 资料来源于国家卫生部第二期公立医院改革与管理论坛材料汇编。
② 李世界、石宏伟：《改善治理结构是提升公立医院绩效的关键》，《中国医院》2010年第7期。

图 5-3。医院管理局大会下设有 11 个功能委员会、3 个区域咨询委员会和 38 个医院管治委员会，为医院管理局决策提供指导和咨询。医院管理局大会成员一般有 20 多人，主要由企业家、立法会议员、医护专业人士、社区代表和公职人员组成。医院管理局由行政总裁负责日常事务管理，下设总办事处。总办事处作为在整体统筹策划方面的枢纽，现在设有联网服务总监、策略发展总监、素质及安全总监、财务总监、机构事务主管、人力资源主管、总内部会计师和资讯科技总监。职责是在策略规划、整体管理、制定政策和订立标准、医疗资源配置和共享以及专业人员培训等方面为下属医院提供支持。

　　11 个功能委员会包括行政委员会、审计委员会、人力资源委员会、支援服务发展委员会、财务委员会、中央投票委员会、医疗服务发展委员会、公众投诉委员会、资讯科技服务管治委员会、职员上诉委员会、紧急应变策导委员会（只在紧急情况下启动）。功能委员会就医院管理局内部决策事项向医院管理局大会提供意见。3 个区域（港岛区域、九龙区域和新界区域）咨询委员会，主要职责是就各区内的医疗服务监管向医院管理局大会提供咨询意见。

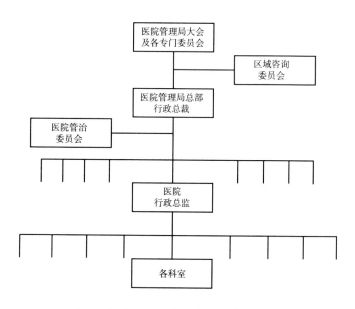

图 5-3　香港医院管理局法人治理结构

资料来源：国家卫生部第二期公立医院改革与管理论坛材料汇编。

从图 5 - 3 可以看出，香港医院管理局内部已经建立了完善的法人治理结构，实现了决策权、执行权和监督权的适度分离和相互协调。从决策权看，医院管理局大会及各专门委员会负责医院管理局的总体决策。从执行权看，医院管理局的决策事项的执行由行政总裁负责，由医院管理局总部工作人员具体承担。从监督看，医院管理局大会负责对医院管理局运行的总体监督；区域咨询委员会向医院管理局大会负责，承担对各区域的监督职责；医院管治委员会向行政总裁负责，承担对各医院的具体监督职责。

由此可见，香港公立医院管理权责界定清晰合理、运行高效规范，较好地体现了公平和效率的结合。一方面，通过医院管理局大会体现了社会利益相关群体的需求，实现了有效的社会监督；另一方面，引入了私营企业的管理机制，提升了公立医院的运行效率和服务能力。目前，八成以上需要住院的病人都选择入住公立医院，接受收费低廉而优质的医疗服务；医院管理局药费开支仅占其医疗服务开支的 7.4%；医院管理局医疗服务开支仅占香港国民生产总值的 2.2%，却承担了香港 91% 的住院病人及重症患者；香港市民对香港的医疗制度最有信心，信心指数高达 72%。

通过对公立医院管理体制实行"政事分开、管办分离"改革，建立完善医院管理局内部的法人治理结构，香港公立医院的整体服务绩效有了明显提升，较好地满足了香港居民的医疗服务需求。

我国内地在推进事业单位改革过程中，要借鉴香港医院管理局的成功经验，重新定位公益类事业单位，切实实行"政事分开、管办分离"，使公益类事业单位脱离行政级别和对政府部门的依附关系，将独立法人地位落到实处，依法构建公益类事业单位的法人治理结构，建立和完善相关政府部门代表、服务对象代表、管理层和员工代表，以及其他利益相关者多元参与、民主透明、高效规范的治理模式。完善决策权、执行权、监督权既相互制衡又彼此协调的运行机制，从而确保事业单位供给公共服务的公平性，不断提高事业单位供给公共服务的效率和能力。

第五节　推进事业单位养老保险制度改革

事业单位改革涉及利益关系的深刻调整，触及体制机制的深层次矛盾，是一项复杂的系统工程，需要人事制度、收入分配制度、社会保障制度、财政投入等实行配套改革，中发〔2011〕5 号文件和 11 个配套文件也已制定了相关政策。配套改革在推进过程中，必然要处理改革政策的平衡和衔接问题，各项改革政策措施还需要进一步细化和操作化。事业单位养老保险制度改革，由于涉及广大事业单位工作人员高度关注的切身利益，直接影响事业单位从业人员积极性和创造性的发挥，影响事业单位供给公共服务能力的提高，因此推进事业单位养老保险制度改革至关重要。与此同时，该项改革难度比较大，在一定程度上成为制约事业单位改革顺利推进的瓶颈，因此，当前亟须破解事业单位养老保险制度改革难题。

事业单位养老保险制度改革是当前我国事业单位改革的重要内容，也是改革的难点。长期以来事业单位实行退休制度，这对于保障事业单位退休人员生活、促进事业单位发展发挥了重要作用。但随着社会主义市场经济体制的建立和发展，事业单位退休制度暴露出的弊端日益突出。2008年3月，国务院发布了《事业单位工作人员养老保险制度改革试点方案》，在山西、上海、浙江、广东、重庆 5 个省市先期开展事业单位养老保障改革试点。时隔 6 年，总结试点地区改革的成效，解决改革中所遇到的问题，切实推进事业单位养老保险制度改革发展，是当前需要深入研究的重大现实问题。

一　现行制度框架①

在试点方案中，事业单位养老保险制度改革的总体思路是：根据党的十四届三中全会关于城镇职工养老和医疗保险由单位和个人共同负担，实行社会统筹和个人账户相结合的要求，按照权利与义务相对应、公平与效率相结合、保障水平与经济发展水平及各方面的承受能力相适应的原则，逐步建立起独立于事业单位之外、资金来源多渠道、保障方式多层次、管理服务社会化的养老保险体系。

---

① 参见《国务院关于印发事业单位工作人员养老保险制度改革试点方案的通知》（国发〔2008〕10 号）以及《国务院办公厅关于印发分类推进事业单位改革配套文件的通知》（国办发〔2011〕37 号）中所附《事业单位职业年金试行办法》。

改革方案主要内容如下。

（1）实行社会统筹与个人账户相结合的基本养老保险制度。基本养老保险费由单位和个人共同负担，单位缴纳基本养老保险费（以下简称单位缴费）的比例一般不超过单位工资总额的20%，具体比例由试点省（市）人民政府确定。个人缴纳基本养老保险费（以下简称个人缴费）的比例为本人缴费工资的8%，由单位代扣。个人工资超过当地在岗职工平均工资300%的部分，不计入个人缴费工资基数；低于当地在岗职工平均工资60%的，按当地在岗职工平均工资的60%计算个人缴费工资基数。

（2）基本养老金的计发办法。方案实施后参加工作、个人缴费年限（含视同缴费年限，下同）累计满15年的人员，退休后按月发给基本养老金。基本养老金由基础养老金和个人账户养老金组成，退休时的基础养老金月标准以当地上年度在岗职工月平均工资和本人指数化月平均缴费工资的平均值为基数，缴费每满1年发给1%。个人账户养老金月标准为个人账户储存额除以计发月数，计发月数根据本人退休时城镇人口平均预期寿命、本人退休年龄、利息等因素确定。方案实施前参加工作、实施后退休且个人缴费年限累计满15年的人员，按照合理衔接、平稳过渡的原则，在发给基础养老金和个人账户养老金的基础上，再发给过渡性养老金。具体标准由各试点省（市）人民政府确定，并报劳动和社会保障部、财政部备案。

（3）建立基本养老金正常调整机制。为使事业单位退休人员享受经济社会发展成果，保障其退休后的基本生活，根据职工工资增长和物价变动等情况，国务院统筹考虑事业单位退休人员的基本养老金调整。

（4）建立职业年金制度。为建立多层次的养老保险体系，提高事业单位工作人员退休后的生活水平，增强事业单位的人才竞争能力，在参加基本养老保险的基础上，事业单位建立工作人员职业年金制度。具体办法由劳动和社会保障部会同财政部、人事部制定。

（5）逐步实行省级统筹。进一步明确省、市、县各级人民政府的责任，建立健全省级基金调剂制度。具备条件的试点省市可从改革开始即实行省级统筹；暂不具备条件的，可实行与企业职工基本养老保险相同的统筹层次。

　　试点方案提出了事业单位养老保险制度改革的主要措施，其实质要点集中表现为以下三点。

　　第一，制度设计与企业模式基本一致，即实行社会统筹和个人账户相结合的制度模式。养老保险费由单位和个人共同负担。单位缴纳基本养老保险费原则上不超过工资总额的20%，个人缴费为本人工资的8%，并建立基本养老保险个人账户，全部由个人缴费形成，实行自我积累。

　　第二，由过去的现收现付制变为部分积累制。目前，机关人员及多数事业单位养老金采取现收现付模式，职工退休时按照本人退休前最后一个月基本工资的一定比例发放。而积累制是职工在工作期间就往自己的个人账户存钱，积累养老金。职工在职时积累越多，退休后能发放的个人账户里的养老金就越多。社会统筹与个人账户相结合是部分积累制，社会统筹部分实行现收现付制，个人账户部分实行基金积累制。

　　第三，养老金的内部结构发生变化。过去职工退休后领取退休金，改革后事业单位养老金由两部分组成：一部分是基本养老金，一部分是职业年金。

　　综上所述，试点方案提出的事业单位养老保险制度改革最具实质性的内容是逐步和企业的基本养老保险制度并轨，实行统一的社会统筹与个人账户制度。

二　我国事业单位养老保险改革试点的成效与问题

　　深圳市和上海市是我国较早进行改革试点的地区，除这两个城市以外，其他试点省市虽然没有实行系统的制度变革，但也在进行局部的改革探索。各试点地区通过事业单位养老保险制度的改革试点，初步探索建立了国家、单位和个人三方共同负担的基金筹集机制，为事业单位养老保险制度改革在全国的推行积累了宝贵经验。各地取得的成效具体表现在以下几个方面。

　　第一，有效地发挥了养老保险的社会互济功能。改革试点地区大都建立了事业单位养老保险基金，采取以支定收、略有结余的部分积累原则。养老保险基金的建立，改变了原来各单位分散管理的局面。养老保险基金的集中统一管理和支出，有效地发挥了社会保障的互助共济功能，有利于为事业单位退休职工提供稳定的保障。

第二，提高了人们的自我保障意识。试点地区普遍实行养老保险费用由国家、单位和个人共同负担的筹资方式，改变了原来事业单位养老保障完全由国家或单位负责筹资的做法，实行个人缴费制度，弱化了人们对单位的依赖心理，增强了个人参保意识。

第三，为事业单位人事制度改革提供了重要保障。事业单位人员的流动问题一直是困扰其人事制度改革的难点，各改革试点地区通过建立养老保险制度，为事业单位职工在机关、事业与企业之间的合理流动提供了有力的保障，从而有利于人事制度改革的顺利推进。

第四，推动了养老保险的社会化管理工作。一些改革试点地区积极探索养老保险基金管理与保险对象管理有机结合的社会化服务途径。养老金实行社会化发放，将养老金由单位支付逐步转变为由社会保险经办机构直接发放，逐步减轻了事业单位的负担，提高了养老保险工作的效率。

事业单位养老保险制度改革试点中存在如下问题。

尽管深圳、上海等地的改革试点工作取得了一定的效果，但是不可否认的是，国家对事业单位养老保险制度改革缺少统一明确的实施方案，加之受事业单位养老保险制度改革自身具有复杂性等诸多因素的影响，当前事业单位养老保险制度改革试点过程中仍存在许多问题亟待解决，试点省市在探索事业单位养老保险制度改革中工作不平衡，有的地方推进力度相对较大，有的地方踯躅难行，总体来看进度缓慢。改革试点中存在的问题主要表现为现有政策不明朗、配套政策没有到位。

1. 改革范围难以确定

这次事业单位改革，将现有的事业单位分为三大类：承担行政职能的行政类事业单位、从事公益服务的公益类事业单位、从事生产经营活动的经营类事业单位。按照事业单位分类改革的意见，行政类事业单位回归机关，生产经营类事业单位转制为企业，改革以后的事业单位仅指从事公共服务的公益类事业单位。试点方案特别说明，该方案适用于分类改革后从事公益服务的事业单位及其工作人员。从一定意义上说，分类改革是事业单位养老保险改革的前提与基础。但目前事业单位分类改革工作尚未完成，纳入基本养老保险制度改革的公益性事业单位无法完全确定，养老保险改革也就难以全面顺利推进。

2. 政策内容不够明晰，难以操作

首先，关于改革的适用单位和人员范围、缴费基数等还有待深入研究，出台更具体的政策条文。其次，对于职业年金，缺少明确的政策规定。《事业单位职业年金试行办法》中仅提出，"建立职业年金，应当由单位与工会或职工代表通过民主协商确定，并制定职业年金方案"。但是，对于职业年金的经费来源、收缴比例、计发办法与待遇标准等关键内容，缺少明确规定。最后，对于"中人"过渡期、过渡养老金缺少明确的政策规定。试点方案的一个基本精神是"老人老办法、新人新制度、中人有过渡"。为了保证改革前参加工作、改革后退休的职工（即"中人"）养老金待遇不降低，政策规定下发过渡养老金。但对于过渡期时间、过渡养老金的具体资金来源、待遇标准等重要内容，试点方案缺少具有可操作性的政策。

3. 相关政策没有配套落实

事业单位养老保险制度与收入分配制度、人事制度、财政体制等制度体系具有很强的关联性，这些相关制度目前也处于改革进程中，制度安排与政策规定尚未明确或落实，从而影响了养老保险制度改革的进程。如《事业单位工作人员养老保险制度改革试点方案》出台时，尚未出台绩效工资制度。随着绩效工资制度改革的逐步到位，现行事业单位人员退休费计发办法将随之发生较大调整，必须考虑与事业单位绩效工资制度的衔接问题。因此，在各地事业单位绩效工资制度实施到位之前，试点地区出台基本养老制度改革具体方案的难度较大。

三 对改革中存在问题的路径依赖分析

为什么事业单位养老保障改革难以顺利推进？阻力何在？笔者基于路径依赖的理论视角，分析改革受阻的原因。路径依赖（Path Dependence）是新制度主义制度变迁理论的重要内容。道格拉斯·诺斯将布兰·阿瑟技术演进的路径依赖思想拓展到社会制度变迁领域，对制度变迁中的路径依赖现象进行了分析。他指出，制度变迁和技术变迁一样存在报酬递增和自我强化机制。初始制度安排会影响制度变迁，制度变迁一旦走上某一条路

径，它的既定方向会在以后的发展中得到自我强化。① 事业单位养老保障制度初步形成于计划经济时期，经过多年的运行，已形成较稳定的制度规则体系和鲜明的制度特征，其改革过程中表现出明显的路径依赖。

事业单位养老保障制度改革中的路径依赖可从以下三方面进行分析：单位养老保障的体制惯性、养老保障"双轨制"的制约、思想观念的束缚。这三方面强化了已有的事业单位养老保障制度，使当前的改革试点遭遇较大阻力。

（一）　单位养老保障的体制惯性

如前所述，新中国成立后，我国借鉴苏联的国家保障理念与运行模式，在推进工业化进程的同时，在城镇的机关、企事业单位中逐步建立各项保险制度。1969 年财政部颁发《关于国营企业财务工作中几项制度的改革意见》，规定国营企业停止提取劳动保险金，企业劳动保险退回到单位保障。与此同时，管理社会保险的机构内务部被取消，民政部门被撤除，致使一些符合退休条件的人员不能及时安排退休，干部和职工走向终身制。② 改革开放之初，劳动保险制度逐渐恢复建立。1978 年国务院颁布《关于安置老弱病残干部的暂行办法》《关于工人退休、退职的暂行办法》。尽管这两个文件对机关、事业单位和企业退休人员养老保障做出不同的规定，但是，制度安排的实质是一致的，都是单位化的养老保障制度，具有单位体制的特性。事业单位养老保障制度的单位化，是国家计划经济时期一系列政治经济制度运行的结果，其与"政事合一"的事业单位管理体制、"统招统配"的劳动用工制度、国家统一计划管理的工资制度等单位体制的基本制度安排是高度整合的。

路径依赖理论认为，制度变迁的初始条件至关重要。制度在变迁过程中会产生自我强化机制，而且一项制度的选择会给社会提供一些获利的机会，产生协调效应，促成其他相应制度的产生，这些制度之间相互交错，形成一个制度网络。这种制度网络会使调整或退出这项制度的成本很高，从而陷入制度的"锁定"状态。事业单位养老保障的现行制度起源于计

---

① 〔美〕道格拉斯·诺斯：《制度、制度变迁与经济绩效》，上海三联书店，1994，第 132 页。
② 文太林：《事业单位养老保险的现状和前景》，《现代经济探讨》2012 年第 7 期。

划经济时期，是单位体制的重要构成部分，与单位体制的其他相关制度安排高度整合。这是改革面临的现实起点。改革事业单位养老保障制度，不是从无到有创建新规则，而是要在原有的单位养老保障的基础上进行调整优化，这就必然需要面对单位养老保障具有的体制惯性，会受到其他制度的掣肘与制衡。在理性分析事业单位养老保障所具有的单位体制惯性的基础上，逐步革除其养老保障所蕴含的体制惯性，既是事业单位养老保障制度改革的必要条件，也是当前改革面临的突出难点。

（二）养老保障"双轨制"的制约

1. "双轨制"与待遇差距

市场经济体制初步建立后，提出了改革单位保障制度的迫切要求。1986年，国务院下发《关于发布改革劳动制度四个规定的通知》，规定国家机关、事业单位和社会团体人员的退休养老实行社会保险制度。但事实上，作为国有企业改革的配套措施，企业先行开展社会养老保险制度的改革。1991年国务院发布《关于企业职工养老保险制度改革的决定》，1997年正式确立了对企业职工实行社会统筹与个人账户相结合的社会基本养老保险制度。其后企业社会养老保险制度改革逐渐深入和完善。

在企业养老保障制度经历了较大变革的同时，机关、事业单位养老保障制度改革却严重滞后。[①] 长期以来，企业实行社会基本养老保险制度，机关、事业单位沿袭计划经济时期的退休制度。机关、事业单位和企业分别实行不同的养老保障制度，我国养老保障制度逐渐形成了以机关、事业单位工作人员和企业职工为分野的"双轨制"。两类制度的区别表现为以下方面。

从筹资模式看，机关、事业单位实行以国家财政作保障的非缴费型退休保障制度，职工不需要缴纳养老保险费用。退休金当期平衡，没有基金积累。而城镇企业职工实行社会统筹与个人账户相结合的部分积累制，从制度设计上对原有的现收现付制进行了改革。养老金主要来源于企业和职工缴纳的社会养老保险费，企业缴费部分形成社会统筹资金，在统筹范围

---

① 郑功成：《中国社会保障改革与发展战略》（养老保险卷），人民出版社，2011，第809页。

内实行再分配；个人缴费部分建立个人账户，形成积累资金，以应对人口老龄化问题。

从待遇支付看，机关、事业单位工作人员获得的是待遇确定型养老金，机关单位退休金以个人退休前职务工资和级别工资之和为基数，事业单位以个人岗位工资和薪级工资之和为基数，退休金替代率达80%～90%。而我国企业职工社会基本养老保险制度的实际替代率只有50%左右。

从管理方式看，机关、事业单位的退休制度是计划经济时期的产物，由单位负责日常管理、待遇核算及发放，并不具有社会保险应有的社会化特征。而城镇企业职工养老保险基本已经实现社会化管理，由统一的社会保险经办机构负责养老保险费征收和养老金发放。

事业单位与城镇企业职工养老保障的双轨制，导致事业单位与企业的养老金待遇差距持续拉大。从整体待遇水平看，企业职工相对于机关、事业单位工作人员较低。工作资历相近、年限相同的职工，从企业退休和从国家机关、事业单位退休后养老金待遇差距明显。从1991年到2005年，公务员人均退休工资的年均增长率是16.3%，事业单位是15.8%，而企业仅为10.9%。据2005年公布的统计数据，企业、事业单位、机关退休职工养老金比例为1∶1.8∶2.1。2005年以后，不再系统地公布有关数据了。但据测算，目前基本还是保持这个比例，从总体上看，机关、事业单位工作人员退休待遇是企业职工的两倍左右。

2. 制度并轨与转制成本

进一步分析双轨制对事业单位养老保障制度改革的阻碍作用，其更深层的根源在于转制成本悬而不决。

按照试点方案思路，从事公益服务的事业单位建立社会基本养老保险制度，养老保险费用由单位和个人共同负担，实行与缴费相联系的待遇计发办法，逐步实行省级统筹，建立职业年金制度，实行养老金社会化发放。该方案的主要内容和制度设计与城镇职工养老保险制度几乎完全一致，可看成将事业单位和企业的养老保障制度逐步并轨。

事业单位和企业社会基本养老保险制度改革，实质内容是以基金积累制逐步取代现收现付制。由现收现付制向基金积累制过渡，最大的困难是改革时已退休和已参加工作的职工，即"老人"和"中人"的个人账户没有积累基金。制度要转型，这部分资金就构成转制成本。转制成本应该由国家承担，根据"老人""中人"在改革前已经工作的年限进行核算补偿。

事业单位和企业的基本社会养老保险制度要逐步并轨，而截至目前，国家并没有正式出台解决企业转制成本问题的政策。企业建立基本社会养老保险制度时，我国财力十分薄弱，政府出政策不出钱，转制成本相当于转移给企业和个人负担了。按照目前正式的制度安排，在职的企业职工，既要为自己未来的老年生活积累个人账户养老金，又要负担上一代人的养老，缴费负担较重。事实上，目前相当一部分企业不愿参加社会养老保险，仍在保险覆盖范围之外，已经参保的许多企业也倾向于以各种方式减缓缴费压力，实际上收缴的养老保险费低于应缴纳的保险费。正因如此，2013年有19个省的养老保险基金收不抵支，需要财政投入和个人账户资金支持才能保证当期退休职工养老金的按时发放。政府财政对企业职工养老保险的补助意味着政府通过非正式的方式承担了部分的转制成本。然而，由于转制成本在正式制度安排上尚没有明确的、可操作的政策出台，因此大部分地区企业职工个人账户只是名义账户，个人账户里的资金不得不弥补社会统筹部分的不足，即用于当期养老金的发放。当前事业单位要由现收现付制转向部分积累制，同样面临转制成本的问题。对于转制成本的资金来源，改革方案未做出明确的规定。如果事业单位转制成本不妥善解决，个人账户与职业年金的资金来源就得不到有效保障。即使近期事业单位职工退休待遇不会降低，但是一旦老龄化高峰来临，财政运行出现困难，个人账户就可能会出现空账问题，职业年金也难以落到实处。

双轨制已实行多年，形成了较稳定的待遇差别，而且不同制度下职工的养老待遇差别较大。"人们过去做出的选择，决定其现在可能的选择。"在政府没有明确解决转制成本问题的前提下，事业单位和企业的并轨很可能伴随养老待遇的降低。双轨制并不是问题的关键，双轨制下的待遇差距大才是根本问题。正因如此，"已经建立的制度总会千方百计地维护自身的存在，路径依赖是不可避免的"。

（三）思想观念的束缚

制度的实施并不能完全符合决策的意图，除了受到正式制度安排自身缺陷的制约外，还受到许多非正式制度的影响。那么，非正规约束的来源是什么呢？按照诺斯的观点，它们来源于历史积淀下来的文化传统。"文化可定义为一代一代的遗传或者通过对知识、价值和其他要素的教诲与模仿来影响行为。""文化提供了一个以语言为基础的概念框架，用以破译与解释呈现到大脑中去的信息。"① 这里诺斯要强调的是，文化的渗透方式提供了制度变迁的连续性。也就是说，过去解决问题的非正规方式会带到现在，作为一种非正式的制约，影响人们的社会心理与行为模式，从而使制度的变迁具有一定意义上的连续性与滞后性。

文化传统、思想观念等非正规约束对制度变迁具有深远的影响。青木昌彦将制度解释为人们对于游戏规则共有的信念，"它作为共有信念面对环境的微小而连续的变化是稳固和耐久的"。② 他认为规则是内生的，它们是博弈的参与者在长期、反复的互动中形成并最终"自我实施"的，制度的变化就是人们对博弈规则共享的信念发生变化的结果，而人们共享的信念要真正发生变化应该是一个相当缓慢的过程。

随着市场经济体制的建立与完善，国家统一集中管理、占有和分配各种资源的体制格局被打破，单位对国家和上级单位的依赖性在不断弱化，个人及单位成员对单位组织的依赖性也在逐步弱化。但是，计划经济时期形成的单位体制及由此产生的人们对单位的惯性依赖心理并未完全消除。在事业单位和机关，这种惯性依赖心理表现得尤为强烈。长期以来，事业单位，特别是全额拨款的事业单位都是由政府统一管理，退休后仍是单位的人，退休金由单位发放，这种自计划经济时期沿袭下来的退休制度的行政化管理方式，不断强化人们对单位的归属感和依赖感。此外，我国传统社会的官本位观念、等级观念、特权观念，在当前社会中仍有遗留，③ 职位、级别成为人们衡量社会地位和个人能力的重要标志，这导致事业单位

① 〔美〕道格拉斯·诺斯：《制度、制度变迁与经济绩效》，上海三联书店，1994，第 50 页。
② 〔日〕青木昌彦：《比较制度分析》，上海远东出版社，2001，第 236 页。
③ 胡珊琴：《新中国行政机构改革的路径依赖分析》，《中国行政管理》2008 年第 5 期。

工作人员产生相对于其他社会成员的优越感。

按照《事业单位工作人员养老保险制度改革试点方案》要求，实行社会养老保险制度改革后，退休金将由社会保险部门支付，退休人员与单位的关系趋于淡化，因此人们会有一种失落感和不安全感。此外，事业单位工资待遇、退休待遇长期以来比照行政机关发放，这次改革却把事业单位单独抽出来，与企业养老保险制度一致，而机关、事业单位和企业养老待遇具有明显的落差，这导致事业单位人员对此次改革所能达到的公平性产生疑虑，职工普遍担心自身利益在改革中严重受损，更加深了对改革的抵触心理。

四　对路径依赖的突破

沿着既定的路径，经济和政治制度的变迁有可能进入一种良性循环，也有可能沿着原有的路径继续发展，甚至被锁定在一种低效的状态下，陷入制度变迁的恶性循环。当一种制度锁定在无效状态时，路径突破势在必行。当前事业单位养老保障制度改革严重受阻，基于前文对改革中的路径依赖分析，要打破制度的低效锁定状态，亟须针对阻碍改革的制约因素，进一步明确把握改革的目标与基本原则。

改革真正的动力，一定是来自社会的需求。事业单位养老保障制度的改革，同样是为了适应社会经济发展的需要。首先，事业单位养老保障制度改革，是事业单位改革的重要组成部分，要切合事业单位改革的总体目标和整体部署，变革原有的单位保障模式，消除工作人员对事业单位不应有的惯性依赖，充分发挥工作人员的能动性与创造性。其次，养老保障的双轨制既不利于公平又损害效率。双轨制导致不同制度覆盖范围内的群体养老待遇差别较大，损害了社会公平和社会公正，不利于构建社会主义和谐社会。从劳动力资源配置效率角度来看，养老保障待遇差别阻碍了作为重要生产要素的劳动力的流动，不利于劳动力资源的优化配置，阻碍了经济的发展。最后，当前社会保障制度要应对的最大挑战来自人口老龄化的危机。2030～2050年，是我国老龄化的高峰期。事业单位养老保障制度从现收现付制转为基金积累制，正是为了有效应对人口老龄化。考虑到以上方面，事业单位养老保障制度改革的目标，是为了建立适应社会经济发展需要与事业单位特点的社会养老保险制度，保障职工的养老权益。

为实现以上目标，事业单位养老保障制度改革中要把握以下基本原则。

第一，与事业单位改革协同推进。

事业单位养老保障制度改革，是事业单位改革系统工程的一部分。当前改革之所以难以推进，一个重要原因就在于各种问题盘根错节，牵一发而动全身。因此，事业单位养老保障制度改革，要与事业单位改革协同推进。

事业单位改革是行政体制改革的重要内容。事业单位改革的本质是去行政化的过程，无论是管理体制还是内部运行机制，都要进行改革。[1] 从管理体制上，要突破计划经济时期延续的单位体制的束缚，实行"政事分开、管办分离"，革除事业单位和行政主管部门的行政隶属关系，切断事业单位和行政主管部门的利益关联，明确规范政府与事业单位的责权利关系。政府的职能是制定政策、规划、标准，对重要行政资源进行分配，对事业单位运行进行宏观层面的监管。事业单位承担政策执行与服务提供的具体事务。政府的归政府，事业的归事业。在理顺宏观管理体制的基础上，进一步深化人事制度改革、社会保障与收入分配制度改革、财政制度改革，完善事业单位内部运行机制，建立法人治理结构，提高公共服务供给的效率。[2]

第二，正式制度安排要兼顾公平和效率。

这次事业单位改革动力不足，事业单位工作人员普遍担心改革后养老待遇降低，对改革存在抵触情绪。各级政府为避免出现过大的社会动荡，也采取审慎态度。要顺利推进改革，增强人们对改革的信心，制度设计要兼顾公平和效率。

事业单位养老保障制度改革的关键问题不是实现制度的简单并轨，也不是为了缩小待遇差距，而是要进行制度安排的结构性调整优化。事业单位养老保障制度改革的理想模式是多支柱养老金体系。目前最重要的是两个支柱：其一，社会基本养老保险制度。其二，职业年金制度。第一支柱

---

① 朱光明：《政事分开与事业单位改革的路径选择》，《政治学研究》2006 年第 1 期。

② 郁建兴、吴玉霞：《公共服务供给机制创新：一个新的分析框架》，《学术月刊》2009 年第 12 期。

强调社会基本养老保险制度的统一性，要统筹考虑事业单位、机关、企业职工养老保险，实行全社会统一的基本养老金计划。① 筹资模式上实行现收现付制。第二支柱是对第一支柱的重要补充。事业单位、机关、企业要建立各具特色的职业年金制度。筹资模式上实行基金积累制，为每个参保职工建立个人账户。国家要实行税收优惠政策，激励单位和职工多缴多得。第一支柱强调社会统筹，强调全社会分担风险，强调收入再分配，更加注重公平。第二支柱强调多缴多得，强调个人积累，强调激励，更加注重效率。此外，还可以建立个人储蓄计划、家庭与社区的非正式支持等其他支柱。

第三，实现新老制度平稳衔接。

事业单位养老保障制度改革是从现有的"双轨制"向社会基本养老保险制度并轨。双轨制的长期运行及其利益格局的固化，是改革中面临的突出障碍。实行改革，出台一套新的正式制度比较容易，困难在于如何克服制度运行产生的惯性，打破既有的利益格局，实现利益的再均衡。事业单位养老保障制度改革要有根本性突破，取得实质性进展，就必须考虑新老制度的平稳衔接。②

保障事业单位职工退休金水平不下降是改革顺利实施的关键。改革后事业单位职工养老待遇不降低，是试点方案明确提出来的原则。一方面，事业单位养老保障制度改革，归根结底是社会保障制度体系的调整完善，要遵从社会保障制度运行的内在规律。社会保障具有福利刚性特点，一般来说，保障标准能上不能下，如果随意下调，极易引发社会动荡。③

另一方面，中央有关部门已经明确表态，这次事业单位改革的目的不是减机构、减人，不是减轻财政负担、甩包袱，而是推动社会事业更好更快地发展，满足人民群众日益增长的公益服务需求。事业单位是提供公共服务的重要主体，事业单位养老保障制度的改革，要考虑到制度设计的合

---

① 郑秉文、孙守纪、齐传君：《公务员参加养老保险统一改革的思路》，《公共管理学报》2009 年第 1 期。

② 桂世勋：《改革我国事业单位职工养老保险制度的思考》，《华东师范大学学报》（哲学社会科学版）2010 年第 3 期。

③ 董力堃：《对事业单位养老保险制度的重新审视》，《学术界》2010 年第 2 期。

理性与可行性，能有效调动事业单位职工的积极性与创造性，激发事业单位的活力。

要确保改革后事业单位养老待遇不降低，就要妥善解决转制成本问题。具体可探索多种补偿的方式，如：将部分国有资产股权划拨充实社会保障基金；提高国有企业利润上缴比例，部分纳入社会保障基金，使广大社会成员真正成为国有企业的资产所有者。此外，还需要加大财政投入的力度。无论是转制成本，还是保险资金的收缴发放，要算账并不难。关键是账算清楚后，需要的钱从哪里来。我国财政开支需要进行结构性的调整。当前我国社会保障支出占国家财政支出的比重约为12%，而高收入国家普遍在35%～50%，中等收入国家也普遍在25%以上。我国需要切实调整财政开支结构，减少政府对经济建设的直接支出，加大对社会保障的支出。

第四，增强公众对改革的认同。

如前文所述，传统的思想观念和惯性心理对事业单位养老保障制度的改革具有严重的阻碍，要克服这种阻碍作用，就要促使人们逐步转变思想观念，增强公众对改革的认同。

首先，要使公众对改革形成良好的预期。制度是从利益冲突中产生"切实可行的相互关系"，并创造"预期保障"的规则。制度的关键作用是"维护秩序"，"秩序鼓励着信赖和信任，并减少合作成本"。正式制度规则的确立将会导致大量的与之相适应的、非正式规则的产生，从而形成对正式规则的补充并且延伸到具体的应用中，使人们产生适应性预期。通过建立多支柱的养老保险制度，在制度设计中兼顾公平和效率，可逐渐改变人们对改革前景暗淡的预期，逐步消除计划经济时期乃至几千年传统思想观念的影响，形成对改革的稳定预期。正是因为有了稳定的预期，人们之间才有可能建立起信任关系，从而减少制度实施的成本。

其次，要扩大公众对改革的参与。事业单位养老保险制度改革，涉及各种利益关系的调整，涉及国家、集体、个人之间的利益分配，一代人与下代人之间的利益分配，不同群体之间的利益分配，牵涉的利益面广，涉及的利益群体多，打破既有的利益格局难，改革中必然会遇到巨大阻力。政府要畅通利益表达渠道，了解公众利益诉求，提高决策的透明度和开放性，建立科学民主的决策程序，动员并引导公众参与到改革中，形成政府与民间社会的良性互动。通过扩大公众对改革的参与，可以逐渐化解相关人员的不满情绪，使改革措施具有道义与政治上的正当性与权威性，从而减少改革的阻力。

最后，要通过各种方式，增进公众对社会保障基础知识与改革政策的了解。社会保障知识具有较强的专业性，制度安排的要点不易被领会。为此，政府及有关机构要通过不同方式，普及社会保障的基础知识，解读事业单位养老保障制度改革的目标、原则与措施，逐步改变公众尤其是机关、事业单位职工对改革的冷漠或抵制态度，让人们认识到改革的必要性与紧迫性，尽可能形成支持改革的良好社会氛围。

第六章　中国公共服务供给模式改革现状与问题

　　我国在改革开放以前，公共服务几乎完全由政府包揽。1985 年后，交通、电力等领域开始放松管制，中国联通公司参与到电信行业，以促进竞争，改善服务。1987 年大连市在全国大城市中率先推出社会办公交的重大改革措施，到 1998 年，社会各界投入联营公司资金达 2 亿多元。1994 年中国首例官民并举、以民营为主，通过建设—经营—移交形式建成的福建省泉州市特大型公路桥梁刺洞大桥，开创了民营资本投资国家重点支持的基础设施建设的先河。

　　由于民营经济快速发展，一些经济较发达地区在企业参与公共服务供给方面取得比较明显的成效。如浙江省政府于 2003 年出台《关于促进和引导民间投资的意见》后，浙江民间投资公用事业的热情高涨，非公经济参与公共服务供给的进程加快。在"居民服务和其他服务"领域，2009 年非国有经济的投资占总投资的 64.7%。在杭州、宁波、温州、嘉兴、绍兴等城市，企业参与公共服务供给的程度更高。温州市近年来完成的交通基础设施建设投资共 137 亿元，其中 100 亿元来自民间资本。绍兴市近几年内投入 180 亿元用于建设城市广场、污水处理工程、城市门户改造等一大批城市基础设施建设，其中政府财政性资金投入仅占 10%，其他资金都通过市场化运作手段获得，其中民营资金占了很大部分。①

---

　　① 陈娟：《双向互动：非公企业在公共服务供给中的角色定位与路径选择——基于浙江实践的分析》，《广东行政学院学报》2012 年第 2 期。

目前，在基础设施建设、污水垃圾处理、公用事业、邮电通信等领域，已基本打破完全由政府独家垄断的局面，部分国有企业实行了民营化、合同出租，公私合作也开始进入道路清理、后勤管理、基础设施建设、社区维护等边缘性服务领域，公共服务市场化趋势已初步显现。

近年来，政府购买服务成为中国公共服务供给模式改革的重要内容。政府购买公共服务是多元主体合作供给公共服务的一种重要方式，其目的是适应市场经济条件下政府履行公共管理、公共服务职责的要求，进一步转变政府职能，充分发挥公共服务供给多元主体的作用，提高公共服务的质量和效益。为提高公共服务供给的效率和质量，更好地满足社会需求，我国各级政府积极探索向社会力量购买公共服务，将其作为创新公共服务供给模式的主要手段，作为推动政府职能转变和服务型政府建设的重要途径。从总体上看，我国政府向社会组织购买公共服务还处于初步探索阶段。分析当前政府购买公共服务实践中存在的问题，探寻发展完善政府向社会组织购买服务的思路与对策，更好地发挥社会组织在提供公共服务方面的作用，对于构建公共服务多元主体供给模式、改善公共服务供给，具有重要的意义。

第一节　政府购买公共服务的进展与特征

所谓政府购买公共服务，是指政府根据其法定职责，将为社会发展和公众日常生活提供服务的事项，交由有资质的社会组织及市场主体来完成，并根据其提供服务的数量和质量，按照一定的标准进行评估后支付服务费用的行为。从政府购买服务的主要方式来看，有公共竞标、单一来源采购、委托管理、项目补贴、项目奖励、意向性谈判、资助、凭单、公办民营、民营公助等多种购买方式，购买方式呈现多样化、复合型的特点。

一　政府购买公共服务的进展

20 世纪 90 年代以来，社会公众对公共服务需求强劲增长，原有的政府供给模式越来越难以适应形势发展的需要，我国一些地方积极开展向社会力量购买公共服务的探索，不断提高公共服务供给的水平和质量，以更好地满足社会的需要。1994 年，深圳市罗湖区将环卫服务外包，政府引导环卫工人组建环卫公司，向有资质的环卫公司购买城市公共卫生服务。1995 年，上海浦东新区将综合性的市民社区活动中心（即罗山会馆）委托上海市基督教青年会管理，打破了以往政府全盘投入和管理的模式，大胆探索政府向社会组织购买公共服务的新模式。2000 年上海率先在改革社会管理体制时明确提出并推行政府购买服务，卢湾等 6 个区的 12 个街道开始依托养老机构开展居家养老试点。2004 年 2 月，在上海市政府主导下，自强社会服务总社、新航社区服务总站和阳光社区青少年事务中心等 3 家民办非企业社团组织正式挂牌成立，通过政府购买服务机制，由这 3 家社团聘用的社会工作者分别承担上海禁毒、社区矫正和社区青少年事务管理。2006 年，上海浦东新区有关部门委托社会组织承接公共服务项目的资金近 6000 万元，8 个政府部门和 13 个社会组织集中签订购买服务合同，涵盖慈善救助、农民工子女教育等领域；2007 年又将 30 多个公共服务项目委托 100 余家有资质的社会组织、中介机构承接。

除上海以外，广东、江苏、北京、四川、浙江等地也纷纷开展了政府向社会组织购买公共服务的试点探索。南京市鼓楼区 2003 年开始推出政府购买服务、民间组织运作的居家养老服务网为独居老人提供居家养老服务。无锡市从 2005 年开始在文化、旅游、水利等 6 个部门开始试点政府购买服务，到 2007 年全市市政设施养护、污水处理、路灯设施维护、环卫清扫保洁、水资源监测、社会办养老机构、城区绿化养护等 10 多项公共事业，由政府直接参与转变为政府购买服务。深圳市政府于 2007 年培育了鹏星社会工作服务社、社联社会工作服务中心以及深圳慈善公益网等 3 家社会工作机构，在社区建设、社会福利与救助、青少年教育、医疗卫生、社会矫正、残障康复、外来人口服务等领域推进政府购买社工服务的试点。2009 年 9 月，天津市开发区成立泰达社会服务中心，政府通过购买服务、合同外包、项目委托等多种形式，向其剥离部分管理和服务职能，由社会服务中心依托社区提供政府公共服务和行使部分公共管理职能。2010 年 7 月，北京创新了公共服务提供方式，把社会组织公益行动纳入民生服务领域。

随着越来越多的地方探索实施政府购买服务，政府购买服务的范围不断扩大，由最初的以居家养老服务为主逐渐扩大到医疗卫生、教育、文化、社区服务、就业培训和政策咨询等诸多领域。政府购买服务的快速发展以及社会对政府购买服务的迫切需要，促使各级政府高度重视政府购买服务的制度建设。2008 年以后，广东、北京、上海、浙江等地相继开始建立完善政府购买公共服务的制度。2012 年，《中央财政支持社会组织参与社会服务项目资金管理办法实施细则》等文件公布，对政府购买社会组织公共服务的项目申报条件、评审程序、监管体系等作出相应规定。2013 年 7 月 31 日，李克强总理主持召开国务院常务会议，研究推进政府向社会力量购买公共服务，部署加强城市基础设施建设。会议明确提出要放开市场准入，释放改革红利，凡社会能办好的，尽可能交给社会力量承担，加快形成改善公共服务的合力，有效解决一些领域公共服务产品短缺、质量和效率不高等问题，使群众得到更多便利和实惠。2013 年 9 月，国务院出台了《关于政府向社会力量购买服务的指导意见》，力促政府与社会组织等社会主体形成改善公共服务的合力。2013 年 11 月公布的《中共中央关于全面深化改革若干重大问题的决定》提出要"推广政府购买服务"，这是我国第一次在国家战略层面提出政府购买公共服务的改革任务。在 2014 年地方"两会"上，至少有 26 份省级政府工作报告提及政府购买服务，占所有省份的近八成。

二　政府购买公共服务的总体特征

我国政府购买服务处于初步探索阶段，从总体上看，具有以下特点。

第一，从政府采购总体规模来看，中国政府采购总体规模较小。尽管 2011 年中国政府采购规模达 1.13 万亿元人民币，占国家财政支出的 11%，相比 2002 年 1009 亿元的规模，政府采购规模 10 年间增长 10 倍，但是发达国家政府采购总规模一般占 GDP 的 15% ~ 20%，而中国 2011 年政府采购规模仅占当年 GDP 的 2.4%。[①] 显然，中国政府采购总规模比起发达国家有较大差距。

第二，从政府采购的项目构成来看，服务类采购比重较低。政府采购

[①] 《政府采购增 10 倍与精简开支不矛盾》，《人民日报》2012 年 7 月 9 日第 2 版。

包括货物、工程、服务三大类。自 2001 年以来，货物采购与工程采购在政府采购总额中所占比重基本上在 90% 以上，服务采购在政府采购总额中的比重仅为 10% 左右。[1] 在服务类政府采购的构成中，纯公益性服务采购的比重极低。服务采购局限于公务车辆维修与保险、计算机通用软件、会议服务等少数领域，采购种类过于单一。[2]

第三，从服务内容看，目前中国政府向社会组织购买服务主要局限于养老、社区、社工等公共服务领域，而在公共教育、医疗卫生、科学研究和社会保障等主要公共服务领域，很少购买服务。

第四，从地区分布看，政府购买公共服务主要出现在上海、深圳、宁波等经济发达地区。[3]

第五，从获得政府购买服务项目的主体类型来看，基本上为社会组织，企业参与较少。获得政府购买服务项目的社会组织，虽有少数为基金会和社团组织，但绝大多数属于民办非企业单位，尤其是正式注册登记的民办非企业单位。

当前我国政府购买服务取得了一定成效，但由于探索实践的时间比较短，公众对改革的理解与支持度还不够，政府与社会组织实践经验还不足，改革措施比较单一，从整体上看，改革还处于起步阶段。

第二节　地方政府购买服务的典型做法和案例

一　上海市政府购买公共服务的做法

上海市政府购买服务的实践探索走在全国前列，上海市各级政府向社会组织购买服务的范围广泛，资金来源多样，且已开始将政府购买社会组织服务的资金纳入政府财政预算管理，初步形成了比较完善的购买服务政

---

[1] 杨会慧、杨鹏：《中国政府采购总体规模及货物结构分析》，《中国政府采购》2011 年第 6 期。

[2] 郑苏晋：《政府购买公共服务：以公益性非营利组织为重要合作伙伴》，《中国行政管理》2009 年第 6 期。

[3] 黄晓勇：《中国民间组织报告（2010～2011）》，社会科学文献出版社，2011，第 19 页。

策体系，建立了规范的购买服务工作流程和监督评估机制。上海市政府购买服务的做法对其他地区具有较强的示范效应。

（一）服务范围不断扩大

在政府购买服务探索初期，上海市各级政府在服务对象的选择上倾向于选择与社会弱势群体相关的服务，如慈善救助、助老服务、司法矫正、就业帮扶等，偏重于选择具有官方背景的服务机构。除此之外，在司法矫正、帮助吸毒人员戒毒及社区服务等传统政府职能领域，政府也尝试购买一些专业的社会工作岗位。经过一段时间探索之后，政府购买社会工作岗位取得了显著的成效，此后，政府购买服务的范围逐步扩大。目前，上海市政府有关部门和区县政府购买公共服务的领域主要集中在以下四方面。第一，社区民生服务，如社区就业服务、社区社会保障服务、社区公共卫生和计划生育服务、社区救助、社区安全、社区文化、社区环境保护、慈善超市、便民早餐等。第二，行业性服务，如行业调查、统计分析、资质认定、项目评估、业务咨询、技术服务、民办学校的委托管理等。第三，社会公益服务，如信访干预、法律援助、再就业教育培训等。第四，社会管理，如外来人口管理、矛盾调解、家庭收养的评估等。2012年实施的《上海市市级政府购买公共服务项目预算管理暂行办法》将公共服务项目目录定为7类，分别是医疗卫生服务、教育服务、文化体育服务、社会服务、城市维护与公共设施管理服务、专业服务和其他公共服务。

（二）购买资金来源多元

上海市政府购买服务的资金来源包括财政预算支出与福利彩票公益金。从市政府相关部门来看，大多数政府职能部门运用本部门年度预算资金购买服务。从区县政府来看，浦东新区、普陀区等已开始将购买民间组织服务的资金整体纳入政府财政预算。

上海市社区服务中心购买公共服务的资金主要来源于福利彩票公益金。从2009年开始，上海市民政局与区县民政局从两级福利彩票公益金中共同出资，以上海市社区服务中心作为招投标平台，面向已注册登记、满足一定条件的社会团体、民办非企业单位和公益性非营利事业单位三类组织，按比例配套使用福利彩票公益金购买社区安老、济困、扶优、助残服务以及其他社区公益服务。上海市民政局运用福利彩票公益金购买社区公共服务，福利彩票公益金占市民政局政府购买经费较大的比重。除市福利彩票公益金按每年中标项目标的 50% 对中标组织予以资助外，区民政部门也按照中标项目标的 50% 对中标组织予以资助。各区民政部门从区福利彩票公益金、区财政等配套资金不尽相同，确保中标项目资金到位。市社区服务中心每年购买公共服务的金额达 4000 万元。从 2009 年 6 月上海新途社区健康促进社第一个中标开始，截至 2012 年 12 月 15 日，中标组织为 224 个。①

据官方数据统计，2010 年，上海各级政府通过购买服务、补助等形式为社会组织提供资金 37.89 亿元；2011 年提供的金额达到 41.02 亿元。2012 年，上海市政法系统用于购买社会组织服务的资金达 6700 万元；闵行区用于购买社会组织服务的资金达到 2.3 亿元；静安区购买服务项目179 个，购买金额达到 4500 万元。②

（三）注重制度建设

上海市重视政府购买服务的规范化和制度化，构建了"政府承担、定向委托、合同管理、评估兑现"的运作模式。2005 年，浦东新区政府出台了《关于促进浦东新区社会事业发展的财政扶持意见》；2007 年，浦东新区又出台了《浦东新区关于政府购买公共服务的实施意见（试行）》；2010 年，闵行区出台了《关于规范政府购买社会组织公共服务实施意见（试行）》；2011 年，上海市政府办公厅印发了《关于进一步加强本市社会组织建设的指导意见》。这一系列政策文件明确了政府购买服务的指导思想、基本内涵、实施原则、操作规程等内容。2012 年 8 月 25 日《上海市市级政府购买公共服务项目预算管理暂行办法》开始实施，政府购买公共服务纳入预算管理。

尽管上海市购买服务以定向购买为主，但上海市社区服务中心公益招投标运作规范。市社区服务中心受市民政局的委托负责全市政府购买公共服务招投标具体事务。社区服务中心公益招投标的流程包括立项与招标、

---

① 徐家良、赵挺：《政府购买公共服务的现实困境与路径创新：上海的实践》，《中国行政管理》2013 年第 8 期。

② 杨君、徐永祥：《新社会服务体系：经验反思与路径建构——基于政府购买服务的比较研究》，《学习与实践》2013 年第 8 期。

投标与评审、项目实施、过程监督、绩效评估五个环节，招投标工作井然有序，取得了明显的成效。

二 广东省政府购买公共服务的做法

广东省将政府购买服务作为创新社会治理的重要内容，将政府购买服务与政府职能转变、社会组织建设管理统合考虑，结合行政体制改革和事业单位改革来整体推进。该省把向社会组织购买公共服务作为建立新型政社关系、完善公共治理结构、创新社会治理方式、构建公共服务多元供给体系的重要措施和关键环节。广东省委、省政府 2011 年下发的《关于加强社会建设的决定》和 2012 年出台的《关于进一步培育发展和规范管理社会组织的方案》，都对建立政府职能转移和购买服务制度提出了明确要求，广东省各部门不断探索购买服务的方式，积极鼓励和引导社会组织承接政府转移职能，充分发挥社会组织在提供公共服务中的积极作用。

（一）建立"三个目录"

2012 年，省政府印发两批《广东省人民政府 2012 年行政审批制度改革事项目录》，取消行政审批事项 197 项，转移行政审批事项 56 项，下放行政审批事项 125 项。省财政厅出台《2012 年省级政府向社会组织购买服务目录（第一批）》，为全国首创。该目录将政府向社会组织购买的服务划分为社会公共服务与管理事项和履行职责所需的服务事项两大类。其中一级目录共五大项，分别为基本公共服务、社会事务服务、行业管理与协调事项、技术服务事项、政府履职所需辅助性和技术性服务等。共有 262 项事项纳入该目录。省民政厅印发两批《广东省省本级社会组织具备承接政府职能转移和购买服务资质目录》，共有 618 个省本级社会组织具备承接政府购买服务的资质，占省本级社会组织总数的 32.3%。"三个目录"的建立，明确了"政府转移什么职能、政府购买什么服务项目、什么社会组织可以承接政府转移职能"的问题，为广东省政府转移职能和购买服务工作的推动提出了明确导向。

（二）完善政府购买服务制度

为规范政府购买服务的程序，2012 年 5 月，省政府办公厅出台《政府向社会组织购买服务暂行办法》，明确政府向社会组织购买服务的主体、范围、程序、资金来源。根据该办法，除法律法规另有规定，或涉及国家安全、保密事项以及司法审判、行政许可、行政审批等事项外，政府承担的社会公共服务，如资产评估、法律援助、公益服务、慈善救济等，以及履行职责所需服务，如法律服务、监督评估等，应通过政府向社会组织购买服务的方式，逐步转移由社会组织承担。2012 年 11 月，省编办出台《政府向社会转移职能工作方案》，明确承接转移职能的社会主体主要是行业协会、商会等社会团体，也包括民办非企业单位、基金会等社会组织及市场中介组织。这两个文件的出台，为全省各级政府部门向社会组织购买服务提供了明确的操作指引和规范，标志着全省政府购买服务制度的基本建立。2012 年，广东省各级政府向社会组织购买服务财政经费为 4.66 亿元，仅广州市就达 2.6 亿元。

（三）加大对社会组织扶持力度

为培育和发展社会组织，提升社会组织承接政府职能和服务的能力，广东省不断加大对社会组织扶持力度，设立社会组织培育专项资金。广东省财政厅、省民政厅向全省社会组织下发了《关于申报 2012 年度广东省省级培育发展社会组织专项资金的通知》，省级财政从 2012 年起设立培育发展社会组织专项资金，扶持成立时间不超过 3 年的行业协会类、公益类、学术联谊和群众生活类等社会组织。为确保资金分配规范操作，广东省财政厅会同省民政厅等有关部门，创新资金分配方式，引入第三方机构组织竞争性评审，最大限度地发挥资金效益，促进广东省社会组织发展。2012 年，已有 374 家符合规定的社会组织获得省级财政资助共计达 8700 万元。省民政厅向全省性社会组织下发了《关于申报省福利彩票公益金资助社会组织公益慈善项目有关事项的通知》，从福利彩票公益金中安排 2000 万元用于资助全省性社会组织开展公益慈善、社会民生、枢纽服务等项目，充分发挥社会组织参与公益慈善事业的积极作用。与此同时，广东省各地采取各种方式，对社会组织实行资金扶持。截至 2012 年底，广东省各级财政支持社会组织发展款项达 2.7 亿元，福利彩票公益金支持款项达 7800 万元。

三 南京市鼓楼区政府购买居家养老服务

2003 年，南京市鼓楼区开展了社区居家养老服务社会化示范活动，探索以政府购买服务的方式推进社区居家养老服务，形成了以政府购买服务、社会组织运作模式提供社会化养老服务的体系，走在全国前列。

（一）背景

鼓楼区是南京市六大主城区之一，是南京市的政治、文教和新兴的商贸中心。全区行政总面积 26.62 平方千米，户籍人口 68.83 万，其中 1/3 以上具有大专以上学历。下辖 7 个街道、64 个社区、3 个行政村。2009 年鼓楼区实现地区生产总值 343.7 亿元，财政收入达 65.2 亿元。鼓楼区早在 20 世纪 80 年代就进入了老龄化社会，比全国要早 10 多年。目前 60 岁以上人口有 93908 人，约占全区总人口的 16.07%，其中 70 岁以上老人有 48184 人，80 岁以上老人有 12548 人，90 岁以上老人有 1266 人。大规模的老龄人口催生了大量的养老服务需求，但截至 2009 年末，鼓楼区全区仅有养老机构 24 个，养老机构建筑面积 7.3 万平方米，床位 2168 张，入住 1281 人。养老服务的有效供给与老年人的养老服务需求之间已经形成巨大缺口。[①]

（二）鼓楼区社区居家养老运作模式

2003 年 11 月，鼓楼区在全国率先创建"居家养老服务网"，以政府购买服务的方式与社会养老机构合作，免费为孤寡、独居老人和困难老人家庭提供照应起居、买菜做饭、清洗衣被、打扫居室、陪同看病等生活照料服务。随后，这一工作在生活照料服务的基础上新增两项内容：免费为孤寡、独居和子女不在身边的老人家庭安装"安康通"呼叫服务器；施行老年人家庭探访服务，以问候、探访、心理疏导等方式为孤寡、独居老人提供精神慰藉服务。

区政府是服务的购买方。区政府通过政府年度财政预算，每年投入一定经费，每月为符合条件的老人购买 20 小时免费家政服务。鼓楼区心贴

---

① 黄俊辉、李放：《政府购买服务的逻辑与挑战——南京市鼓楼区居家养老服务网的案例研究》，《中共南京市委党校学报》2013 年第 1 期。

心老年人服务中心是本案例中的承接方。鼓楼区心贴心老年人服务中心前身是 1998 年经批准成立的南京第一家民办养老院，2001 年 11 月 30 日，经鼓楼区民政局批准成立。其服务宗旨是替老人谋安康，帮儿女尽孝道，为社会促和谐；服务特色是居家温馨便捷，社会资源共享，服务规范标准。该服务中心主要服务项目包括生活照料、膳食服务、康复保健、生活护理、文化教育、社交活动、精神慰藉、应急服务等。[①] 中心的工作人员原是各社区的下岗、失业、困难人员，其名单由各社区上报"中心"，政府提供就业服务，这些人员经过专门培训后上门为老年人服务。居家养老服务工作在区老龄工作委员会领导下，由老龄工作委员会办公室负责协调。各社区主任、街道老龄办干事、社区老年人协会、"中心"督导部负责监督服务。[②]

2003 年，区公共财政安排资金 15 万元，服务独居老人 100 名。以后逐年加大购买服务资金的投入。2004 年，投入资金 35 万元，服务老人 220 名；2005 年，投入资金 100 万元，服务老人 930 多名；2006 年，投入资金 120 万元，服务老人 1300 名；2007 年投入资金 150 万元，服务老人 1600 多名；2008 年投入资金 200 万元，服务老人 2000 多名；2009 年投入资金 250 万元，服务老人 2500 多名。

2005 年 7 月，鼓楼区老龄工作委员会颁发了《鼓楼区居家养老服务实施方案》，提出"居家养老政府、社会、社区共同扶助"的工作思路，进一步完善服务网络，扩大覆盖层面，拓展服务领域，丰富服务形式，规范服务内容，健全服务监督评估机制。服务对象实现三步走：第一步，实施以困难、独居和空巢老人为主体的居家养老服务；第二步，实施以困难、特殊老人为重点的居家养老服务；第三步，实施以社会实际需求为目标的居家养老服务。

2006 年起，鼓楼区将居家养老服务纳入全区国民经济和社会发展目标，将购买居家养老服务的费用纳入年度财政预算，不断增加购买服务资

---

① 范炜烽、祁静、薛明蓉、郑庆、甘筱敏：《政府购买公民社会组织居家养老服务研究——以南京市鼓楼区为例》，《科学决策》2010 年第 4 期。

② 李凤琴：《老龄化背景下城市社区居家养老服务——南京市鼓楼区的政府购买服务模式》，《南京人口管理干部学院学报》2011 年第 4 期。

金。10 年来仅社会化养老服务一项，鼓楼区财政投入就达 7500 万元。

目前，通过多年的"居家养老服务网"建设，鼓楼区 64 个社区全部建成了养老服务站。通过公办民营、民办公助等经营方式和补贴政策扶持发展了 32 家民营养老机构，居民受助对象达 7500 人。在区民政、老龄部门给予全力扶持和悉心指导下，鼓楼区在组建服务队伍、培训服务人员、规范服务流程、拓展服务内容、建立社区服务站等过程中，积累了居家养老服务的宝贵经验，形成了养老服务的一种新模式。

（三）　效果和影响

鼓楼区实行政府购买居家养老服务取得了良好的效果。鼓楼区老年人和居民得到实惠，项目整体满意度较高。自 2003 年实施项目以来，鼓楼区从未发生老年人非正常死亡或去世多日无人知晓的事件，众多孤寡、独居、空巢老人与困难老人家庭在"居家养老服务网"覆盖下得到基本生活照料。同时，鼓楼区组建以下岗职工为主体的服务队伍，拓展下岗职工再就业渠道，使老年人和居民得到实惠，并引导老年人养老消费观念转变，有 3000 多名老年人接受"居家养老服务网"的有偿服务。

以南京市鼓楼区为老人购买生活照料服务为发端，其他城市也积极探索政府购买居家养老服务，如上海静安区、杭州下城区、宁波海曙区、大连沙河口区、青岛市南区等，天津市、广州市、重庆市等一些城市也加大了政府购买居家养老服务的推进力度。政府购买居家养老服务有多种补贴形式，有的采用直接资金补助，有的采用代金券、服务券等方式。多个地方的探索直接推动了国家公共政策的出台，2008 年 1 月，国家 10 个部委联合颁发《关于全面推进居家养老服务工作的意见》，在全国范围内大力推动居家养老服务的发展。

第三节　公共服务供给模式改革中存在的主要问题

当前我国公共服务供给模式改革取得了一定成效，但由于实践探索的时间比较短，公众对改革的理解与支持度还不够，政府与企业、社会组织实践经验还不足，改革措施比较单一，从整体上看，改革还处于起步阶段，在实践过程中暴露出许多问题。改革中存在的主要问题包括以下几个方面。

一　缺少明确的改革目标和战略部署

自 20 世纪 80 年代中期以来，中国开始推进公共服务供给模式的改革，允许企业、社会组织参与公共服务的生产与提供，探索公共服务市场化改革的具体方式。但是，在实践中，各地区、行业与职能部门并没有深入领会和把握市场化的实质内涵和实施方式，改革仍处于单项推进、局部试点的探索阶段，公共服务供给模式的改革缺少明确的改革目标与战略部署，导致各地区、各行业与各部门自行其是，改革方式与效果差别较大。

毋庸置疑，在世界各国，市场化是公共服务改革与创新的基本方向之一。但公共服务市场化具有特定的内涵和表现形式，其中最基本的问题是要区分政府责任的市场化和服务提供机制的市场化。前者把本应是政府分内职责的公共服务推向市场；后者则是在政府承担基本责任的前提下，推行公共服务生产过程的市场化，通过多元主体之间的竞争来降低成本，提高效率和质量。

中国公共服务供给模式改革目标含糊，在很大程度上是因为对公共服务领域的市场化改革存在认识误区。一些地方政府将公共服务市场化改革理解为政府责任的市场化，将公共服务市场化等同于私有化，认为将公共服务推向企业等市场主体就完事大吉。许多领域的所谓市场化改革在推行之初，本身就源于政府财政拮据的大背景，因而具有政府卸载财政包袱的意味。近年来，一些地方政府热衷于市场化的一个重要原因就是出于财政方面的考虑，即通过出售公有企业，增加财政收入，同时减少财政负担，缩减政府开支。

由于对市场化存在认识误区，因此在实践中出现盲目市场化的问题。以医疗卫生领域为例，20 世纪 80 年代中期推行的前一轮医疗市场化改革，效果就不理想。20 多年中，中国卫生总费用稳步上升，但政府的卫生支出占总支出的比例逐年下降。与此相适应的是个人医疗费用的大幅上涨。这表明，医疗卫生领域的市场化改革大大减轻了政府的财政负担，成为政府甩掉财政包袱的手段。与此同时，普通公民的负担却大大加重了，相当一部分医疗服务责任实现了从政府向普通公民的转移。

与政府责任市场化同时存在的是服务提供机制市场化方面着力不足。第一，在市场准入方面实行严格控制，对非公立医疗服务机构予以排斥。第二，不同类别服务机构之间公平竞争环境和规范缺乏，公立医院享有国家财政投入和税收减免的优惠政策，而民营医院发展艰难，面临着巨大的税收压力，无法评定职称而导致高端医疗人才匮乏。

热衷于政府责任市场化，而服务提供机制方面的市场化严重不足，这样的问题并不限于医疗卫生领域，其他领域同样普遍存在。因此，我们需要反思公共服务供给模式改革的方向，领会公共服务市场化的内涵，把握公共服务市场化的要领。政府责任市场化的倾向应予矫正，而公共服务提供机制的市场化改革不仅要坚持，而且要加大力度。没有管理体制和服务提供机制改革带来的微观效率的大幅度提高，即使政府财政投入扩大数倍，也不一定导致所期望的结果，更不能从根本上解决社会公正问题。

二　政府职能转变滞后

社会主义市场经济体制的确立及深入发展，导致了中国政治、经济与社会关系发生了全方位、深层次的变化。随着政企分开、政社分开，政府管理公共事务的领域被重新调整和确认。目前企业和各种社会组织成为民间社会发展的重要力量，为公共服务供给模式改革创造了一定的社会条件。但是，从现行的公共服务制度安排看，公共服务供给主体单一的问题并没有从根本上得到解决，政府仍是主要的供给者，企业和社会组织的作用还远远没有得以发挥，仅仅处于补充地位。

公共服务供给主体单一的问题，从根本上说，源于政府转变职能进程缓慢。长期以来，我国将公共服务事业视为公益性事业，归属政府投资和管理，政府既"掌舵"又"划桨"，既当"裁判员"又当"运动员"，对公共服务大包大揽，不仅要投入大量的人力、物力、财力，还导致政府职能越位与缺位并存，机构臃肿，财政资金运行低效和浪费严重，公共服务质量低下。由于政府角色定位不清，政府职能转变不到位，政府与市场、社会的职能边界模糊，造成其他社会主体，如私营部门、社会组织等参与提供公共服务的机制不畅，市场准入难度大，从而不利于其他社会主体参与公共服务供给，不利于提高公共服务的质量。

公共服务供给模式改革，要求切实转变职能，打破政府独家垄断公共服务供给的格局，将一些公共服务项目移交给社会组织、企业等各种类型的服务主体，或者委托给其他服务机构，引入竞争机制，探索多元化的公共服务供给方式。但是，目前一些政府部门职能转变进程缓慢，职能转变不到位。

一是政府部门不愿转。有些政府部门对改革重要性认识不足，没有充分意识到社会管理应是一个多元治理的过程，不清楚政府在多元治理中的角色定位，对社会组织、市场主体在公共服务领域的重要性认识还不充分，将其置于可有可无的地位。有些政府部门摆脱不了传统上国家与社会对立的观念，过分强调政府对社会的控制功能。还有一些政府部门担心改革会造成权力资源减少，特别是编制职数减少，担心出现服务真空和监管失职等不良后果。

二是政府部门不会转。这些部门对自身职责尚未进行深入细致的梳理，缺乏统一的公共服务项目转移标准，对哪些应当属于公共服务，哪些公共服务可以交给社会组织与市场解决，哪些公共服务可以通过政府购买方式进行，认识模糊。

政府认识不足，职能转变不到位，直接影响公共服务供给模式改革进程。目前尽管各类社会组织与企业在公共服务供给中的作用日益突出，但它们还没有成为公共服务体系中与事业单位鼎足而立的重要主体，没有得到公共资源的大力支持，发展受到较大限制。正因如此，中国公共服务供给模式改革与创新主要集中在上海、深圳等经济发达地区，大多数地区推进缓慢。政府购买公共服务主要分布于养老、社区、社工等公共服务领域，涉及领域比较有限。

三　法律法规不健全

公共服务供给模式改革与创新，需要得到法律支持，而中国相关法律体系建设严重滞后。当前中国公共服务公私合作供给的实践探索，面临的一个突出问题就是相关法律法规不健全。目前，这方面的规范性文件除极少部分是以法律的形式颁布外，绝大部分是以国务院规定、条例、决定等形式颁布，有关公共服务项目市场化的政策也大多仅为部门的指导意见，缺乏足够的权威性。

在实践中，一些私营机构投资公共服务项目，并非基于对合同本身法律效力的信任，而是基于对政府的信任。一旦政府领导人更替或是修改、中止合同，双方合作就会受到影响。法律保障缺失所带来的巨大不确定性，使私营部门的参与受到极大限制。

政府采购是中国当前公共服务公私合作供给的重要形式。与政府购买公共服务有关的法律是《中华人民共和国政府采购法》。应该说《中华人民共和国政府采购法》明确把服务列为购买对象，并强调服务是指除货物和工程外的其他政府采购对象，但具体指导各级政府采购的是政府颁布的《政府采购货物和服务招标投标管理办法》以及财政部国库司印发的《政府采购品目分类表》。① 《政府采购品目分类表》中所谓服务类只不过是针对政府提供的包括设备、会议、培训等内容的各类行政后勤服务，并没有包括针对社会和公众提供的公共服务。这也正是政府购买服务主要出现在服务需求迫切的个别领域以及政府职能转变较快地区的重要原因。

目前，各地政府采购的内容主要为货物和工程，两项合计占采购总数的90%以上；服务类采购在政府采购中所占的比重非常小，而且服务类采购主要局限在政府内部的后勤服务等领域，纯公益性公共服务的采购比例更是极低。按照现行法律规定，政府采购的客体并不包括社会组织，这意味着社会组织在法律上还不具备提供公共服务的主体资质。法律体系滞后，严重制约了社会组织参与公共服务供给的实践进程。

为推进社会组织与私营机构参与公共服务供给，一些地方政府及政府部门出台了相关的政策，然而，这类政策多数以红头文件方式发布，不仅效力低，而且随意性很大。

---

① 《财政部关于印发〈政府采购品目分类表〉的通知》（财库〔2000〕10号）；《政府采购货物和服务招标投标管理办法》，中华人民共和国财政部令第18号，2004年8月11日。

四　政府购买服务缺乏制度化的保障机制

政府购买服务是当前中国公共服务供给领域改革的重要内容，但目前中国政府购买服务还处于初期探索阶段，实践中出现的问题集中表现为缺乏整体规划与制度保障。除浦东新区等少数地区对购买服务有比较完善的制度化规定之外，在大多数领域和地区，政府购买公共服务的种类、方式、评估等一系列重要问题都缺乏制度化的规范和运行机制。

（一）服务内容与服务标准

社会所需要的服务种类繁多，既包括由政府提供的公共服务，又包含由市场提供的私人服务。政府提供的公共服务又可以分为纯公共服务和准公共服务两大类型。然而在现实中，不同类型的公共服务的区分标准和界限并非十分明确，哪些公共服务可以作为购买内容，哪些不应该，不同地方政府存在悬殊的理解和做法，有些地方政府甚至将私人服务也纳入购买内容中。例如培训课程，针对个人需要和爱好设置的培训课程完全是私人服务，应由市场机制来解决。但是一些特殊人群的培训课程就是公共服务，如对生活困难的待业人员的技能培训、对残障人士的护理知识培训等。但某些地方政府对所提供的培训服务不加区分，将私人服务和公共服务一并纳入购买范围。这种对公共服务与购买内容认识上的模糊与偏差，成为制约中国政府向社会组织购买公共服务的重要因素。

服务内容确定后，公共服务标准的制定也非常重要。在政府购买服务中，政府是出资方，标准过高，政府财力跟不上；标准过低，不能满足公众需求。交给社会组织和企业提供的服务事项，政府也应该负责标准的制定，以便于进行监管，保障服务供给的数量与质量。但在实践中，公共服务标准的制定一直是个难题，迄今未得到有效解决。

（二）资金来源

购买公共服务资金在大多数地方没有纳入公共财政体制。从政府购买公共服务的资金来源情况来看，目前购买服务的资金来源多样，有财政预算资金、专项业务资金、预算外资金、福彩公益金和由政府支配的社会捐助等。福彩公益金作为购买服务资金比较普遍，例如深圳市的社会工作服务购买在市一级由福彩公益金支付，在区一级由政府财政预算资金配套。

在养老、助残、就业等领域，专项业务资金占有相当大的比重。在社区服务领域，一些街道或基层政府在本级政府支配的预算外资金中支付购买服务费用。将购买服务资金统一纳入政府财政预算的，目前只有上海浦东新区等少数地方或少数服务领域。①

将购买服务资金纳入财政预算，意味着政府需要专门制定向社会组织、企业等主体购买公共服务的相关政策，要求制度化、规范化程度比较高。目前中国政府向民间组织购买公共服务之所以在地区和服务领域出现发展不平衡状态，一个比较重要的原因就是没有将购买服务资金纳入政府财政预算。

（三）购买程序

购买程序的规范是政府选择具有较强能力的社会组织作为公共服务供给者的重要保障。为了达到这个目的，购买程序应当具有公开性、竞争性以及明确的选择标准，然而目前的购买程序远未能达到这些要求。在公开性方面，尽管名义上是公开招标，但一些地方政府通常是私底下与一些社会组织商谈，然后选择合适的社会组织，或者是通过定向购买方式把公共服务项目交给某个社会组织。在竞争性方面，由于定向购买、社会组织资质不够等原因，来参加竞标的社会组织通常数量很有限，且一些社会组织实力较弱，没有能够形成相互竞争的竞标局面。在选择标准方面，没有制定详细与合理的标准，使得选择的随意性较大，例如有些地方将是否愿意听政府话作为选择标准。购买程序存在的上述缺陷不仅使公共服务的多元选择和外部监督局面难以形成，而且还影响了社会组织参与公共服务购买的热情。

（四）评估机制

要全面获知社会组织所提供的公共服务的效果和问题，需要有一套专业的评估机制，但当前的评估机制还远不够成熟。在评估人员方面，评估人员组成主要以政府人员为主，人大代表、专家学者、社会公众参与度不够，由此在很大程度上影响评估结果的客观性和公正性。在评估标准上，还没有形成比较系统和详细的评估标准，评估标准的随意性较大。在评估方式上，以听取汇报和检查为主，这些方式不可避免地具有主观性。

---

① 黄晓勇：《中国民间组织报告（2010~2011）》，社会科学文献出版社，2011，第90页。

五 政府与社会主体合作关系尚待加强

公共服务多元主体合作供给的模式，既不同于政府部门的垄断供给模式，又区别于彻底的市场化模式，这是一种界于两者间的有限市场化改革，旨在发挥政府、市场主体和社会组织的优势，改善公共服务的供给。政府购买公共服务等改革实践，改变了由政府单一主体供给公共服务的状态，形成政府与社会组织、企业等服务提供主体联合供给公共服务的格局。政府与服务机构在各自独立的基础上，形成合作伙伴关系，这意味着公共服务不再被政府所垄断，政府与服务机构之间不再是自上而下的管理者与被管理者的关系，而是平等合作与利益互补的新型关系。

要顺利推进公共服务供给模式的改革，就有必要探索政府与服务机构之间如何形成规范有效的合作关系，充分发挥双方的优势，克服各自的缺陷，从而提升公共服务供给的整体绩效，提高整个社会的福利水平。"民营化之父"萨瓦斯认为："在公共部门的创新方案中，建立伙伴关系是核心要素之一。"可以说，构建政府与服务机构之间良好的合作关系，是推进政府购买服务的前提与基础。然而，从总体上看，当前我国政府与服务机构之间合作关系的构建仍面临诸多障碍。要构建完善的公共服务多元主体供给模式，顺利推进政府购买服务等改革实践，有必要分析当前制约我国政社合作关系构建的主要因素。

（一）政府与服务提供机构双方合作意愿不强

政府与服务机构合作关系建立在相互依赖、相互信任的基础上，具有自愿性特点，合作的有效性在很大程度上取决于双方合作的意愿。总体而言，我国公共服务供给模式改革还处在探索时期，相当一部分地方政府及社会服务机构受到传统观念的影响，合作的意愿不强。

一方面，有些政府部门对于政府购买服务等改革措施的实质认识不清，对社会组织、私营企业等主体在公共服务领域的重要性的认识还不充分，将其置于可有可无的地位。有些政府部门摆脱不了传统上国家与社会对抗的观念，过分强调政府对社会的控制功能，对非官办的社会组织有一种不信任感，担心出现服务真空和监管失职等不良后果。还有一些政府部门出于本部门利益考虑，担心改革会造成权力资源减少，不愿主动将相关的职能转移出去，或者只将服务收益小的事项交给社会组织，使一些有能力、愿意承接政府购买服务的社会组织与具有潜力的企业无法获得更大的服务范围、更多的服务事项。

另一方面，一些社会组织与私营企业对政府购买服务等相关政策不了解，对承接公共服务的预期不明确，因此，在政府推行购买服务的初期阶段，对公共服务供给活动的参与比较谨慎，倾向于采取观望态度，合作意愿不强烈。

尽管政府与服务机构的合作意愿都制约着双方的合作，但由于政府是公共服务供给最终的责任主体，因此，政社合作关系的构建主要还是取决于政府决策者的认识和合作意愿。

（二）社会组织发展不足

社会组织是公共服务供给的基本主体之一，也是政府购买服务的重要客体，要高质量地供给公共服务，社会组织自身必须具有一定的能力和条件。政府在选择社会组织作为公共服务供应方时，要从资质和能力上严格把关。然而从现实看，社会组织发展中还存在许多问题，可供政府选择的社会组织比较少。

1. 对社会组织的认识不全面

中央高度重视社会组织发展，但是社会各界特别是一些地方政府和部门的认识存在较大差异。一方面，对社会组织的积极作用认识不到位，有的受计划经济体制下"政府包揽一切"的惯性思维影响，对社会主义市场经济条件下社会组织发展的趋势、规律及功能作用认识不足，认为社会组织无足轻重；有的认为社会组织不可靠，担心社会组织发展会削弱政府权威，不利于社会稳定，对社会组织采取排斥态度。另一方面，对社会组织发展可能带来的负面问题认识不到位，只讲发展，不讲管理，导致社会组织的建设与发展不能引起足够的重视，难以适应社会形势发展的需要。

2. 对社会组织的支持力度不足

从关于社会组织发展的法律制度看，目前我国还没有一部关于社会组织的基本法律，社会组织的性质、地位、财产属性和相关权利义务缺乏法律规范，合法权益得不到保障。《社会团体登记管理条例》《基金会管理条例》《民办非企业单位登记管理暂行条例》三部行政法规已不适应社会组织管理制度改革的形势要求。从社会组织与政府合作的状况看，有不少发达国家已经建立了政府与社会组织合作管理公共事务的伙伴关系。英国政府在1998年即与社会组织代表签订了《政府与社区及志愿者组织合作框架协议》，加拿大、澳大利亚等国政府也与社会组织签订了类似合作协议，而我国在这方面还缺少国家层面明确的政社合作协议。在财政支持方面，对36个国家的调查显示，这些国家社会组织收入中来自政府的收入平均为34%，其中发达国家这一数字为48%，发展中国家为22%，西欧、北欧福利国家这一数字甚至高达77%，而我国政府对社会组织的财政支持远远不及这些国家。改革开放以后，我国也越来越重视培育和发展社会组织，但由于起步较晚，基础薄弱，政社合作的制度建设与实践发展还需加大力度。一些地方和部门政府转移职能还不到位，"既想马儿跑又想马儿不吃草"，政府部门委托社会组织承担一定事项，却没有给予相应的经费。此外，国家的税收制度也不完善，税收优惠资格年年审批，优惠政策难以落到实处。

3. 社会组织整体实力较弱

按每万人拥有民间组织的数量计算，发达国家每万人拥有社会组织的数量一般超过50个，如法国每万人110个，美国每万人52个，日本每万人97个；发展中国家一般每万人拥有社会组织数量超过10个，如阿根廷每万人25个，巴西每万人13个。截至2013年末，我国各级民政部门登记社会组织共54.1万个，尽管社会组织数量比1988年的4446个增长100多倍，但是我国目前每万人仅拥有社会组织4个，总体偏少。从规模上看，美国非营利组织2002年总资产达到24000亿美元，而中国社会组织2009年资产总额只有约170亿美元。

从经济实力看，西方国家的社会组织平均总支出占GDP的5.4%，社会组织平均从业人口占经济活跃人口的4.4%，占第三产业就业人口的10%，相当于制造业就业人数的一半；志愿者人数相当于成年人口的10%。相比而言，我国社会组织总支出仅占GDP的0.29%，从业人员仅占经济活跃人口的1.5%，占第三产业就业人口的4.4%。

从社会贡献看，美国医疗行业中50%以上的病床设在非营利医院，

50%左右的高等学校、95%的交响乐团以及60%的社会福利机构都是社会组织，社会组织提供的公共服务占到一半以上。由微软创始人比尔·盖茨设立的比尔及梅琳达·盖茨基金会在全球范围内已累计捐助超过250亿美元，受益者遍布100多个国家。著名的哈佛大学、耶鲁大学也是非营利组织。相比之下，我国社会组织在提供公共服务方面的作用还远未发挥出来。

4. 部分社会组织内部治理结构不健全，服务能力不足

一些社会组织民主决策的机制不健全，财务制度不完善，运作不规范。一些社会组织甚至违背非营利的原则，在服务过程中乱收费、乱评比，导致非营利组织功能扭曲，降低了其社会公信度。此外，一些社会组织从业人员中专业和专职人员比重少，服务意识和服务水平不高。

5. 相当一部分社会组织独立性不强，成为政府部门的延伸机构

在中国政府购买服务的实施过程中，有相当一部分社会组织实际并非独自成长的社会组织，而是由作为购买者的地方政府发起或者倡导成立的社会组织。这些社会组织对政府单方面的依赖性较强，独立性不足，很难与作为购买者的政府处于平等的谈判和协商地位。社会组织名义上承接政府委托的公共服务，实际上对自身组织发展缺乏长期的规划，活动自主权难以得到保障，变成了政府部门的延伸机构。这一情况造成了购买行为的内部化，由此也带来了服务质量低、费用高以及资金运作不够透明等一系列问题。[①]

目前中国非营利的社会组织能力不足和社会公信度不高，一方面是因为社会组织自身存在服务"志愿失灵"现象等；另一方面是因为中国社会组织起步晚，发展空间有限。

（三）政府与社会组织、企业承担的责任不明确

在公共服务供给中引入多元化的供给主体与市场机制，旨在解决中国传统公共服务供给机制所造成的供给不足、效率低下、政府负担过重等问题，但矫枉过正便会出现公共责任缺失、公共服务公益性受损的问题。对

---

① 王浦劬、〔美〕莱斯特·M. 萨拉蒙等：《政府向社会组织购买公共服务研究》，北京大学出版社，2010，第28页。

于具体的政府部门而言，引入社会组织和企业参与公共服务供给，往往更多关注的是解决自身的财政压力，尽可能为自身减负，因此在与社会组织、企业的合作过程中，会将自身所需承担的责任移交出去。对于社会组织与企业而言，在公共服务项目的选择过程中，会倾向于选择易于操作、收益大的项目，而对于那些社会急需而收益较小的服务项目，会选择消极供给，这样就会导致在一些公共服务领域出现公共责任缺失，社会公众尤其是困难群体难以获得应有的公共服务。

世界银行在《让服务惠及穷人》中将责任视为公共服务提供中的核心概念。该报告提出了两种类型的责任关系：一是公民、国家与服务提供者之间的长线责任，"公民面向国家的表达权"和"国家与服务提供者之间的契约"构成长线责任中的控制机制；二是公民与服务提供者之间的短线责任，它将决策和权力直接交给公民，既能反映其需求，又能发挥公众的监督作用。[1] 从中国公共服务供给机制改革的实践看，目前这两方面的责任关系都不够明晰，在很大程度上阻碍了改革的进程。

（四）市场机制不完善

公共服务合作供给以市场为纽带，实现了政府、市场和社会组织的有机结合，使公共服务从行政性生产转变为市场性生产。然而，我国公共服务供给在引入市场机制方面还处于探索阶段，市场机制的实现形式及其运用范围非常有限，尚未建立起健全完善的市场竞争机制，对于市场竞争范围、竞争主体、竞争条件以及竞争标准等问题都没有较明确的规定，导致现行的竞争机制缺乏应有的可操作性，市场机制有效调配资源、提高生产效率的作用远远没有发挥出来。[2] 此外，懂得公共服务市场运作的专业人才缺失。公共服务市场化运行模式是从西方国家借鉴引入的，其运行管理具有很强的专业性。中国无论是政府部门，还是社会组织与私营部门，这方面的人才都比较稀缺。由于缺少专业人才，许多地方政府在某些公共服务项目上投入了很长时间，最后依然无法顺利实施。即使谈成一些项目，也可能会在项目运行过程中管理不善，难以保证公共服务的

---

① 世界银行：《让服务惠及穷人》，中国财政经济出版社，2004，第47~49页。
② 党秀云、杨继红：《公共服务公私合作供给中的困境与对策选择》，《教学与研究》2011年第12期。

质量和效益。

　　我国公共服务供给市场机制不完善，抑制了政府与服务机构合作关系的构建与发展。首先，削弱了社会组织与企业参与合作供给公共服务的积极性。当前我国公共服务合作中面临的一大困境，就是社会组织与企业承接公共服务动力明显不足。其次，又会助长部分社会组织与企业的投机性，难以保障公共服务的效率和质量。最后，市场机制不健全，还会增加政府部门寻租的机会，成为滋生腐败的温床，这更会严重阻碍政社关系的持续健康发展。

第七章 构建公共服务多元
主体供给模式

我国正处在从初步小康向全面小康社会过渡、从生存型社会向发展型社会转变的关键时期，公共服务需求的规模、结构、层次和特征都发生了深刻变化，并呈现高速增长、多样化和差异性的趋势。近年来，随着我国市场经济体制改革的日益深化和政府职能的逐步转变，政府在增强公共服务能力、提高公共服务水平方面进行了一系列探索和实践，取得了一定的成效。但是，日益增长的公共服务需求与严重不足的公共服务供给之间的矛盾仍未得到根本缓解，已成为制约经济、社会进一步发展的瓶颈。

我国实行公共服务供给模式改革，最终目的是改善公共服务供给，为社会公众提供优质高效的公共服务。政府供给、市场供给和志愿供给作为公共服务供给的基本模式，各具优势，也都有各自的局限，任何一种单一的供给模式和制度安排都难以实现公共服务的充分和有效供给。要提供让社会公众满意的公共服务，就要充分发挥政府、市场、社会组织的作用，构建公共服务多元主体供给的模式，制定完善、合理、可行的制度体系。

第一节 深化行政管理体制改革

要顺利推进公共服务供给模式改革，构建公共服务多元主体供给模式，首先就要深化行政管理体制改革。只有深化行政管理体制改革，优化政府组织结构，理顺权力运行机制，才能切实推动政府职能转变，进一步明确并强化政府的公共服务职能，从而充分发挥政府在公共服务供给中的主导作用，为公共服务供给模式改革创造良好的体制环境。

自20世纪80年代以来，我国政府持续进行了一系列行政管理体制改革，改革的宗旨是建立"办事高效、运转协调、行为规范的行政管理体系"。这些改革措施推动了管理观念的变革、政府职能的转变、组织结构的调整以及行为方式的改变。联系公共服务供给模式改革的迫切需要，当前深化政府管理体制改革的核心任务是稳步推进大部门制改革。

实行大部门制改革，是改革我国公共服务供给模式的必然要求。党的十七大报告明确提出，"加大机构整合力度，探索实行职能有机统一的大部门体制，健全部门间协调配合机制"。十七大以后，从中央到地方都进行了大部门制改革的探索，取得了初步的成效，同时也暴露出一些问题。十八大报告进一步强调，"稳步推进大部门制改革，健全部门职责体系"，充分体现了中央进一步深化政府管理体制改革、优化政府组织结构的决心。

一 大部门制改革的必要性

（一）大部门制改革是建设服务型政府的必要途径

稳步推进大部门制改革，健全部门职责体系，是服务型政府建设的重要内容和必要途径。

首先，实行大部门制是强化政府公共服务职能的制度基础。服务型政府的基本内涵就是为全社会提供基本的、有保障的公共服务，以不断满足广大社会成员日益增长的公共需求和公共利益诉求，并在此基础上形成政府治理的制度安排。人民满意是服务型政府建设的出发点与最终目标。而当前我国很多政府行为仍呈现经济建设型特质，对人们日益强劲的公共服务需求回应度不够，在环保、治安、社会保障、教育、医疗、住房、就业等民生方面还有许多问题没有得到妥善解决。通过实行大部门制改革，围绕转变政府职能和理顺部门职责关系，调整优化政府组织结构，强化公共服务部门，完善服务监管体系，弱化微观经济管理，能促使政府转变职能，以增进民众利益为目标，以改善民生为重点，切实推进服务型政府建设。

其次，实行大部门制有利于解决我国政府体制自身的诸多问题，提高政府行政效率。当前我国政府管理普遍存在部门职能和权限交叉、机构重叠的情况。这种多头管理的现象，一方面导致政府部门责任不明，谁都可以管，最终谁都可以不负责。另一方面，导致部门之间协调成本高、协调难度大、行政效率低下。实行大部门制，一方面可以加强部门决策权的统合，避免政出多门，互相推诿，从而有利于责任政府的建设。另一方面可以进一步理顺部门之间的权责关系，减少不必要的协调和沟通环节，从而降低行政成本、提高行政效率。

（二） 大部门制改革是促进社会和谐发展的必要保障

首先，构建良好的政社关系需要推进大部门制改革。实践证明，政府不可能包揽所有社会事务和公共服务，要提供让人民满意的优质公共服务，实现良好的社会治理，就需要政府与社会协同合作。社会组织是提供公共服务的重要主体。然而，当前政府在将公共服务委托给社会组织时所面临的现实是，可供选择的社会组织数量较少，专业化程度不高，服务水平难以令人满意。目前我国社会组织能力不足和社会公信度不高，一方面是因为社会组织自身存在慈善供给不足、服务"志愿失灵"现象等；另一方面因为我国社会组织起步晚、发展空间有限。推进大部门制改革，转变政府职能，一个重要内容就是要进一步明确政府与社会的关系，政府的归政府、社会的归社会。大部门制改革的核心在于政府职能转变，通过将一部分政府职能转移给社会组织等社会主体承担，或者采取政府向社会组织购买公共服务的方式，增强社会主体治理能力，提高公共服务供给水平，构建政府与社会之间精诚合作、良性互动的关系，从而促进社会和谐发展。

其次，转型期社会问题的有效应对要求实行大部门制改革。改革开放以后，市场经济体制改革促进社会快速转型。在短短二三十年的时间，我国走过西方国家二三百年的发展历程。我国社会转型不仅速度快，而且转型形势复杂。从农业社会向工业社会转型中遇到信息化，从计划经济向市场经济转型中遇到全球化，我国社会同时具备传统农业社会、工业社会、后工业社会的特征。转型期的各种社会问题，如环境污染问题、城乡差距问题、区域发展不平衡问题、医疗问题、住房问题、能源问题等，都具有极为显著的复杂性及综合性。过去那种部门细分、分段负责的组织结构和管理模式，已经难以应对上述公共管理问题。社会发展的新形势，要求推进大部门制改革。

(三) 大部门制改革是市场经济发展的必然要求

改革开放以来，我国经济持续高速发展，社会主义市场经济体制不断完善。市场经济的发展对政府管理提出了更高要求。然而，经过改革开放以来历次政府机构改革，我国政府管理体制仍然存在诸多问题，不能完全适应市场经济发展的需要。

首先，市场经济的发展，要求政府不能过多干预微观经济事务。而当前我国政府未能完全实现从全能政府向有限政府的转变，在很多经济领域仍然管得过多过细，影响和制约了我国市场经济的持续健康发展。其次，市场经济要求合理配置资源，并使资源按照市场规律进行流动。随着我国经济领域的市场化程度越来越高，很多经济事务的管理不再相互独立，而是相互交织、密不可分。探索实行职能统一的大部门体制，就是以政府职能转变为核心进行政府组织架构与运行机制的调整和优化，使政府工作重心转变为制定政策、规划、标准，加强对经济的统筹规划、宏观调控和监管，减少对具体经济事务的直接干预。

从实践上看，市场经济发达国家普遍实行大部门体制。美国政府有15个部门，日本有12个，俄罗斯有15个。而我国在2008年机构改革之后到十八大之前，除国务院办公厅外，国务院共有组成部门27个，直属特设机构1个，直属机构15个，办事机构4个，部委管理的国家局16个，直属事业单位14个，另外还有100多个议事协调机构。[1] 机构数量多、类型杂，分工过细。为此，政府必须调整以往适应于计划经济的政府管理体制，构建适应市场经济发展的政府管理体制。这就要解决以往政府部门设置过多过细的问题，建立"大职能、宽领域、少机构"的大部门制。[2] 可以说，大部门制是市场经济发展到一定阶段的必然要求。

二 稳步推进大部门制改革的思路与对策

(一) 机构设置与职能定位相契合

大部门制改革的关键不在于部门规模的大小，而在于政府职能的清晰

---

① 《2008年国务院机构改革的情况》，中国机构编制网，2010年9月25日访问。

② 李丹阳：《关于"大部制"改革的几点思考》，《学术研究》2010年第11期。

界定；不在于机构的合并与减少，而在于政府职能的根本转变，在于行政组织的设置与其内在职能相吻合。① 政府职能转变是大部门制改革的关键问题。

大部门制改革是社会主义市场经济发展到一定阶段的必然要求。只有切实转变政府职能，政府直接管理经济的全能政府模式才能获得根本改变，通过市场配置资源的机制才会真正形成。

政府职能的转变必须适应社会经济发展的需要。当前我国要推动政府职能向创造良好发展环境、提供优质公共服务、维护社会公平正义转变。要紧密围绕政府职能转变，健全政府职责体系，注重改善和解决民生问题，完善公共服务体系，强化公共服务职能，厘清政府、市场、社会三者的关系。

（二）行政机关职能、机构、编制法定化

我国大部门制的推行必须有切实的法律保障。只有通过立法，才能保障改革取得长期稳定的成效。目前我国有关行政组织的法律法规不够健全，只有《国务院组织法》和《地方各级人民代表大会和地方各级人民政府组织法》两部基本组织法，以及由国务院颁布的《国务院行政机构设置和编制管理条例》。大量的行政组织法律问题还游离在法律的规制之外。② 实践中一般都是以"三定方案"为依据进行职能配置和权力规范，但是"三定方案"只是作为内部文件存在，不是法律法规，缺少刚性约束力。作为依法行政的前提和基础，政府机构的组织、职能、编制、工作程序等必须依法确立。因此，必须在宪法原则之下，进一步完善行政组织法体系，科学具体地界定政府的职能，将政府职能法定化，为政府职能转变提供法制保障。同时，将行政机关设置和编制进一步法定化，从而确保大部门制改革的连续性和稳定性。

（三）建立健全决策权、执行权、监督权既相互制约又相互协调的权力结构和运行机制

首先，大部门制是一种特有的政府架构，它包括三方面意涵：一是核

---

① 王岩、王晓庆：《大部制改革的实践诉求与目标指向》，《中国行政管理》2008 年第 11 期。

② 杨建生、梁智俊：《从"大部门制"改革看我国行政组织法的完善》，《云南行政学院学报》2010 年第 6 期。

心化的行政决策中枢把握战略决策的领导权，就国家重大规划与政策进行决策；二是按照精简统一效能的原则整合职能相近的部门，形成"少机构、宽职能"的格局，有限的组成部门覆盖政府的基本职能，综合制定行业规划、标准与政策；三是专门化的执行机构具体负责政策的执行。[①]

其次，大部门制又是一种决策权、执行权、监督权相互制约又相互协调的运行机制。突破口是探索决策权与执行权的适度分离，将相似或相同事情的决策权交给一个部门，按照决策与执行相对分离、管理与执法相分离的要求，相对区分决策层与执行层，以达到决策者监督执行者的目的。当前焦点是针对重要的行政资源，如财政资源、项目资源，探索三权适度分离的路径。与此同时，必须加强人大与司法部门的外部监督，其中最为关键的是要完善财政预算制度。

（四）加强文化再造与部门整合

合并部门会带来原部门的组织文化，大部门制的运作必须在对原有部门文化再造过程中形成新的文化。文化再造过程中，必须强调用整体观念消解政府部门主义，[②] 引导广大机关工作人员更新思想观念，牢固树立科学发展观，增强服务意识、效率意识、法治意识、责任意识和创新意识，形成服务社会公众的良好文化氛围。

大部门应该是一个一体化的部门，必须强调部门整合。首先，要把握强势部门和弱势部门的平衡。其次，要处理好内部资源的分配问题。再次，要妥善做好人员配置尤其是领导班子成员的配置工作。最后，要注重建立完善的制度化的内部协调机制与跨部门协调配合机制。

第二节　构建多元主体之间的合作关系

构建公共服务多元主体供给模式，将适合通过市场化方式提供的公共服务事项，交由具备条件、信誉良好的社会组织、企业等主体承担，是为了发挥政府、市场和社会组织的各自优势，形成改善公共服务供给的合

---

① 宋世明：《论大部门体制的基本构成要素》，《中国行政管理》2009 年第 10 期。
② 王佃利、吕俊平：《整体性政府与大部门体制：行政改革的理念辨析》，《中国行政管理》2010 年第 1 期。

力，有效解决一些领域公共服务产品短缺、质量和效率不高等问题。构建政府与多种类型的服务机构之间良好的合作关系，是推进公共服务供给模式改革的前提与基础。

一 转变观念，充分认识公共服务合作供给的重要意义

观念是行为的先导。要转变"公共服务应该由政府统包统揽"的旧观念，改变公共服务由"政府直接提供、直接管理"的传统模式，逐步实行"政府购买服务，实施评估监管"的方式。政府要充分认识多元主体合作的重要意义，放开市场准入，社会能办好的尽可能交给社会力量承担，加快构建良好的政府与社会组织、企业等主体的合作伙伴关系，加快形成改善公共服务的合力。

首先，实现公共服务多元主体合作供给，为政府从计划经济体制下"大包大揽"的全能型政府向"有所为，有所不为"的有限职能和有限责任政府的转变提供了实际可行途径。政府为了向公民提供更多、更优质的公共服务，通过职能分解、转移、委托和授权，将具体生产过程让渡给社会组织与企业，厘清了政府与市场、社会的边界，切实推动了政府职能的转变。

其次，实现公共服务多元主体合作供给，打破了政府对公共服务的垄断，引入了市场机制。市场机制的竞争性、激励性和刚性约束，使得公共服务的承接者和提供者具有较强的创新动力，能够最大限度地发掘其经营管理的潜能，使公共资源得到优化配置，公共服务的质量、效率和水平得到大幅提高。

最后，实现公共服务多元主体合作供给，能有效整合资源，更好地回应社会需求。政府及其举办的公办机构所提供的公共服务，定位于大多数社会成员的基本需求，讲求普遍性。社会组织与企业等服务机构根植于社会，贴近基层社区，相关制度和运行机制相对灵活，可以根据环境和客户需要迅速做出反应和调整。政府在某些公共服务领域并不具备技术上的优势，需要利用社会组织与企业的专业技能和人力资源，从而使政府资源与社会组织资源有机结合，积极创新各种公共服务供给的方式方法，为公众提供多样化、个性化的公共服务。

二　明确主体责任，规范政府与其他主体之间的责任关系

（一）明确公共服务供给中政府的责任

在公共服务供给机制的改革中，政府是一个关键角色，政府责任的充分履行是改革顺利推进的必要条件和重要保障，政府责任的缺席或是履职不到位，将会直接导致改革失败。在公共服务供给机制改革过程中，公共服务生产和供应的划分有助于更好地厘清政府的重要职能。政府的基本责任是遵循和利用市场经济规律来发展公共服务事业。为此，政府需要充分调动、组织、协调各方力量，其本身要从传统的公共服务的生产者角色向组织管理者角色转变。与之相应，必须在改革过程中尽快实现政府职能的转变，厘清政府与市场、与社会的边界，明确哪些是政府必须要做的，哪些是可以交给市场和社会的。要逐步实现公共服务由"政府直接提供、直接管理"转变为"政府购买服务，实施评估监管"，将政府部门的工作重心转移到制定发展规划、确定服务标准、加强监督管理、了解群众需求等方面。

政府从生产者的角色分离出来，更多地转变成授权者，从而使政府在公共服务供给领域的角色发生历史性的转型。尽管公共服务的生产环节从公共部门向私人部门转移，但政府在财政和服务监督方面的职责并没有减轻。推行公共服务的市场化，不是政府责任的市场化，而只意味着政府职责内在结构的调整，以及履行该职责方式的转变。也就是说，政府移交的是服务项目，而不是服务责任。

在公共服务的供给中，政府的主要职责如下。

（1）制定政策与规划。政府要了解公众需求，按照民主化、科学化的原则制定公共服务供给的相关政策，安排或确定公共服务的生产者，确定公共物品的数量与质量以及供给方式。要制定发展规划，合理地进行制度设计和安排，形成一个政府、市场、社会组织、家庭、社区这些不同主体共同发挥作用的制度框架。

（2）加大与社会需求相适应的足额资源投入，主要是财政投入。政府不能借市场化之名减少财政投入，甚至不再投入，将市场化作为减轻政府负担和甩掉财政包袱的手段。在与民生息息相关的基本公共服务领域，政府还应加大财政投入，大幅提高基本公共服务水平。

（3）加强监管。市场机制的引入，只是使政府直接生产公共服务的责任得以大大减轻，但是，政府的监管责任明显加重了。政府的有效监管是确保市场化改革成功的重要保障和必要条件。因为市场本身存在公认的缺陷，因此，将市场机制引入公共服务领域，需要在政府强有力的监管下才能得以顺利进行。尤其在市场化的准入上，政府需要通过相关制度安排将市场化建立在公平、公开的竞争性程序之上。

（二）增强社会组织与企业的责任感，降低合作风险

政府与社会组织或企业合作供给公共服务，会弱化对承接方及其雇员日常行为的直接控制，从而降低社会组织与企业的责任。杜伯格和詹生提出了三种增强社会主体责任的不同方法：一是强化对服务标准与服务标书的核查。二是引入硬性绩效，即对原先的承诺交易全程监测。三是建立对遭受损失的个人或组织予以补偿的机制。除此之外，还有必要加强诚信建设，建立社会诚信档案；加强教育培训，指导服务机构健全各项制度、完善法人治理结构等。

（三）通过契约方式规范不同主体之间的责任关系

一方面，规范政府与社会组织、企业之间的责任关系。应当赋予社会组织、企业与政府部门平等的法律地位，在此基础上，政府与社会组织、企业订立契约，明确各方的权责范围，规范相互之间的关系。与此同时，社会组织与企业必须认可政府的问责需要。另一方面，社会组织、企业与服务对象之间也需要建立明确的责权关系。服务对象可直接选择提供服务的社会组织或企业，并通过公众监督强化社会组织与企业的责任感，提高服务的品质。

公共服务供给模式的改革是一个复杂而艰巨的系统工程。在借鉴西方国家经验的同时，必须考虑到中西方在现代化程度、政府职能结构、政府与社会关系以及第三部门发育状况等方面的差异。结合中国现实情况，当前既要充分发挥社会力量参与公共服务，同时政府更应该履行好公共服务责任。

三　加大对社会组织的支持力度，提升社会组织供给公共服务的能力

社会组织是政府职能转移的主要承接者，是公共服务的重要提供主体。改革开放以后，我国社会组织不断发展壮大。截至 2013 年末，全国

各级民政部门登记社会组织共 54.1 万个，社会组织数量从 1988 年的 4446 个增长到 2013 年的 54.1 万个，增长超过 100 倍，年均增长率为 21.2%。在数量增长的同时，社会组织实力也在稳步提高，全国各类社会组织形成固定资产 1950 亿元，实现增加值约 525.6 亿元，占第三产业增加值的 0.23%。总支出 1242 亿元，占 GDP 的 0.29%。从业人员有 1200 多万人。目前我国初步形成了门类齐全、层次各异、覆盖广泛的社会组织体系，其活动范围涉及经济、社会各个行业和各个领域。

　　然而，当前我国各级政府在将公共服务委托给社会组织时所面临的现实是，可供选择的社会组织数量较少，专业化程度不高，服务水平难以令人满意。为改变这种状况，当前应当通过多种举措大力培育社会组织，以不断扩大社会组织的数量和规模，提高其专业化水平。从当前情况看，政府要在如下三个方面做出努力。

（一）完善社会组织管理制度

　　1988 年，社会团体登记管理工作由民政部门统一负责。目前，我国基本形成了以宪法为依据，以《社会团体登记管理条例》《民办非企业单位登记管理暂行条例》《基金会管理条例》《外国商会管理暂行规定》等行政法规为基础，以相关法律以及部门规章、规范性文件为补充的社会组织登记管理制度体系。其基本特征是"归口登记、双重管理、分级负责"。归口登记是指除法律法规明确免予登记的组织外，所有社会组织统一由各级民政部门登记。免予登记的组织主要是参加中国人民政治协商会议的人民团体以及经国务院批准免予登记的团体。双重管理是指登记管理机关与业务主管单位共同管理，各级民政部门是社会组织登记管理机关，各级人民政府与社会组织业务相应的主管部门或各级人民政府授权的组织是其业务主管单位。分级负责是指全国性社会组织由国家民政部登记，地方性社会组织由相应的县级以上各级民政部门登记，跨区域的社会组织由共同的上一级民政部门登记。

　　我国现有的社会组织管理制度虽然加强了政府对社会组织的有效监管，但也严重制约了社会组织的发展壮大。现实中很多潜在的具有"社会合法性"的社会组织因不愿或难以找到一个业务主管部门而无法取得合法身份。2013 年发布的《国务院机构改革和职能转变方案》提出，重点培育、优先发展行业协会商会类、科技类、公益慈善类、城乡社区服务类社会组织。成立这些社会组织，直接向民政部门依法申请登记，不再需要业务主管单位审查同意。目前，中国大多数地方已经开始社会组织直接向民政部门申请登记的试点，今后还应继续深化社会组织管理体制的改革，取消社会组织的业务主管部门，完善社会组织的监督工作，促进社会组织的全面健康发展。

（二）完善社会组织稳步发展的扶持机制

社会组织既是联结政府与公民的桥梁，又是公共服务生产的核心主体，政府要进一步加大对社会组织的扶持力度，更好地发挥其在公共服务供给中的作用。《中共中央关于全面深化改革若干重大问题的决定》对社会组织改革发展进行专章部署，对社会组织的地位给予充分肯定，对社会组织的作用发挥寄予厚望。《决定》明确指出，要"激发社会组织活力。正确处理政府和社会关系，加快实施政社分开，推进社会组织明确责权、依法自治、发挥作用"。结合行政体制改革的要求，《决定》进一步指出，"适合由社会组织提供的公共服务和解决的事项，交由社会组织承担"，"推进有条件的事业单位转为企业或社会组织"，明确了社会组织在承接政府转移职能、参与社会事务管理、提供公共服务方面的优势地位。

政府要有计划、有重点地培育和发展一批在公共服务提供中能够发挥积极作用的社会组织，特别是枢纽性社会组织，如行业协会、社会组织联合会等，通过以社管社、以社带社方式，形成合理的社会组织结构。要建立人才激励机制，加大对社会组织领军人才的培育和引进，为社会组织代表提供参政议政的机会。政府在购买公共服务时，应重点向社会组织倾斜，制定包括资金、税收、人才、场地等在内的多种优惠措施来支持社会组织发展。在这些措施中，资金支持尤其重要。在国外，社会组织的生存发展离不开政府的资助，如德国非营利组织约70%的收入来自政府，法国为60%，意大利为43%，英国为40%，澳大利亚为56%。中国政府应加大对社会组织的资助力度，建立与完善社会组织稳步发展的扶持机制。

（三）营造有助于社会组织发展的社会氛围

目前，中国社会成员的公民意识不强，对公益事业参与热情不高，社会大环境的不成熟成为制约社会组织发展的重要因素。社会组织的发展壮大离不开良好的社会氛围，政府应当通过电视、报纸、网络等途径，采用各种各样的方法对社会组织的作用进行宣传，增强社会公众对社会公益事业的责任心，并提高参与度，形成有助于社会组织发展的社会环境。

四　推进社会参与

现代意义上的公共治理，是一个上下互动的管理过程，强调顾客导向和结果导向，强调以多元的、民主的协作模式管理公共事务。推动公共服务供给模式改革，建构公共服务多元主体供给模式，不仅仅是政府的职责，也需要多种社会主体广泛积极地参与。公共服务供给中的社会参与包括两个主要方面：一是指作为生产者或提供者的企业、社会组织等主体的参与。二是指公民个体的参与。

（一）推进企业、社会组织参与

面对中国全面增长和深刻变化的公共服务需求，政府不可能也没有必要对所有公共服务进行全方位的直接管理，相当部分社会性和公益性的公共服务的生产，应该让更多的社会主体参与。社会组织和市场主体直接面对公民个体，较之政府部门，对公众需求反应更敏锐、回应更及时，对于差异化、个性化、非规模化的公共服务生产更具优势。这些机构利用各自优势，按国家政策与相关制度规章提供具体的公共产品及服务。在此过程中，企业和社会组织可以吸引各类专业人才，运用先进的管理手段，不断进行技术创新，最大限度地提高资源的利用效率，保证向公众生产符合标准、高质量及安全的公共服务。对于在提供公共服务过程中出现的问题，企业和社会组织要根据合同承担相应的责任。

企业与社会组织作为公共服务的生产主体，其特征及优势领域是不同的，因此，在一个健全的公共服务体系中，往往根据公共服务的特点来确定提供服务的组织。基于简单分类，公共服务可以分为硬服务和软服务。硬服务可以进行明确的成本收益测算，如垃圾收集、拖车、街道维修等。软服务侧重于服务的结果或影响，评估的指标较难量化，如精神卫生服务、孩子照料、老人照顾等。根据公共服务及不同服务主体的特性，可将硬服务更多地外包给企业，而将软服务更多地外包给非营利社会组织。美国对地方政府公共服务提供方式的调查发现，1992～2002 年，社会组织在老人或儿童照料、公共卫生、精神疾患、图书馆、公园维护、文化与艺术等领域的提供比例在逐年增长。在这 10 年内，地方政府将垃圾回收、道路维护、拖车等硬服务外包给营利性企业的比例没有显著变化。一般来说，社会组织通过志愿机制供给公共服务，比起政府供给与企业供给具有更强的适应性与灵活性，能更有效地满足社会日益增长的多样化需求。因此，在社会问题比较集中的公益性领域，如就业创业、环境保护、扶贫开发、社会救助、社区服务、慈善捐赠、志愿服务等，更应着重鼓励社会组织积极参与，让其在公共服务供给中发挥更大作用。

结合中国现实需求，还可针对不同服务类别制定更具体的项目实施方案。如在培训方面，对职业（执业）资格培训、社区居民教育、普法教育、就业技能培训等，可以由政府部门向公办、民办培训学校购买服务；对政府部门确有需要，但因条件限制而未能开展的工作，如调研、统计、评估、勘察、鉴定等，可以由政府向相关中介组织购买服务；对部分专业性或技术性极强的工作，如技术指标或规范的制定、规划论证、政府部门信息系统维护等，可以由政府向相关行业协会、社会组织购买服务；对其他社会急需发展、投入有限的社区教育、卫生、文化、科技、体育等社会事业，可通过政府购买服务等有效措施予以资助、补贴。

（二）推进公民个体参与

公共服务的有效供给离不开公民个体的积极参与。公民作为公共服务的权利主体，是完善治理结构的重要参与者。公民权利被忽视，在一定程度上是造成公共服务缺乏公益性的重要原因。公共服务的提供，既需要政府和私人部门、社会组织等外部力量的介入，更需要将这种介入与公民权利的保障与实现结合起来。通过完善公共治理机制提升公民参与公共治理的能力，是确保公共服务公益性的有效举措。

1. 提升公民对公共服务供给主体多元化的认识

公民的理解和信任是推动公共服务供给模式改革的重要社会基础。要通过多种方式和途径，宣传公共服务供给多元化的意义与成效，让公民认识到政府与社会组织、企业的合作是完善公共服务供给机制、增进整体社会福利的有益探索。

2. 拓宽公民表达社会需求与利益取向的渠道

公共服务领域的政策与全体公民切身利益密切相关，政策制定过程应具有高度的公开性、开放性和透明度，所有公民均应有完全平等的社会参与机会。在这方面，中国可借鉴发达国家经验，拓宽公民参与公共服务的渠道。地方居民对公共服务的现实需求及对当地政府提供公共服务的满意度，都能通过合法正当的渠道及时反馈给政府及相关机构。为更充分地表达公民的社会需求，可探索建立多方对话协商机制，就劳动力市场、教育培训、安全健康、失业保险、养老金和残疾人福利等问题展开充分讨论，从而调动公民的积极性，提高公共服务的回应度和社会支持度。

3. 鼓励公民参与具体公共服务项目的生产

公民既是公共服务的消费者，也是公共服务的生产者。可通过有效的激励方式，发动公民参与各种公益性的社会组织，参与各种志愿活动。公民在参与过程中，将更敏锐地辨别哪些是正当需求，哪些是非正当需求，会不断发现公共服务供给的新问题并尝试加以解决，从而不断增强公民意识，提高公民素质和参与能力。

4. 发挥公民进行社会监督的作用

作为消费者的公民，不是公共服务被动的接受者，应对政府、企业与社会组织提供的公共服务进行监督，以有效维护自身的合法权益。在一些公共服务合作供给项目中，公民有权要求参与项目规划、设计、施工、运行管理及验收等各个环节并进行监督，以保证公共服务供给的质量及安全，使公共服务合作供给真正发挥出应有的效益。

五　完善市场机制，发挥市场机制的纽带作用

公共服务供给模式改革的重要内容，就是在公共服务供给过程中引入市场机制，形成多种供给主体既相互分工、公平竞争，又互相补充、密切合作的格局。市场机制是构建政府与社会组织、企业平等合作关系的纽带，只有进一步完善市场机制，充分运用市场机制，才能激发社会组织与企业承接公共服务的积极性，使其与政府建立相互信任的合作关系，形成改善公共服务的合力。

完善市场机制，就要在不同的供给主体之间建立完善竞争机制。对于

公共服务合作供给而言，市场机制的精髓在于引入了竞争。如前所述，公共服务供应或安排与服务生产之间具有明显的区别。这种区别至关重要，它是公共服务合作供给的前提，是政府角色界定的基础，也是引入市场机制的核心。公共服务引入市场机制最具实质的内容，是把传统意义上政府承担服务生产的安排转化为不同市场主体承担服务生产的安排，通过引入多元化的主体，形成市场竞争的格局。市场竞争之所以至关重要，是因为市场竞争较好地解决了对服务机构与人员的激励与约束问题。有了服务机构之间的竞争，消费者就能进行选择。在市场竞争的压力下，服务机构如果不能提供让消费者满意的服务，消费者就会转向其他的提供者。为了吸引消费者，服务机构及其工作人员无须上级部门自上而下发布计划与指令，必然会想方设法、自觉自愿地提高服务的质量，从而促使公共服务的效率与品质得以持续提升。

完善市场机制，还需探索公共服务市场化供给的有效实现形式。目前中国公共服务市场机制的实现形式及其应用范围非常有限：在国有企业领域侧重采用私有化实现形式，在公用事业领域侧重采用合同承包形式，在基础设施建设领域侧重采用公私合作形式。除此以外，市场机制很少得以运用，市场机制有效调配资源、提高生产效率的作用远远没有发挥出来。从今后的发展趋势来看，仅仅在局部领域侧重运用市场机制是不够的。中国应该从实际出发，大胆学习与借鉴西方国家的成功经验，争取在更广泛的公共服务领域积极探索出更多、更有效的市场化实现形式，扩大中国公共服务市场机制的运用范围。例如，在公用事业领域，可以同时推广采用特许经营形式、委托经营形式、公私合作形式、发包经营形式。在公共卫生、医疗保健、食品、教育、房屋等领域，可以推广采用凭单制形式，向合格的消费者提供医疗保健、食品、教育、房屋等补贴。在大型的基础设施或工程的建设与扩建领域，可以推广采用特许经营形式。

当前，政府向社会组织购买服务，已经成为公共服务提供的潮流和发展趋势。与此同时，国际经验表明，政府购买服务不是只能采用合同形式，而是有多种工具，每一种工具都有其优缺点和最佳用途。例如，英国政府与社会组织签订了长期伙伴关系协议，运用多种政策工具鼓励支持社会组织提供公共服务。中国香港特别行政区政府对社会服务机构采用

"整笔拨款"资助的形式，这样政府实现由监控资源投入到监控服务质量的转变，能给予受资助机构在业务资源使用上更多的弹性。美国政府补贴消费者，让消费者选择社会服务机构，建立起更加市场化的外包机制，从而提升公共服务的效率和质量。

此外，要充分发挥市场机制的作用，还要深化行政体制改革，进一步转变政府职能，尤其应该深化行政审批体制改革，压缩审批事项，优化审批程序，提高行政效率，为公共服务供给引入市场机制革除体制障碍，为政社合作关系的构建创造良好的外部行政环境。

第三节　加强制度保障建设

一　制定完善相关法律与配套制度

当前中国公共服务供给方面的法律依据以行政法规、规章为主，没有一套系统规范的法律体系，公共服务供给模式改革缺乏有力的法律保障。要顺利推进改革，有必要增强法律法规的权威性，提高立法的层次及规范性，尽快改变中国公私合作供给在法律制度方面"上位立法不足，下位规章泛滥"的局面，制定系统、权威的公共服务合作供给法律，从法律层面保障私营机构及社会组织等多元主体参与公共服务供给。各地方政府可在统一法律规范下，根据本地区实际，制定和实施相应的地方性法规。

制定完善相关法律法规，要切实贯彻法律面前一律平等的原则。在公共服务公私合作供给过程中，法律应明确公共部门与私营部门两者间的关系，切实保障合作各方的正当权益。政府在公共服务供给中的角色是多重的，既是公共服务的合作提供者，又是制度规则的制定者和监督者。当政府充当服务合作供给者的角色时，为避免政府滥用自身权力导致不平等的合作，要赋予私人部门以申诉权，强化对政府行为的司法审查，保证公私部门在公共服务领域进行平等有效的合作。

在建立健全具有权威性的法律体系的同时，还要注重制定具有可操作性的配套制度。要在充分调研论证的基础上，对合作供给公共服务的范围、标准以及程序做进一步的细化规定。在范围上，应对公共服务内容进行系统梳理，根据公共服务项目的特性与中国现实情况，明确哪些公共服务只能由政府供给，哪些公共服务可以向私营机构与社会组织转移，哪些公共服务可以由政府购买。在此基础上，修订《政府采购品目分类表》，把公共服务购买的领域和内容纳入分类表中。为增强对实践的指导性，还可建立动态更新的"政府转移公共服务目录""政府购买公共服务项目库""承接政府公共服务职能转移社会组织库"等配套规章。在标准上，可制定基本的行业标准及公共服务标准，保证私营部门及社会组织供给公共服务的品质。特别是对于政府购买公共服务而言，考虑到公共服务购买与货物和工程的购买有较大的差异，制定专门的公共服务购买分类标准，更有利于提高购买服务的针对性和有效性。此外，在程序上，要对合作供给的资金审核、招投标办法、私营部门提供公共服务的退出机制、信息公开等关键问题做出规定。

要制定公平合理的法律体系与配套制度，就要切实完善决策机制，增强决策的民主化、科学化。决策的民主化是指，在决策的过程中，社会公众尤其是利益相关者应该参与制度规则的制定，保证决策过程公平合理，而不是偏向于少数利益群体。公共服务体系的建立完善，是政府对社会福利领域的干预行动，是对社会财富的再分配，关系到所有社会公众的切身利益，牵涉利益面广、利益关系复杂。制定相关法律制度，是为了增进社会的整体福利。社会财富如何进行再分配，应该广泛地听取公众意见，更好地满足公众的公共服务需求。决策的科学化是指，在决策的过程中，应该客观理性地分析社会需求与客观条件，在对各种备选方案进行充分论证比较的基础上，审慎地选择合理可行的方案。要做到决策的科学化，一方面要注重从实际出发，总结试点经验，好的政策方案往往是首先在基层、在实际工作中发展起来的。另一方面，在这个过程中，专家要发挥重要的咨询作用。决策层的理性是有限的，掌握的信息是不完全的，很多政策问题还涉及复杂的专业知识，所以，要充分发挥专家的咨询作用，从中长期发展战略的角度入手制定各项政策，将短、中、长期的目标结合起来考虑，避免陷入决策目标短期化、片面化的陷阱。公众参与政策制定，是从各自主观立场出发，更多考虑的是自己的利益，侧重的是意愿的表达、利益冲突的协调，解决的是资源应该如何分配才公正的问题。尊重实践经验，听取专家咨询意见，有利于保持客观理性的立场，侧重的是科学的分析，解决的是资源如何分配才有效的问题。所以，决策的民主化、科学化缺一不可。

二　改革完善财政管理体制与运行机制

改革开放以后，各级政府不断加大对公共服务的投入，公共服务体系不断发展完善。但是，相对于公众快速增长的公共服务需求，现有的公共服务供给无论从数量还是从效率和质量看，都存在较大差距。要推进公共服务供给模式改革，为多元主体参与公共服务提供充足的财力支持，就要改革现有的财政管理体制，建立完善有效的财政运行机制。

（一）理念转变：经济建设财政还是公共财政？

财政是政府存在和政府活动的经济基础，经济建设财政或者公共财政都只是政府财政收支活动的基本运作模式。它涉及政府财政收入、财政支出、财政体制等各方面内容，区别在于前者以经济建设为己任，而公共财政则以提供公共服务为中心任务。

尽管改革开放 30 多年后，我国财政资金参与经济建设的比例明显降低，但这一比例仍高达 30% 以上，行政管理费用占财政支出的比例也接近 20%，这一比例远远高于西方发达国家的水平，也高于其他发展中国家的平均水平，可以说，"经济建设财政"与"吃饭财政"的特征仍然十分明显。

事实上，随着我国经济体制改革的深入，社会主义市场经济体系已基本成熟，市场机制的资源配置作用在我国的经济建设中已充分体现，而传统的以计划经济为主要特征的政府配置资源的模式越来越被证明为效率低下，财政的经济建设功能应该逐步弱化已成为共识。

当前我国要推动政府职能向创造良好发展环境、提供优质公共服务、维护社会公平正义转变。政府不必要参与市场经济的竞争性领域，只有在市场失灵的领域（如公共产品的提供方面）政府因具有独特的优势才需要进入。公共服务体系就是有利于社会稳定与经济持续发展的公共产品，只有政府承担其应尽的责任，建立以公共服务为中心任务的公共财政，才能切实回应公众的社会需求，真正实现公众的社会权利。

（二）改变支出结构，大幅提升公共服务支出的比例

从其他国家的财政支出结构看，各国直接用于经济建设的支出均较低。如美国为 4.28%，英国为 1.49%，印度为 9.53%，印尼为 7.47%，泰国为 16.12%。前二者为工业化国家，市场发育程度较好，因而，经济建设支出所占比重很低；后三者属于发展中国家，市场发育较差，政府干预经济力度较大，但其用于经济建设的费用也远低于我国 30%的水平。显然，我国财政对竞争性领域的介入过度，违背了公共财政原则。

现阶段，我国在财政支出结构方面存在明显的缺陷：在基本公共服务方面支出的比例较小，不合理的公共开支比重过大。以社会保障为例，发达市场经济国家都建立了完善的社会保障体系，社会保障和福利支出占财政支出的比重平均高达 30%～50%。中等收入国家社会保障和福利支出占财政支出的比重普遍也在 25%以上。近年来，我国各级财政加大了对社会保障的支出，但社会保障支出占国家财政支出的比重也基本上维持在 12%左右，远远低于其他国家的水平。

因此，当前我国需要切实调整财政开支结构，减少政府对经济建设的直接支出，变"经济建设财政""吃饭财政"为公共财政，在切实承担提供公共服务职责的同时，逐步加大财政用于社会保障、教育、医疗等公共服务领域的支出，真正让税收取之于民、用之于民。事实上，经过 30 多年的经济发展，中央财政用于经济建设开支的比例在持续下降，同时，国家也明确了"抓大放小"的意向，真正需要用于经济建设的财政资金支出越来越少。目前事业单位的改革正在进行，"吃饭财政"的局面也将得到逐步改善，这对建立公共财政体制是十分有利的。此外，经过近年财政收入的持续快速增长，我国财政实力得到了明显的加强，财政支出进行重大的结构改变也具有了现实可行性。

改革财政管理体制，改变支出结构，大幅提升公共服务支出的比例，是改革公共服务供给模式的前提条件。只有切实致力于从经济建设型财政向公共服务型财政的转型，政府才能有效履行其公共服务职责，为多元主体参与公共服务供给提供资金保障，不断提高公共服务供给的数量、质量，从而使公众的福利真正得以增进。

（三）建立持续性财政保障机制

1. 实行优惠的财税政策及有效的财政补偿政策

一方面，制定减免有关税费等税收优惠政策，激励私人资本投资公共服务领域。另一方面，制定相应的财政补偿政策，建立规范的公共服务企业成本费用评价制度和政策性亏损评估制度，对政策性亏损以及因市场行情变化造成的经营性亏损进行相应的补贴。此外，对因价格过高而无能力消费的中低收入群体予以合理补贴。

2. 建立可持续性财政预算增长机制

根据公共需求增长情况与国家经济运行状况，逐步提高财政开支中用于公共服务的比例。设立政府购买公共服务专项科目，将其列入年度财政预算，实行预算式管理，确保政府购买服务等公共服务合作供给方式制度化、持续化、常态化。

3. 探索政府购买公共服务财政专户统筹管理模式

由政府各职能部门根据核定职能，就本部门应转移的公共职能、服务标准和成本核算向有关机构进行申报，并经核定后，统一纳入财政预算，按项目实施进度划拨采购经费，确保服务资金及时到位。

4. 建立政府购买公共服务动态调整机制

将列入政府购买公共服务项目库的项目，按照项目发展特点和周期，划分为常年型和项目型两类。对具有持续性、长期性且较为稳定的常年型公共服务项目，3～5年采购一次；对临时新增的或短期的项目型公共服务项目，每年采购一次，以确保公共服务的有序性和延续性。

三　完善监督评估机制

无论是加强政府监督，还是加强社会监督，都需要规范完善监督机制。首先，以政府为主的监管主体应建立起规范的监管制度，对公共服务项目的申请、评审、立项、招标、签约、实施、结项、反馈等一系列环节制定具体的监管办法，并将监管责任落实到相应的部门。在纵向上，中央政府的监管机构和地方的监管机构要相互配合，合理划分监管权限。在横向上，监管机构应与其他决策和执行机构进行合理的职权划分，具有一定的独立性，确保其公正有效地履行监管职能。其次，监管机构的运行还应保持透明公开，监管机构同样需要接受社会公众的监督，如果违规操作偏向公私合作任何一方，也应该受到相应的处罚。最后，加强对公共服务的监督，还要建立完善信息公开制度。充分的信息公开可以改变公民、政府和服务提供者的行为。实践表明，向公民提供有关公共服务的信息是改善服务的一条成本低廉的途径，也能够获得较好的服务效果。公共服务监管机构应当定期发布监管报告，通过制度化的途径让社会公众了解公共服务的决策与进展情况，将供给公共服务的全过程置于严格的社会监督之下。

借鉴当前各国推行公共服务供给模式改革实践经验，加强和完善公共服务监督机制的一项重要内容是建立和完善公共服务绩效评估制度。国际经验表明，为了让服务提供有效而且反应灵敏，必须对使用资源的部门规定明确的任务，必须让它们对其使用的资源履行责任。如果向使用资源的部门提供资源，却不让它们对资源的使用承担责任，资金就不会被有效地用于实现既定的目标。竞争性的购买如果没有绩效评估也不一定能保证服务效果。目前我国公共服务绩效评估比较薄弱，严重制约和影响了购买公共服务实践的推进。因此，在推行政府购买服务等合作供给的方式时，政府需要制定评估服务效果的具体措施和办法。

（一）绩效评估程序

公共服务绩效评估是一个系统的过程，评估人员的构成、评估方法的选择、评估指标的遴选等是个相互联系的整体，任何一个环节的变动都可能对评估结果产生很大影响。因此，设计一套科学合理的评估程序是有效开展政府绩效评估的基本前提。设计评估程序一般包括以下环节。

1. 制订评估计划

为了保证绩效评估顺利进行，在评估开始之前要进行大量的调查研究和论证，并制订绩效评估计划，主要包括评估内容、评估方法、评估组织实施与监控、评估结果预测等。在此阶段，还要对评估的人力、物力、财力，评估时间，涉及的部门和人员进行安排。

2. 建立评估组织

不同类型评估主体有不同的优势和缺陷，选择什么样的评估主体、建立怎样的评估组织，在很大程度上取决于评估对象、评估目的和评估内容。在绩效评估过程中，评估组织要应对与被评估对象信息不对称的问题。建立多元化的评估组织及对评估人员进行培训，是解决这一问题的有效方法。培训内容一般包括理解评估指标和评估标准、掌握评估方法和信息收集方法、评估结果反馈和运用。

3. 设计评估指标

根据公共服务项目要求和绩效评估的目的，开发设计科学合理的绩效评估指标体系是绩效评估的核心。以下将专门对评估指标设计进行论述。

4. 实施评估

评估主体要运用一些科学的方法，收集、处理绩效评估相关信息。绩效评估的过程实际上就是一个收集信息、整合信息、做出判断并给予反馈的过程，信息收集与处理在绩效评估中具有重要地位。评估主体对评估对象的认识和判断都是建立在对其相关信息了解的基础上，因此，所获得的信息必须全面、真实，评估主体收集信息时必须围绕绩效评估目的与评估指标有计划地展开。在收集到相关信息后，需要运用特定的方法对评估信息进行解读和分析处理。同样的评估指标和评估数据，采用不同的定量分析方法，其评估结果可能会有差异。因此，要增强绩效评估的可靠性，提高其可信度，选择适当的分析方法是十分重要的。

5. 撰写评估报告

绩效评估报告是集中体现绩效评估结果、反映绩效评估目标实现程度的一种书面文件。公共服务绩效评估报告主要内容应包括：第一，介绍绩效评估的背景资料，即说明绩效评估的目的、评估指标和评估标准，以及绩效评估实施的基本情况。第二，阐述绩效评估的基本结论。评估组织通过对各种绩效信息的收集与整理分析，比照既定的绩效评估目标与指标，对服务机构提供公共服务的绩效优劣做出判断。第三，提出绩效评估的建议。评估组织分析服务机构提供的公共服务绩效优劣的原因及相关影响因素，并明确提出改进建议。

6. 使用评估结果

绩效评估结果的运用，是绩效评估程序中的重要环节，也是绩效评估的目的所在、动力之源。绩效信息只有在被使用的时候才是有用的，只有当绩效结果被关键的利益相关者所使用时，才可能产生实际影响。因此，评估工作结束后，要关注评估结果的正确使用。

在实践中，绩效评估结果的运用主要体现在以下方面。

第一，监测服务机构提供的公共服务实现预定目标的程度。通过对评估结果的分析，可以了解服务机构提供公共服务的效能，了解其与预定目标的差距，并总结成功经验、存在差距及其原因，进而有助于调整绩效目标，促使服务机构不断提高服务能力和工作效率。第二，优化公共服务的预算管理。绩效评估的结果是编制预算的重要依据和基础。充分运用绩效评估结果，能够优化公共服务的基本支出预算。通过建立政府预算拨款与公共服务绩效之间的联动机制，根据服务绩效来分配相应的经费，可以促使那些服务绩效不高的机构提高服务绩效，同时，也为政府部门优化基本支出预算、提高财政资金使用效率与效益提供了依据。第三，强化公众信任与舆论监督。对公共服务进行绩效评估，将评估结果公之于众，会增强公众对政府的信任，同时有利于强化对公共服务生产过程的监督。

（二）绩效评估方法

目前国内外绩效评估的方法有很多，在公共服务绩效评估中，应根据公共服务的内容和服务机构的情况选择具体的评估方法，全方位、多角度对公共服务全过程进行考核。

对公共服务的评估，不能只关注投入、产出等经济效率方面，而应将满足社会公众需求、提升公共服务绩效置于目标首位，因此，360度绩效反馈评估法是比较适用的方法。360度绩效反馈评估法作为一种业绩改善和绩效考核方法，近年来逐渐在政府部门、公共组织绩效评估中得到应用，它强调多角度、多层次对评估对象进行评估。

运用360度绩效反馈评估法对公共服务绩效进行评估，能把政府部门、第三方机构以及社会公众的评估信息都综合起来，从多个角度对公共服务绩效进行评估反馈，尤其是能把社会公众对公共服务的满意度放在重要的位置，增强公共服务的回应性。这种多元化的评估模式切合当前我国公共服务绩效评估的价值取向，有利于全面了解公共服务绩效信息，从而使评估结果更加全面、可靠和客观。在360度绩效反馈评估法的运用中，多元化的评估主体各自有不同的特点，在实践操作中，应根据实际情况确定不同主体评估的权重。

实施公共服务绩效评估，在条件许可的情况下，要尽可能根据实际需要运用多种现代评估方法和手段，使绩效评估尽可能减少人为因素的影响，保证评估结果的客观公正。与此同时，要客观看待各种评估方法和技术的局限性，要认识到绩效评估在实践中是一个渐进式优化的过程。因此，在使用各种评估方法的过程中，要正确判断其优点和缺点，能解决什么问题，不能解决什么问题。既要充分借鉴国内外先进的技术工具和测量方法，不断改进和完善绩效评估技术，也要避免陷入"数字化陷阱""技术化陷阱"，一味追求所谓的客观、科学、准确，从而削弱绩效评估应有的"发现问题""诊断问题"的价值。

（三）绩效评估指标体系

指标体系设计是公共服务绩效评估的关键。指标体系是否科学合理地反映了公共服务的质量水平、实际效果，直接决定了绩效评估的整体效度。

1. 确立合理的绩效目标

确定合理的绩效目标是进行绩效评估的基础。实施绩效评估的第一步是设置绩效目标。设立绩效目标就是明确项目活动要实现的绩效水平，并以客观、量化和可测量的方式表达绩效目标。在确定了绩效测量的核心活动后，就可以根据专业化标准、全国标准和已有的实践经验等来确定绩效目标。

评估指标体系一般体现不同层次的绩效目标。最底层是绩效底，它往往是服务机构过去的绩效水平，是进行绩效管理的起点；第二层是预期目标，它是机构基于对当前绩效的考虑而设计的具有较高要求的目标；第三层是牵引目标，它对服务机构具有一定的挑战性，需要付出较大的努力才能实现；最高层是标杆，它代表着一定区域内（如一国内）公共或私营部门在一项指标上的最佳实践水平。

在对公共服务绩效评估时，确定合理的绩效目标是开展绩效评估的基础。只有明确绩效目标，才能在此基础上开发出绩效指标，描述实现目标所需的各类资源，确立用于测评每一项目活动的相关投入、产出、服务水平和结果的指标，并提供项目的实际结果与绩效目标相比较的测评手段。

这里的关键问题是，只有那些服务机构应该达到而且有能力达到的目标，才能确定为绩效目标。超出服务机构职责、能力范围的目标，或者在实践中难以科学测量的目标，一般不应纳入。

2. 注重对公共服务效果的考察评估

针对各项公共服务设定绩效目标是绩效评估的起点，服务机构履行职责的状况、提供的公共服务的质量与效果是绩效评估的关键内容。绩效评估在一定意义上可以说是在绩效结果与绩效目标之间进行比较，从而查找问题，寻求改进的对策。对公共服务效果进行考察评估时，既要评估公共服务的客观效果，又要评估公众对公共服务的主观感受。要注重对公共服务的产出与效果进行评估，它既包括客观的公共服务水平，也包括公众对公共服务的数量和质量的主观感受和满意程度。各项公共服务绩效评估的技术性、专业性较强，公众对它们的认知程度较低，对有关政策信息的了解不全面，因此，在进行社会公众对公共服务的主观满意度调查时，所选取的指标要具有针对性，指标涉及的内容是公众普遍比较关注并具有评判力的事项，而且指标说明要通俗易懂，与被调查者的认知水平相契合。

3. 把握指标体系的科学性与操作的简易性的平衡

绩效评估指标体系的科学性与操作的简易性两者之间通常是矛盾的：科学性越高，指标体系越全面客观，实际操作就越复杂，反之则操作越简易。因此，在开展绩效评估的实际工作时，要把握二者之间的平衡。一般来说，应当由简入手，首先使政府部门与服务机构工作人员接受绩效评估的理念，熟悉绩效评估的基本程序与方法，逐步营造绩效评估与管理的组织文化，然后不断提高绩效评估的科学性。

从我国现有的公共服务统计信息看，数量指标多、质量指标少，对经济效果的测量较容易，但对社会效果或政治效果的影响测量偏难，因此，在设计指标时，既要考虑指标的科学性、合理性，又要考虑相关信息的可得性与评估实施的可行性。在现阶段，评估指标体系难以做到面面俱到，可根据关键绩效指标来确定主要评估内容，在保证评估内容能够基本反映公共服务绩效的前提下，突出指标体系的实用性、可测性和可操作性。

4. 注重指标体系结构的稳定性与具体指标的动态调整相结合、评估当前状况与评估改进情况相结合

指标体系可由三级指标构成。一级指标能够在较长时期保持基本稳定；二级指标保持相对稳定，可以随着公共服务项目内容的变化而进行部分调整；三级指标反映服务机构履行职责、提供公共服务的具体表现，这类指标的确定受到社会、经济、政治和文化的发展以及指标本身信度和效度的变化等多种因素的影响，经常会发生变化，需要根据实际情况及时地进行动态调整。此外，要注重评估当前状况与评估改进情况相结合。在指标体系的设计中，不仅包括评估现状的指标，而且包括评估公共服务绩效改进的指标。

参考文献

Stephen, P. O. , *Public – Private Partnerships: Theory and Practice in international perspective*, London: St. Edmunds Bury Press, 2002.

Steven Rathgeb Smith, "The Transformation of Public Service: The Contract Letting of the Social and Medical Services in America," *Public Administration*, 1996.

Cronin, J. E. , *The Politics of Decline*, New York, 1986.

Hill, C. P. , *British Economic and Social History, 1970 – 1982*, Amols, 1985.

Jones, K. , *The Making of Social Policy in Britain*, Athlone Press, 1994.

Halsey, A. H. , *British Social Trends since 1900*, Macmillan, 1988.

Papadekis, E. , *The Private Provision of Public Welfare*, Wheatsheaf, 1987.

Mulgan, Richard, "Comparing Accountability in the Public and Private Sectors," *Australian Journal of Public Administration*, 2000 (1).

Conrad P. Waligorski, *The Political Theory of Conservative Economists*, University Press of Kansas, 1990.

Daniel, G. , "Public Purpose and Private Service: The Twentieth Century Culture of Contracting Out and the Evolving Law of Diffused Sovereignty," *Administrative Law Review*, 2001 (3).

Siegel，G. B.，"Where are we on local government，service contracting?" *Public Productivity and Management Review*，2004（3）.

〔美〕E. S. 萨瓦斯：《民营化与公私部门的伙伴关系》，周志忍译，中国人民大学出版社，2002。

〔英〕朱利安·勒·格兰德：《另一只无形的手》，韩波译，新华出版社，2010。

〔美〕戴维·奥斯本、特德·盖布勒：《改革政府》，周敦仁译，上海译文出版社，1996。

〔美〕莱斯特·M. 萨拉蒙：《全球公民社会》，贾西津译，社会科学文献出版社。2002。

〔美〕迈克尔·麦金尼斯主编《多中心体制与地方公共经济》，毛寿龙译，上海三联书店，2000。

〔美〕罗伯特·B. 丹哈特、珍妮特·V. 丹哈特：《新公共服务：服务而非掌舵》，《中国行政管理》2002 年第 10 期。

〔美〕珍妮特·V. 登哈特、罗伯特·B. 登哈特，《新公共服务：服务，而不是掌舵》，中国人民大学出版社，2004。

〔美〕赫尔穆特·沃尔曼等：《比较英德公共部门改革》，北京大学出版社，2004。

〔美〕罗伯特·B. 登哈特：《公共组织理论》，中国人民大学出版社，2003。

〔美〕肯尼思·约瑟夫·阿罗：《社会选择：个性与多准则》，钱晓敏等译，首都经济贸易大学出版社，2000。

〔美〕约瑟夫·斯蒂格利茨：《经济学》，中国人民大学出版社，2000。

〔美〕查尔斯·沃尔夫：《市场或政府——权衡两种不完善的选择》，中国发展出版社，1994。

〔德〕克里斯托弗·理查德：《德国公共服务的市场化（上）》，孙晓莉译，《北京行政学院学报》2003 年第 2 期。

〔德〕迪特·格伦诺：《德国公共服务的特点及未来发展》，继红译，《马克思主义与现实》2005 年第 2 期。

〔美〕道格拉斯·诺斯：《制度、制度变迁与经济绩效》，上海三联书店，1994。

〔日〕青木昌彦：《比较制度分析》，上海远东出版社，2001。

〔德〕魏伯乐、〔美〕奥兰·扬、〔瑞士〕马塞厄斯·芬格：《私有化的局限》，上海三联书店，上海人民出版社，2006。

〔美〕H. 乔治·弗里德里克森：《重塑政府运动与新公共行政学之比较》，《国家行政学院学报》2001年第6期。

〔美〕罗纳德·J. 奥克森：《治理地方公共经济》，万鹏飞译，北京大学出版社，2005。

〔英〕戈登·怀特：《公民社会、民主化和发展》，载《公民社会与第三部门》，社会科学文献出版社，2000。

〔英〕托尼·布莱尔：《新英国——我对一个年轻国家的展望》，世界知识出版社，1998。

〔德〕哈贝马斯：《公共领域的结构转型》，曹卫东等译，学林出版社，1999。

〔英〕休谟：《人性论》，关文远译，商务印书馆，1980。

〔美〕约翰·威尔逊：《公共服务财政管理》，清华大学出版社，2008。

〔美〕文森特·奥斯特罗姆：《美国地方政府》，北京大学出版社，2004。

黄晓勇：《中国民间组织报告（2010～2011）》，社会科学文献出版社，2011。

周志忍：《正确认识并强化公共服务中的市场机制》，《学习与探索》2010年第1期。

李招忠：《中国公共服务市场化的困境及改革思路》，《西北师范大学学报》（社会科学版）2004年第5期。

郑苏晋：《政府购买公共服务：以公益性非营利组织为重要合作伙伴》，《中国行政管理》2009年第6期。

王达梅：《政府向社会组织购买公共服务的问题与对策分析》，《广东外语外贸大学学报》2010年第6期。

杨礼琼：《中美公共服务市场化比较及其启示》，《中国行政管理》2011 年第 3 期。

杨会慧、杨鹏：《中国政府采购总体规模及货物结构分析》，《中国政府采购》2011 年第 6 期。

陈福今、袁曙宏：《欧洲公共部门绩效评估——教育、医疗、法律及公共管理的国际比较》，国家行政学院出版社，2005。

郭小聪：《政府经济学》，中国人民大学出版社，2008。

姜异康、唐铁汉：《政府绩效管理的理论与实践》，国家行政学院出版社，2007。

王逸：《困境与变革：政府绩效评估发展论纲》，湖南人民出版社，2007。

胡税根：《公共部门绩效管理》，浙江大学出版社，2005。

浙江省财政学会：《基本公共服务均等化研究》，中国财政经济出版社，2008。

过剑飞：《绩效预算》，中国财政经济出版社，2008。

仲兵、周义程：《双失灵：公共服务供给主体选择的困境解析》，《江海学刊》2009 年第 5 期。

孙荣、周晶：《以提高生活质量为目标　构建我国政府绩效评估体系》，《中国行政管理》2006 年第 9 期。

陈昌盛、蔡跃洲：《中国政府公共服务：体制变迁与地区综合评估》，中国社会科学出版社，2007。

于小千、段安安：《公共服务绩效考核理论探索与实践经验》，北京理工大学出版社，2008。

曹信邦：《政府社会保障绩效评估指标体系研究》，《中国行政管理》2006 年第 7 期。

林毓铭：《社会保障政府绩效与评估指标体系》，《中南民族大学学报》（人文社会科学版）2007 年第 1 期。

刘叔申：《我国公共卫生支出的绩效评价》，《财贸经济》2007 年第 6 期。

沈满洪、谢慧明：《公共物品问题及其解决思路——公共物品理论文献综述》，《浙江大学学报》（人文社会科学版）2009 年第 6 期。

陈振明：《非市场缺陷的政治经济学分析——公共选择和政策分析学者的政府失败论》，《中国社会科学》1998 年第 6 期。

臧传琴：《从"经济人"假设到"政府失灵"——评公共选择学派的"政府失灵"论》，《江汉论坛》2007 年第 2 期。

孙辉：《城市公共物品供给中的政府与第三部门合作关系——以上海市社区矫正为例》，同济大学出版社，2010。

张菊梅：《二战后英国公共服务供给模式变革及对中国的启示》，《学术论坛》2012 年第 2 期。

孙浩：《英国的政党政治与福利制度》，商务印书馆，2008。

陈娟：《双向互动：非公企业在公共服务供给中的角色定位与路径选择——基于浙江实践的分析》，《广东行政学院学报》2012 年第 2 期。

齐海丽：《非营利组织供给公共服务研究综述》，《学会》2011 年第 8 期。

金世斌：《公共服务供给机制创新：北欧的改革实践与启示》，《南京社会科学》2012 年第 7 期。

岳经纶：《建构"社会中国"：中国社会政策的发展与挑战》，《探索与争鸣》2010 年第 10 期。

路风：《中国单位体制的起源和形成》，《中国社会科学季刊》1989 年第 5 期。

路风：《单位：一种特殊的社会组织形式》，《中国社会科学》1989 年第 1 期。

谭深：《城市"单位保障"的形成及特点》，《社会学研究》1991 年第 5 期。

郑慧：《加拿大公共服务改革研究》，社会科学文献出版社，2011。

丁远：《论地方政府公共服务供给能力的制度完善》，《成都行政学院学报》2011 年第 6 期。

蒋牧宸：《基本公共服务供给机制探析》，《江西社会科学》2013 年第 12 期。

穆光宗、张团：《中国人口老龄化的发展趋势及其战略应对》，《华中师范大学学报》（人文社会科学版）2011 年第 5 期。

张参军：《失独家庭：疼痛谁人帮抚平》，《中国社会保障》2012 年第 12 期 。

姚引妹：《经济较发达地区农村空巢老人的养老问题——以浙江农村为例》，《人口研究》2006 年第 6 期。

唐钧：《政府购买服务：购买的究竟是什么?》，《中国社会保障》2012 年第 3 期。

易松国：《社会福利社会化的理论与实践》，中国社会科学出版社，2006。

王浦劬、〔美〕莱斯特·M. 萨拉蒙等：《政府向社会组织购买公共服务研究》，北京大学出版社，2010。

曹现强：《当代英国公共服务改革研究》，山东人民出版社，2009。

周学荣：《英国公共服务改革及其启示》，《国家行政学院学报》2010 年第 6 期。

刘章才：《英国"福利国家"困境论析》，《中共成都市委党校学报》2001 年第 5 期。

丁建定：《论撒切尔政府的社会保障制度改革》，《欧洲》2001 年第 5 期。

蒋浙安：《战后英国政府与公房私有化》，《当代建设》1999 年第 2 期。

陈林、林德山主编《第三条道路——世纪之交的西方政治交锋》，当代世界出版社，2000。

江依妮：《英国集权财政下公共服务供给的分析与启示》，《当代财经》2011 年第 4 期。

胡昌宇：《兼顾效率与公平：英国新工党政府经济与社会改革的有益尝试》，《世界经济与政治论坛》2006 年第 4 期。

雷昆：《英国布莱尔政府公共服务改革模式分析》，《经济社会体制比较》2006 年第 6 期。

刘秀红：《美国老年社会保障政策的历史考察》，《安徽师范大学学报》（人文社会科学版）2002 年第 2 期。

张菊梅：《美国公共服务改革及其对中国的启示》，《电子科技大学学报》（社科版）2014年第2期。

常江：《美国政府购买服务制度及其启示》，《政治与法律》2014年第1期。

李增田：《美国公共服务民营化的实践与战略演变》，《天津商业大学学报》2008年第6期。

孙春霞：《美国城市公共服务供给机制的改革及其对中国的启示》，《江汉论坛》2010年第9期。

刘志昌：《德国公共服务体制及其启示》，《湖北社会科学》2012年第8期。

张网成、黄浩明：《德国非营利组织：现状、特点与发展趋势》，《德国研究》2012年第2期。

管仲军：《面向现代公益事业组织的事业单位分类改革研究》，《北京行政学院学报》2014年第2期。

王澜明：《改革开放以来我国事业单位改革的历史回顾》，《中国行政管理》2010年第6期。

马凯：《积极稳妥地分类推进事业单位改革》，《国家行政学院学报》2012年第2期。

王岩、王晓庆：《大部制改革的实践诉求与目标指向》，《中国行政管理》2008年第11期。

赵立波：《我国事业单位公共性分析》，《国家行政学院学报》2009年第5期。

潘加军、刘焕明：《委托代理视角下的事业单位"管办分离"改革探讨》，《理论导刊》2011年第1期。

张中俊：《中国社会保障管理体制的改革探索》，《上海保险》1996年第9期。

岳宗福：《新中国60年社会保障行政管理体制的变迁》，《安徽史学》2009年第5期。

安华：《完善我国社会保障管理体制的思考》，《宏观经济管理》2011年第11期。

田家官：《论我国社会保障管理体制改革的若干问题》，《中国社会保险》1997 年第 2 期。

杨健敏、孙炳耀：《社会保障管理体制比较研究（四）》，《中国社会保险》1998 年第 10 期。

冯兰瑞：《再论社会保障管理体制的统与分》，《改革》1996 年第 2 期。

唐钧：《社会保障领域实行"大部制"须慎之又慎》，《理论前沿》2008 年第 11 期。

郭伟伟：《新加坡社会保障管理体制及对中国改革的启示》，《行政管理改革》2010 年第 7 期。

赵丹丹：《香港公立医院管理体制的演变》，《中国医院院长》2007 年第 9 期。

李世果、石宏伟：《改善治理结构是提升公立医院绩效的关键》，《中国医院》2010 年第 7 期。

文太林：《事业单位养老保险的现状和前景》，《现代经济探讨》2012 年第 7 期。

郑功成：《中国社会保障改革与发展战略》（养老保险卷），人民出版社，2011。

胡珊琴：《新中国行政机构改革的路径依赖分析》，《中国行政管理》2008 年第 5 期。

朱光明：《政事分开与事业单位改革的路径选择》，《政治学研究》2006 年第 1 期。

郁建兴、吴玉霞：《公共服务供给机制创新：一个新的分析框架》，《学术月刊》2009 年第 12 期。

郑秉文、孙守纪、齐传君：《公务员参加养老保险统一改革的思路》，《公共管理学报》2009 年第 1 期。

桂世勋：《改革我国事业单位职工养老保险制度的思考》，《华东师范大学学报》（哲学社会科学版）2010 年第 3 期。

董力堃：《对事业单位养老保险制度的重新审视》，《学术界》2010 年第 2 期。

徐家良、赵挺：《政府购买公共服务的现实困境与路径创新：上海的实践》，《中国行政管理》2013 年第 8 期。

杨君、徐永祥：《新社会服务体系：经验反思与路径建构——基于政府购买服务的比较研究》，《学习与实践》2013 年第 8 期。

黄俊辉、李放：《政府购买服务的逻辑与挑战——南京市鼓楼区居家养老服务网的案例研究》，《中共南京市委党校学报》2013 年第 1 期。

范炜烽、祁静、薛明蓉、郑庆、甘筱敏：《政府购买公民社会组织居家养老服务研究——以南京市鼓楼区为例》，《科学决策》2010 年第 4 期。

李凤琴：《老龄化背景下城市社区居家养老服务——南京市鼓楼区的政府购买服务模式》，《南京人口管理干部学院学报》2011 年第 4 期。

世界银行：《让服务惠及穷人》，中国财政经济出版社，2004。

党秀云、杨继红：《公共服务公私合作供给中的困境与对策选择》，《教学与研究》2011 年第 12 期。

句华：《美国地方政府公共服务合同外包的发展趋势及其启示》，《中国行政管理》2008 年第 7 期。

李丹阳：《关于"大部制"改革的几点思考》，《学术研究》2010 年第 11 期。

杨建生、梁智俊：《从"大部门制"改革看我国行政组织法的完善》，《云南行政学院学报》2010 年第 6 期。

宋世明：《论大部门体制的基本构成要素》，《中国行政管理》2009 年第 10 期。

王佃利、吕俊平：《整体性政府与大部门体制：行政改革的理念辨析》，《中国行政管理》2010 年第 1 期。

汪锦军：《公共服务中的政府与非营利组织合作：三种模式分析》，《中国行政管理》2009 年第 10 期。

图书在版编目（CIP）数据

公共服务多元主体供给：理论与实践/叶响裙著.—北京：社会
科学文献出版社，2014.8
ISBN 978 - 7 - 5097 - 6424 - 4

Ⅰ.①公…　Ⅱ.①叶…　Ⅲ.①社会服务 - 研究　Ⅳ.①C916

中国版本图书馆 CIP 数据核字（2014）第 199787 号

公共服务多元主体供给：理论与实践

著　　　者 / 叶响裙

出 版 人 / 谢寿光
项目统筹 / 周　琼
责任编辑 / 单远举　关晶焱

出　　　版 / 社会科学文献出版社·社会政法分社（010）59367156
　　　　　　地址：北京市北三环中路甲 29 号院华龙大厦　邮编：100029
　　　　　　网址：www.ssap.com.cn
发　　　行 / 市场营销中心（010）59367081　59367090
　　　　　　读者服务中心（010）59367028
印　　　装 / 三河市尚艺印装有限公司

规　　　格 / 开　本：787mm × 1092mm　1/16
　　　　　　印　张：15.75　字　数：248 千字
版　　　次 / 2014 年 8 月第 1 版　2014 年 8 月第 1 次印刷
书　　　号 / ISBN 978 - 7 - 5097 - 6424 - 4
定　　　价 / 65.00 元